ISBN 978-0-666-84309-8
PIBN 10723171

For support please visit www.forgottenbooks.com

L'ÉVANGILE

MÉDITÉ.

TOME III.

IMPRIMERIE DE J. CASTERMAN, AÎNÉ.

MÉDITÉ,

ET DISTRIBUÉ POUR TOUS LES JOURS DE L'ANNÉE,

SUIVANT LA CONCORDE

DES QUATRE ÉVANGÉLISTES,

Par GIRAUDEAU,

REVU ET CORRIGÉ PAR M. L'ABBÉ DUQUESNE.

NOUVELLE ÉDITION,

AUGMENTÉE D'UN VOLUME.

TOME TROISIÈME.

TOURNAY,

CHEZ J. CASTERMAN, Aîné, LIBRAIRE,

RUE AUX RATS, N°. 11.

Avec Approbation.

1826

QUATRE-VINGT-ONZIÈME

MÉDITATION.

Jean-Baptiste députe deux de ses Disciples vers Jésus. *Matt.* 11. 2-6. *Luc.* 7. 18-23.

PREMIER POINT.

Ambassade envoyée à Jésus par Saint Jean.

I° L'OCCASION de cette ambassade. *Les Disciples de Jean lui ayant rapporté toutes ces choses, et ayant lui-même entendu parler, dans sa prison, des œuvres de Jésus-Christ.* Le rapport que les Disciples de Jean vinrent lui faire des merveilles que Jésus opéroit, de la doctrine qu'il publioit, et de la grande réputation qu'il s'acquéroit, fut l'occasion de cette ambassade. Jean étoit alors détenu prisonnier par Hérode, Roi de Galilée : nous en verrons bientôt le sujet. Ce fut pour lui une sensible consolation dans ses fers, d'apprendre les divers miracles de Jésus-Christ, et les éclatantes merveilles qu'il opéroit sous les yeux de la Palestine. C'est une charité de visiter les prisonniers et les personnes qui, détenues par infirmité ou par les liens de leurs engagements, sont privées de la liberté de sortir : c'est une charité de les consoler par les sentiments qu'inspire la Religion. II° La raison de cette ambassade. *Jean appela deux de ses Disciples et les envoya à Jésus.* Les Disciples du saint Précurseur, quoique élevés

à l'école du plus éclairé de tous les hommes,
étoient encore bien imparfaits et bien grossiers. Ils
avoient d'ailleurs une si haute idée de leur Maître,
et ils lui étoient si attachés, que, malgré ses
leçons, ils ne pouvoient se persuader que Jésus
fût le Messie qu'on attendoit, et ils avoient de
la peine à ne le pas regarder comme un con-
current. Dans cette idée, ils ne voyoient point,
sans quelque sentiment de jalousie, sa réputation
s'accroître, et le nombre de ses Disciples se multiplier. Pour les guérir radicalement de leurs
préventions, Jean profita du récit qu'ils venoient
eux-mêmes de lui faire. Il appela deux de ses
Disciples, et les députa vers Jésus, afin qu'ils
pussent par eux-mêmes se convaincre de la vérité. C'est ainsi que Jean, dans les fers, trouvoit encore le moyen d'exercer son ministère,
et de travailler à la gloire de son Maître. C'est
ainsi qu'il profitoit de toutes les occasions de
faire connoître Jésus-Christ, et qu'il savoit corriger avec douceur les défauts de ses Disciples,
et faire servir à leur édification ce qui faisoit
la matière de leur scandale. Si nous avions le
même zèle pour la gloire de Dieu et pour le salut du prochain, combien d'occasions ne trou-
verions-nous pas pour procurer l'un et l'autre.

III° Le sujet de cette ambassade. Ce fut de
demander à Jésus, s'il étoit le Messie qu'on attendoit. *Jean envoya deux Disciples à Jésus,
pour lui dire : êtes-vous celui qui doit venir ou
devons-nous en attendre un autre ?* Question
importante que la Synagogue avoit faite à Jean,
et que Jean, à son tour, fait faire à Jésus.
Faisons-nous-la à nous-mêmes : Jésus est-il
celui qui doit venir sauver le monde ? Est-il celui

qui doit venir le juger, ou bien en attendons-
nous un autre ? A voir notre peu d'amour pour
lui, notre peu de foi à ses paroles, notre peu
d'espérance en ses promesses, notre peu d'obéissance à ses lois, notre peu de conformité à ses
exemples, n'auroit-on pas droit de nous demander si nous en attendons un autre : un autre
qui favorise nos inclinations, notre ambition,
notre avarice, notre amour-propre ; un autre
qui récompense les richesses, les grandeurs, les
plaisirs, et tous les vices ? Ou si nous croyons
que Jésus-Christ, qui est venu, est notre Sauveur et notre Juge, s'il est vrai que nous n'en
attendions point d'autre pour nous sauver et
nous juger, comment donc ne l'aimons-nous
pas, et ne le servons-nous pas de tout notre
cœur ?

SECOND POINT.

Réponse de Jésus à l'ambassade de Saint Jean.

Jésus, dans sa réponse, donne les preuves de
sa divine mission, qui sont les miracles, les
prophéties, et la réunion des miracles et des
prophéties.

Iᵒ Les miracles. *Étant donc venus trouver
Jésus, Jean-Baptiste, lui dirent-ils, nous a envoyés vous dire : êtes-vous celui qui doit venir, ou devons-nous en attendre un autre ? A
l'heure même, Jésus délivra plusieurs personnes
des maux dont elles étoient affligées, et des ma-
lins esprits ; il rendit aussi la vue à plusieurs
aveugles.* Ces députés étant arrivés auprès de
Jésus, le trouvèrent comme de coutume, environné du peuple qu'il instruisoit, et de malades

qu'il guérissoit. Ce divin Sauveur reçut l'ambassade au milieu de ce nombreux cortège, dont la confiance et les vœux annonçoient son pouvoir divin, bien mieux que n'eût pu faire tout l'éclat qui brille autour du trône. des Rois. Il écouta. tranquillement ce que les envoyés avoient ordre de lui dire, et d'abord, au lieu de leur répondre, il fit approcher les infirmes, les malades, les blessés, les aveugles, les boiteux et les démoniaques qui le suivoient ; il les guérit, il les délivra tous, et opéra en leur présence des prodiges de puissance et de bonté, qui caractérisoient le vrai Messie et un Dieu Sauveur. Telle fut la première réponse de Jésus aux députés ; réponse d'action, et vraiment digne d'un Dieu. Telle doit être la nôtre aux questions de l'incrédulité. On demande à Jésus – Christ s'il est le Messie, et sa réponse est d'opérer des miracles ; montrons, comme Chrétiens, montrons par nos œuvres à l'impie ce que nous sommes !

II° Les prophéties. *Ensuite prenant la parole, Jésus leur répondit : allez, rapportez à Jean ce que vous avez entendu et ce que vous avez vu : les aveugles voient, les boiteux marchent, les lépreux sont guéris, les sourds entendent, les morts ressuscitent, et l'Évangile est annoncé aux pauvres :* c'est-à-dire, aux pauvres d'esprit, aux humbles de cœur, à ceux qui ont le cœur contrit, qui sont dans l'affliction, et qui se repentent de leurs péchés. L'intention de Jésus-Christ, en parlant aux députés de ce qu'ils avoient vu, étoit de leur rapporter la prophétie d'Isaïe, où ces choses étoient prédites du Messie. L'accomplissement des prophéties est une preuve du premier ordre, ainsi que celle des miracles, puis-

qu'elles ne peuvent venir que de celui qui est le
maître absolu des temps et des événements. La
prophétie d'Isaïe regardoit Jésus-Christ ; mais
n'avoit-elle pas aussi en vue le Christianisme?.
Jésus-Christ l'a accomplie, ses ministres l'accomplissent encore tous les jours. Pourquoi donc
n'a-t-elle pas son accomplissement dans nous
en particulier ? Pourquoi rendons-nous les vérités divines et les grâces prédites, inutiles par
notre infidélité ?

· III° La réunion des prophéties et des miracles..
Chacune de ces preuves, prises séparement, est
suffisante pour convaincre tout esprit raisonnable; mais de leur réunion il résulte une nouvelle preuve à laquelle on ne peut résister. Pour
peu qu'on y fasse attention, le monde converti·
prouve invinciblement la vérité des miracles de
Jésus. Le peuple juif, dispersé dans tout le·
monde par une providence qui est elle-même
un miracle, prouve invinciblement la vérité des·
Livres prophétiques. Les Juifs eux – mêmes ont·
ces Livres entre leurs mains, et les miracles·
annoncés dans ces Livres sont ceux que Jésus
a opérés. Que peut – on désirer de plus pour
former la plus parfaite et la plus inébranlable
conviction ? Que les impies rassemblent tant
qu'ils le voudront les prodiges répandus dans
les histoires Païennes : prodiges le plus souvent
absurdes, ridicules et indécents; prodiges écrits
long-temps après leur prétendu événement, et
sans qu'on produise des témoins oculaires ; prodiges que personne n'a eu intérêt d'examiner ou·
de contredire ; prodiges qui ne tiennent et ne
conduisent à rien, qui ne sont point rapportés
en preuves de la Religion de ceux que l'on dit

les avoir faits : osera-t-on les comparer avec les miracles de Jésus-Christ, annoncés tant de siècles avant qu'ils s'opérassent, avec des miracles qui ont changé la face de l'Univers? Non, Seigneur, vos voies sont imitables; les hommes ni les démons ne sauroient rien feindre qui approche de la magnificence de vos œuvres.

TROISIÈME POINT.

Avertissement de Jésus aux Députés de Saint Jean.

Heureux, ajouta le Sauveur en finissant, *heureux celui qui ne se scandalisera pas de moi!*

I₀ Examinons l'occasion de ce scandale. Qui peut, ô Jésus, ô divin modèle de toute perfection, qui peut trouver en vous de quoi se scandaliser! Cependant vous avez été un sujet de scandale pour les Juifs, vous l'êtes encore pour plusieurs Chrétiens. Et quelle en est l'occasion? C'est, en premier lieu, la sublimité de vos mystères et l'incompréhensibilité de vos voies. L'orgueilleux, qui ne se connoît pas lui-même, voudroit vous comprendre, pénétrer le secret de vos conseils, et savoir les raisons de votre conduite. C'est, en second lieu, la sainteté et la pureté de votre morale. Le voluptueux en croit la pratique impossible, ou trop difficile pour qu'on doive s'y assujettir. C'est, en troisième· lieu, votre foiblesse apparente comme homme, et celle de votre corps mystique, qui est l'Eglise. Le Juif, qui attendoit un Sauveur qui le délivrât, non du joug de ses péchés, mais du joug des Romains, ne voyant en vous que pauvreté, douceur, humilité, en fut scandalisé. Et combien

le fut-il davantage lorsqu'il vous vit expirer sur
une Croix ? De même dans votre Eglise les plus
grands mystères s'opèrent, les grâces les plus
signalées se communiquent par les Sacrements;
sous les symboles les plus foibles et les plus
simples, de l'eau, de l'huile, du pain, du vin
et la parole d'un homme. L'administration de
cette Eglise est entre les mains d'hommes foibles;
sujets par eux-mêmes à l'erreur et aux passions.
Et combien en ont été scandalisés jusqu'à la désobéissance et à la séparation ! Il faudroit, pour
gouverner les esprits indociles, des hommes d'une
autre espèce, ou des Anges du Ciel, et encore
ne cesseroient-ils pas d'être inquiets, puisque les
promesses de Jésus-Christ ne les rassurent pas.
Examinons si nous-mêmes ne prenons point quelque part à tous ces scandales.

II° Considérons le malheur de ceux qui se
scandalisent de Jésus. Ce scandale remplit leur
esprit d'épaisses ténèbres, en sorte qu'ils ne peuvent apercevoir l'évidence des preuves de la Religion. Les miracles les plus frappants, l'accomplissement le plus parfait des prophéties, les faits
les plus avérés ne font sur eux aucune impression ; leur esprit ne s'occupe qu'à chercher des
interprétations forcées, des sophismes auxquels
ils s'attachent opiniâtrément, quelque dénués de
vraisemblance, quelque absurdes, ridicules qu'ils
puissent être. Ce scandale remplit leur cœur de
haine et de fureur. Si les incrédules pensent que
la Religion soit une erreur, ce n'est pas une
erreur qu'ils se contentent de considérer avec
des sentiments de compassion pour ceux qui la
professent ; ils haïssent cette Religion et ceux
qui la suivent, ils la persécutent à force ouverte,

ils la calomnient sans pudeur, ils ne respirent contre elle que meurtre, sang et carnage. Jésus fut la première victime de cette fureur ; après lui, ses Apôtres, ses Disciples, et les martyrs des premiers siècles jusqu'à ce jour, et jusqu'à la fin du monde, tous ceux qui feront profession de vivre dans la pitié, souffriront persécution. Enfin, ce scandale remplit leur conscience d'agitations et de troubles. Ceux qui ont abandonné Jésus-Christ, sa loi et son Eglise, ont beau fermer les yeux à la lumière, elle pénètre malgré eux, et le peu qu'ils en reçoivent suffit pour les troubler. Que de doutes, que de pensées, que de remords viennent agiter leur conscience et la tourmenter ! Est-il vrai, se disent-ils, comme malgré eux-mêmes, est-il bien vrai que les crimes secrets dont je me souille ne sont rien, que Dieu ne m'a créé que pour cette vie, que la Religion Chrétienne n'est qu'une fable, que l'Eglise est dans l'erreur, et que je peux sans crime mépriser ses décisions ! Ah ! mon Dieu, qui peut vous résister, et avoir la paix ? Malheur à celui qui se scandalise de vous, et qui n'adore pas tout ce qui est en vous et tout ce qui vient de vous !

III. Méditons le bonheur de ceux qui ne prennent de Jésus-Christ aucun sujet de scandale. Leur esprit est éclairé des plus pures lumières de la vérité ; non-seulement ils sentent la force triomphante des preuves de la Religion, mais dans ce qui fait même le scandale des autres et qui les rebute, ils trouvent de quoi se confirmer dans leur foi. Ils voient dans l'obscurité des Mystères une incompréhensibilité digne de Dieu, répandue sur toutes ses œuvres, et même sur celles de la nature. Ils voient dans la pureté de la morale évangélique une sainteté digne de Dieu, qui les élève, les ennoblit, les console, les vivifie, et leur rend tout facile. Ils voient dans les abaissements de Jésus la puissance et la sagesse de Dieu, et dans la foiblesse de l'Eglise une providence admirable, l'assistance continuelle de l'Esprit-Saint, et l'effet sensible des grandes promesses que Jésus lui a faites. Leur cœur est rempli de la charité la plus tendre, leur zèle n'a rien d'amer ; ils laissent aux Princes Chrétiens le soin de réprimer, selon leur sagesse, les méchants et les indociles : pour eux, ils ne souhaitent que leur instruction et leur conversion. Leur conscience jouit du calme le plus profond. Inébranlables dans leur foi, assurés de marcher dans la voie droite, ils ne craignent que leur propre foiblesse, et comptant sur le secours de celui qui les fortifie, ils ont déjà l'avant-goût des biens éternels qui leur sont promis.

PRIÈRE. O véritablement heureux est celui qui ne se scandalise point de vous, ô Jésus, mais qui vous adore, vous aime et vous imite ! Telles sont mes résolutions, confirmez-les. Oui, mon Sauveur, c'est vous que je veux désormais suivre et servir ! C'est en vous seul que je vais mettre toute mon espérance et tout mon amour. Eclairez de plus en plus mon esprit de vos pures lumières ; faites-moi marcher d'un pas ferme et constant dans la pratique de vos saintes Lois : purifiez mon ame de ses péchés et de ses imperfections, ouvrez mon cœur à votre sainte parole, et rendez-le docile aux inspirations de votre divin Esprit. Donnez-le-moi cet esprit vivifiant, c'est-à-dire, cet esprit de détachement, de douceur, d'humilité, de pénitence, qui me fasse goûter et pratiquer les divines maximes de votre saint Évangile! Ainsi soit-il.

XCII.ᵉ MÉDITATION.

Discours de Jésus-Christ sur Saint Jean, après le départ des Députés. *Matt.* 11. 7-19. *Luc.* 7. 26-35.

PREMIER POINT.

Éloge de saint Jean.

1° **JÉSUS-CHRIST** loue la fermeté de son courage. Les députés de Jean étant partis, Jésus s'adressa au peuple, et lui parla de Jean de cette sorte : qu'êtes-vous allé voir dans le désert ? *Un roseau agité du vent.* Jean–Baptiste, retiré dès l'enfance dans le désert, y avoit persévéré constamment jusqu'à ce que Dieu l'eut appelé au ministère public de la prédication, c'est-à-dire, jusqu'à l'âge de trente ans. Sa vie publique fut aussi austère que sa vie privée. En donnant l'essor à son zèle, il n'avoit rien changé dans sa manière de vivre, dans ses sentiments, ni dans son extérieur. A la Cour, il fut le même qu'au désert. Ni les caresses, ni les menaces du Monarque n'avoient pu ébranler son courage. Quoique actuellement dans les fers, il y étoit aussi appliqué aux devoirs de sa mission, que lorsqu'il jouissoit d'une entière liberté. Hélas ! que je suis bien différent, ô mon Dieu ! C'est moi qui suis ce roseau qui plie à tout vent. Je connois mon devoir, je fais pour le remplir les plus belles résolutions ; il me semble, dans ma ferveur, que je suis un cèdre inébranlable : mais à la moindre tentation, à la plus légère occasion du dégoût et du respect humain, toute ma vertu s'évanouit. Plus foible que le roseau, un souffle me plie, me renverse jusqu'à terre et je ne me connois plus moi-même.

IIᵒ Jésus-Christ loue l'austérité de la vie de Saint Jean. «.. Mais encore, qu'êtes-vous allé voir ? Un homme vêtu avec luxe et avec mollesse. Vous savez que c'est dans les palais des Rois que se trouvent ceux qui sont magnifiquement vêtus, et qui vivent dans les délices.» Le luxe des habits, la somptuosité des ameublements, les délices de la tàble se trouvent chez les grands et les puissants du siècle ; ceux qui jouissènt d'une médiocre fortune en approchent le plus qu'ils peuvent, et souvent au-delà de ce qu'ils peuvent ; ceux qui, par leur état, ont renoncé à cette vie molle et voluptueuse, y reviennent quelquefois d'une manière qui choque la bienséance, et qui est contraire à l'édification. Il n'en fut pas ainsi de Saint Jean. Quel vêtement ! quelle nourriture ! Quel homme, et qu'il étoit propre à prêcher la pénitence ! Mais moi, comment est-ce que je la pratique ! Je ne suis pas dans le palais des Rois, si j'y étois, je ne serois pas exempt de l'obligation de faire pénitence ; et dans l'état où je suis, je n'en fais aucune, je ne veux manquer de rien, je ne sais me priver de rien ; ou si quelque chose me manque, c'est sans mérite pour moi, parce que ce n'est jamais sans murmure.

IIIᵒ Jésus-Christ loue la grandeur du ministère de Saint Jean. *Qu'êtes-vous donc allé voir ? Un Prophète : oui, je vous le dis, et plus qu'un Prophète. Car c'est de lui qu'il est écrit : voici que j'envoie devant vous mon Ange qui vous préparera la voie. Je vous le dis ên vérité : entre les enfants des femmes, ils n'y en a pas eu de grand que Jean-Baptiste.* Saint Jean étoit Prophète, puisqu'il annonçoit le Messie, mais il étoit plus que Prophète, parce que non-seulement il annonçoit que le Messie viendroit, mais parce qu'il le montroit présent, parce qu'il le faisoit connoître comme Sauveur et comme Juge des hommes, parce qu'il lui preparoit les voies en prêchant la pénitence, et parce qu'enfin il étoit lui-même l'objet des Prophètes, étant *cet Ange* dont parle le Prophète Malachie, *qui devoit être envoyé pour préparer les voies du Seigneur.* Aussi Jésus-Christ assure-t-il que de tous les enfants nés avant Jean-Baptiste, il n'y a eu aucun Prophète, il n'y a eu aucun homme plus grand que lui, aucun dont l'emploi fut si éminent, et qui s'en soit acquitté avec plus de dignité et de fidélité. O heureux Saint Jean d'avoir mérite d'être loué par Jésus-Christ ! mais malheur à nous, qui ne cherchons que les louanges des hommes ! Jésus loue ce qui est louable, et souvent les hommes louent ce qui est blâmable. Jésus loue saint Jean dans l'adversité et dans les fers ; les hommes ne louent que ceux qui sont dans la prospérité : Jésus ne loue saint Jean ni devant lui, ni devant ses amis et ses Disciples ; et les hommes ne nous louent que devant nous, ou devant nos amis, et souvent hors de là ils ne parlent de nous que pour nous censurer, nous critiquer, nous blâmer. N'est-ce pas ainsi que nous-mêmes nous louons les autres ?

SECOND POINT.

Du Royaume des Cieux annoncé par Saint Jean.

Iᵒ Son excellence. *Mais celui qui est le plus petit dans le Royaume des Cieux, est plus grand que lui.* Saint Jean par son emploi de Précurseur, étoit au – dessus de tous les Prophètes, parce qu'il avoit annoncé le Royaume des Cieux comme prochain et commençant déjà à s'établir. Ce Royaume des Cieux est l'Eglise du Messie, l'Eglise de Jésus – Christ ; Eglise qui vient des Cieux et retourne aux Cieux ; Eglise toute céleste dans son auteur, dans ses mystères, dans son culte, dans ses Sacrements, dans ses biens, dans ses préceptes, dans ses mœurs. Or, si l'emploi de saint Jean, qui consistoit à annoncer l'approche et à préparer les commencements de ce Royaume céleste, étoit si grand, combien plus grande est la dignité de celui qui, dans ce Royaume céleste, est destiné, non pas seulement à en occuper une des premières places, à le gouverner, à y établir et consacrer des Ministres ; mais je dis destiné à y tenir le dernier rang, à instruire et former des Chrétiens, à développer les mystères de Dieu et de son Christ, à distribuer les trésors de sa grâce, à réconcilier les pécheurs, à consacrer le corps de Jésus-Christ, à l'offrir en sacrifice, à s'en nourrir et à en nourrir le peuple fidèle, enfin à perpétuer le royaume des Cieux jusqu'à la fin du monde ! O Prêtres ! O Chrétiens ! que notre dignité est grande ! que notre bonheur est auguste ! Mais si, par la dignité de notre état nous sommes au-dessus de saint Jean, quels

efforts ne devons-nous pas faire pour approcher·
de ses vertus ? Quelles devroient être notre vie,
notre pureté, notre union avec Dieu, notre
insensibilité pour les choses de la terre, notre
sollicitude pour les choses du Ciel !

II° Les souffrances que promet le Royaume·
céleste. « Or, depuis le temps de Jean-Baptiste
jusqu'à présent, le Royaume des Cieux souffre
violence, et ceux qui usent de violence le ravissent. » Jean-Baptiste a commencé à annoncer·
le Royaume des Cieux ; aussitôt ce Royaume,
divin, à peine annoncé, à peine commencé, a
été en proie à la violence. Ses ennemis, n'écoutant que leur jalouse fureur, ont tâché de le
ruiner, de le dissiper, de l'anéantir dès ses premiers commencements. Jean ne faisoit que commencer sa prédication, lorsque les Pharisiens le
persécutèrent et l'obligèrent à s'éloigner. Ce saint
Précurseur est actuellement dans les fers, d'où
il ne sortira que par une mort violente ; voilà
le sort de l'Eglise de Jésus-Christ. Persécutée
dès sa naissance, elle le sera jusqu'à la fin :
mais elle est le Royaume de Dieu, le Royaume
des Cieux, et les hommes ne peuvent rien contre
Dieu, ni la terre contre les Cieux ; cette Eglise
subsistera donc jusqu'à la fin du monde. La fureur des tyrans multipliera le nombre des Chrétiens, et la violence des supplices augmentera
la couronne des Martyrs. Ce sort qu'éprouvera
constamment l'Eglise, est encore celui de chacun de ses membres, qui n'entrera point dans
la gloire du Ciel, sans s'être fait violence à soi-
même, à son naturel, à ses mauvaises inclinations, à ses passions.

III° L'économie du Royaume de Dieu. « Car

jusqu'à Jean, tous les Prophètes et là loi ont
prophétisé ; et si vous voulez l'apprendre, c'est
lui-même qui est cet Elie qui doit venir. Que
celui-là entende, qui a des oreilles pour entendre. » Ne nous lassons pas d'admirer l'œuvre
de Dieu dans la Religion qu'il a donnée aux
hommes ; le fonds en a toujours été le même,
mais la forme en a été différente selon les temps.
Le développement entier des Mystères adorables
qu'elle contient, et des biens ineffables qu'elle
confère, en a été réservé au temps de l'avénement du Messie et de l'établissement de cette
Eglise, dont Jésus-Christ est le chef, et qui
s'appelle le règne de Dieu, le Royaume des-Cieux,
que saint Jean a annoncé le premier, et dont il
a vu les premiers fondements. Jusqu'à saint Jean
dans tous les temps qui l'ont précédé, la tradition
des Patriarches, la loi de Moïse et la prédication
des Prophètes n'ont été que des Prophéties de
l'établissement futur de ce règne divin. Le peuple
Juif étoit bien le peuple de Dieu, la Synagogue
l'Eglise de Dieu ; mais ce n'étoit pas encore là
le règne de Dieu, le Royaume des Cieux, ce
n'en étoit que l'ombre, la figure et la promesse.
Jésus-Christ *est le Soleil de Justice*, comme l'appelle le dernier Prophète, *dont les rayons ont
donné la santé* ; c'est-à-dire, ont répandu la lumière, dissipé les ombres, rempli les figures et
accompli les promesses. Saint Jean a tenu le milieu entre les Prophètes et Jésus-Christ. Il a été
l'aurore qui a annoncé le lever de ce divin Soleil.
Pour nous faire comprendre quel est l'emploi de
saint Jean, Notre-Seigneur nous dit qu'il est le
Prophète Elie, ce même Prophète que Dieu
promet d'envoyer *avant que le jour du Seigneur*

arrive. Telle est donc l'économie du Royaume de Dieu ou de la Religion chrétienne : le dernier des Prophètes a annoncé saint Jean ; saint Jean a montré Jésus, et il a déclaré qu'il étoit le Messie : Jésus a établi le Royaume de Dieu, et détruit le règne du Démon ; il a nommé ses Apôtres, et les a remplis de l'Esprit-Saint : les Apôtres ont imposé les mains à leurs successeurs, et leur ont conféré le même esprit, et ainsi de suite jusqu'à nous : en sorte que par le Pontife qui nous gouverne actuellement, nous remontons successivement jusqu'aux Apôtres et jusqu'à Jésus-Christ ; de Jésus-Christ par saint Jean jusqu'aux Prophètes et à la loi, et ensuite par la tradition des Patriarches jusqu'au premier homme, à qui les premières promesses ont été faites. Quelle autre Religion que la chrétienne présente ainsi, sans interruption, une chaîne prophétique et historique qui renferme tous les temps ! Ce n'est pas là un système de convenance et de vraisemblance ; c'est un plan exécuté, dont les monuments subsistent sur toute la surface de la terre, et entre des mains non suspectes. Les Juifs ont les mêmes Livres prophétiques, que les Chrétiens ; les Schismatiques et les Hérétiques ont la même histoire de l'Evangile, que les Catholiques, sans qu'il ait pu, sur ce point, se glisser d'erreur, ou se trouver de collusion. O Religion divine et sainte ! il n'y a que ceux qui se ferment à dessein les yeux pour ne pas voir, et qui se bouchent les oreilles pour ne pas entendre, qui puissent encore vous méconnoître ! Quel bonheur d'être né dans cette Eglise sainte, d'y vivre et d'y mourir.

TROISIÈME POINT.

De la conduite des chefs de la Nation juive, par rapport à Saint Jean et à Jésus.

I° Conduite comparée et opposée à celle du peuple. « Tout le peuple et les publicains, qui entendirent ce discours, justifièrent la conduite de Dieu, ayant été baptisés du baptême de Jean; mais les Pharisiens et les Docteurs de la loi méprisèrent le dessein de Dieu sur eux, ne recevant point le Baptême.» Lorsque saint Jean commença à prêcher et à baptiser, tout le peuple et les Publicains mêmes, que l'on appeloit les pécheurs, s'empressèrent de répondre aux desseins de Dieu, et d'embrasser la pénitence pour recevoir le Messie ; mais les Grands, les Savants, les Pharisiens qui faisoient profession de la plus exacte observance de la loi, les Scribes qui faisoient profession d'interpréter, d'expliquer cette même loi, et de l'entendre parfaitement, ne voulurent pas, pour la plupart, s'abaisser jusqu'à recevoir le Baptême de Jean. Ils lui firent seulement demander s'il étoit le Messie ; et quand il eut répondu que non, ils s'en tinrent là en attendant que le Messie vînt. Ils méprisèrent ainsi les desseins de miséricorde que Dieu avoit sur eux ; et ayant refusé par orgueil d'entrer dans les dispositions de la Providence, après avoir méprisé le précurseur, ils en viendront jusqu'à faire mourir le Messie. Tout est grand dans la Religion, tout est important dans les vues de Dieu : celui qui méprise les premiers moyens de salut pour en attendre de plus grands, abuse souvent de tous. Ceux qui se croient saints,

sages et savants, se perdent souvent par leur
orgueil , leurs fausses lumières et leur fausse
sagesse.

II° Conduite comparée · et semblable à cellè
des enfants. *A qui donc*, ajoute Jésus – Christ ,
« comparerai-je ces hommes ci, et à qui sont-
ils semblables? Ils ressemblent à des enfants
assis dans une place publique , et qui se disent
les uns aux autres : nous vous avons joué
des airs gais , et vous n'avez point dansé ;
nous avons chanté devant vous des airs lugu-
bres, et vous n'avez point pleuré. Car Jean-
Baptiste est venu, qui ne mangeoit point de
pain et ne buvoit point de vin , et vous dites :
il est possédé du démon. Le Fils de l'Homme
est venu , qui mange et qui boit, et vous dites : c'est un homme de bonne chère et qui
aime le vin , est ami des Publicains et des
pécheurs. » C'est-à-dire , à qui comparerai-je
cette génération d'hommes incrédules que rien
ne peut toucher, à qui ressemblent – ils ? Ils
sont semblables à ces enfants dédaigneux, à qui
une troupe d'autres enfants reproche dans la
place publique leur mauvaise humeur , leur
mépris et leur indifférence aux invitations qui
leur sont faites : et voilà le portrait naturel de
ceux dont je parle ; ils font si bien par leur
esprit artificieux et critique que , sous quelque·
forme que se présente à eux la sagesse, ils trouvent des raisons qui les dispensent de la suivre.
Et en effet , les principaux des Juifs , se reposant
avec ostentation sur leur sainteté et leur savoir ,
étoient aussi peu touchés de la vie austère de
Jean, que de la vie commune et sainte de Jésus-
Christ , et ils blasphémoient également l'un et

l'autre. Selon eux, Jean étoit un homme sau-
vage et farouche, possédé du démon; et Jésus
étoit un homme qui aimoit à manger et à boire,
ét qui étoit ami des pécheurs. Tels sont encore
les discours du monde; au lieu de profiter des
divers genres de vertus dont l'Eglise lui présente
l'exemple, il blasphème contre tout ce qu'il ne
veut pas imiter. Selon ce monde, les solitaires
sont des contemplatifs oisifs, qui ne font que
surcharger l'Etat, et qu'il faudroit anéantir; les
hommes apostoliques sont, ou des politiques in-
trigants qui flattent les pécheurs par une morale
relâchée, et qui accommodent leurs décisions aux
vues secrètes de leur ambition ou de leur intérêt,
ou des hommes austères et farouches, qui ne
prêchent la réforme, le jeûne, la pénitence que
par humeur, hypocrisie, orgueil ou désespoir.
Si quelqu'un se retire du monde pour servir
Dieu, c'est foiblesse d'esprit, noir chagrin ou
dépit. Eh! dit-on, ne peut-on pas se sauver dans
le monde? Si quelqu'un, dans le monde, veut
mener une conduite régulière et chrétienne, il
en est la fable, la risée, l'horreur; même on
l'évite, on le fuit. O monde pervers! tu abuses
de tout, tu blasphèmes contre tout, tu rejettes
tout ce qui pourroit te sauver. Hélas! n'avons-
nous pas nous-mêmes répété les blasphèmes du
monde, et imité son insensibilité?

IIIᵒ Conduite comparée et contraire à celle des
enfants de la Sagesse. *Mais la sagesse a été justi-
fiée par tous ses enfants.* Le monde se croit sage,
et traite d'insensés ceux qui, au mépris de ses
maximes, s'attachent aux maximes de Jésus-
Christ: mais ces fidèles méprisés sont les enfants
de la Sagesse, et leur conduite est la justifica-

tion des ·voies et des œuvres de la sagesse de
Dieu : car tandis que les faux sages du monde
abusent de tout pour s'éloigner de Dieu, l'offenser et se perdre, ces enfants ·de la Sagesse
incarnée profitent de tout pour s'attacher à Dieu,
le servir et se sauver. Dans quelque situation que
Dieu les mette, dans l'abondance ou l'indigence,
dans la prospérité ou l'adversité, dans la santé
ou la maladie, ·dans le tumulte ou la solitude,
ils sont fidèles à Dieu, et tout contribue à leur
sanctification. Et voilà ce qui justifie la sagesse
de Dieu dans les mesures qu'elle a prises pour
le salut des hommes. Les mondains n'en veulent
pas convenir aujourd'hui; mais ils en convien-
dront, an dernier jour, lorsqu'ils seront forcés
d'avouer leur folie, et de reconnoître, mais trop
tard, qu'ils se sont trompés.

PRIÈRE. De quel nombre suis-je, ô mon Dieu !
et comment ai-je justifié jusqu'ici votre sagesse
dans tout ce qu'elle a fait pour mon salut? Re-
dressez mon cœur en le rendant plus humble·:
et· alors toutes vos voies me paroîtront droites,
et je ne regarderai plus que vous dans ce qui
vient de vous. Soyez ma force et mon appui, ô
Jésus ! soutenez-moi, afin que je ne sois pas à
votre service, comme un foible roseau : faites
qu'inviolablement attaché à votre Loi, je me
rende digne de ·votre gloire. Ainsi soit-il.

XCIII^e. MÉDITATION.

Suite du Discours de Jésus-Christ après le départ des députés de Saint Jean.

Jésus-Christ nous découvre ici divers mouvements de son cœur; un mouvement d'indignation contre les villes qui n'ont pas répondu à ses grâces; un mouvement de louange et d'amour envers Dieu son père; un mouvement de charité pour tous les hommes. *Matt.* 11. 20-30.

PREMIER POINT.

Mouvement d'indignation contre les Villes qui n'ont pas répandu à ses grâces.

I° **JÉSUS-CHRIST** manifeste la grandeur de ce crime. « Alors il commença à faire des reproches aux villes dans lesquelles il avoit fait beaucoup de miracles, de ce qu'elles n'avoient point fait pénitence. Malheur à toi Corazain ! malheur à toi Bethsaïde ! car si les miracles qui ont été faits au milieu de vous, avoient été faits dans Tyr et dans Sidon , il y a long-temps qu'elles auroient fait pénitence dans le sac et dans la cendre. »

Jésus-Christ continue à se plaindre de la conduite des Juifs. Saisi d'un mouvement d'indignation mêlée de douleur et de compassion, et adressant la parole aux villes qui n'avoient fait aucun usage de ses discours, ni des miracles qu'il y avoit opérés, il leur reproche le

crime de leur incrédulité; crime d'autant plus
énorme, qu'il leur avoit accordé des grâces signalées, des grâces choisies, abondantes et de
prédilection. Malheur à vous, dit-il, villes ingrates, parce que si les prodiges qui se sont
faits au milieu de vous, et dont vous abusez,
se fussent opérés à Tyr et à Sidon, villes idolâtres et corrompues, elles eussent depuis long-
temps embrassé la pénitence que je vous ai inutilement prêchée; on auroit vu leurs habitants,
humiliés et contrits, se couvrir de cilices et se
coucher sur la cendre! Coupables du même crime, ne méritons-nous pas les mêmes reproches
et les mêmes anathèmes? Comptons, si nous
le pouvons, toutes les grâces que Dieu nous a
faites, tous les moyens de salut qu'il nous a
procurés : quel usage en avons-nous fait? Quel
profit en avons-nous retiré? Nous les négligeons
ces grâces, et nous comptons pour rien le mépris que nous en faisons. Ah! elles auroient
converti et sanctifié une infinité d'autres à qui
Dieu ne les a pas accordées; et nous ingrats,
nous nous croyons peut-être même innocents,
après les avoir négligées.

II° Jésus-Christ nous manifeste quel sera le
châtiment de ce crime. *Mais aussi je vous le
dis : Tyr et Sidon, au jour du Jugement, seront traitées moins rigoureusement que vous.* Oui,
au jour du jugement, les villes ingrates et im-
pénitentes seront traitées avec plus de rigueur,
seront condamnées à de plus grands supplices que
les villes païennes et les villes les plus dissolues,
qui n'auront pas reçu les mêmes grâces. Hélas!
ce grand jour est toujours éloigné de notre esprit, et nous devrions toujours l'avoir présent,

puisque tout doit y être connu, tout doit y
être jugé. Dans ce jour, nous aurons à répondre non-seulement des péchés que nous aurons
commis, mais encore des grâces dont nous n'aurons pas profité. On plaint le malheur de tant
de peuples qui naissent hors de l'Église et de la
vraie Religion, et ils sont bien à plaindre en
effet, leurs péchés ne peuvent que leur attirer
un sort malheureux au jour du jugement; mais
mille fois plus terrible sera le sort des mauvais
Chrétiens, sort plus terrible à proportion de ce
qu'ils auront abusé de plus de grâces. Sondons
ici notre cœur, et tremblons ; car quel usage
faisons-nous, pour la plupart, des biens, des
grâces et des dons que Dieu répand continuellement sur nous? Quel sera donc notre sort au
grand jour du jugement? Travaillons à l'éviter,
tandis que nous le pouvons, par une sincère
pénitence.

· IIIᵉ Jésus–Christ nous manifeste la source de
ce crime. « Et toi, Capharnaüm, t'élèveras-tu
toujours jusqu'au Ciel? Tu seras abaissée jusqu'au
fond de l'enfer, parce que si les miracles qui
ont été faits au milieu de toi avoient été opérés
dans Sodome, elle subsisteroit peut-être encore
aujourd'hui. C'est pourquoi je te déclare qu'au
jour du jugement, Sodome sera traitée moins
rigoureusement que toi. » Capharnaüm étoit une
ville riche et commerçante. Il n'arrive que trop
souvent que l'opulence et la splendeur d'une
ville inspirent à ses habitants un orgueil secret,
qui leur fait mépriser les devoirs de la Religion et négliger le soin de leur salut. Hélas !
on s'enorgueillit de tout ; la science, le mérite,
la fortune, la noblesse, la réputation, la sain-

teté même de son état, tout inspire cet orgueil qui endurcit le cœur, et qui fait qu'en négligeant les plus grandes grâces, on se croit innocent : de là, ce calme funeste dans lequel il ne vient pas même à l'esprit qu'on ait besoin de pénitence. Mais au jour du jugement, toute cette gloire qui nous éblouit sera anéantie, l'ivresse de cet orgueil sera dissipée ; Jésus-Christ nous demandera un compte rigoureux de ces grâces méprisées, et en tirera une vengeance peut-être plus éclatante que des crimes mêmes, dont l'énormité et l'infamie causent aujourd'hui le plus d'horreur parmi nous.

SECOND POINT.

Mouvement d'amour et de louange dans le cœur de Jésus-Christ envers Dieu son Père.

Iº Jésus-Christ bénit son Père de la sagesse infinie avec laquelle il gouverne les hommes. « Jésus dit alors : je vous rends gloire, mon Père, Seigneur du Ciel et de la terre, de ce que vous avez caché ces choses au Savants et aux Sages, de ce que vous les avez révélées aux simples et aux petits. Oui, mon Père, je vous en bénis, parce qu'il vous a plu que cela fût ainsi. » Dieu fait également éclater sur les hommes sa justice et sa miséricorde : sa justice, sur les orgueilleux qu'il abandonne à l'aveuglement dé leur fausse sagesse; sa miséricorde, sur les humbles, à qui il découvre les vérités précieuses du salut. J'adore vos jugements, ô mon Dieu, et j'en reconnois, avec mon Sauveur, l'équité et la sagesse! Vous le voulez ainsi, vous dirai-

je en toutes occasions, vous l'avez ainsi réglé,
j'acquiesce à votre volonté sainte, qui n'est autre
que ma sanctification. Loin de moi toute autre
science et toute autre sagesse, qui ne serviroient
qu'à m'enorgueillir et à m'aveugler! Que d'autres
se plaisent dans des études profanes, qu'ils aiment à y faire briller leurs talents et leur éru-
dition : que d'autres se glorifient de leur prudence
à augmenter leurs richesses et leur crédit, à
conduire une intrigue, à satisfaire leur ambition,
à se procurer tous les plaisirs : pour moi, Seigneur, je ne veux savoir que vous, que votre
volonté, et les moyens de faire mon salut.

II° Jésus-Christ remercie son Père de la plénitude des dons qu'il lui a accordés. « Mon Père
m'a mis toutes choses entre les mains, et nul
ne connoît le Fils que le Père, comme nul ne
connoît le Père que le Fils. » Jésus-Christ ,
comme seconde personne de la Sainte Trinité,
est en tout égal à son Père ; mais de plus Jésus-
Christ, comme homme subsistant dans le Verbe,
a reçu de Dieu son Père la plénitude de tous
ses dons , tant pour ce qui regarde les connoissances, que pour ce qui regarde la puissance.
Je me réjouis, ô mon Sauveur, de ce que Dieu
votre Père n'a point mis de bornes aux dons
précieux qu'ils vous a faits ! Vous savez tout,
et vous pouvez tout: rien ne vous est caché,
et rien ne vous est impossible ; vous seul avez
une connoissance parfaite du Père céleste, de
toutes ses volontés, de tous ses desseins, et les
lumières des plus sublimes Séraphins ne sont rien
en comparaison des vôtres. Ah ! qui pourroit
connoître, ô Jésus, ce que vous êtes vous-même,
et la sublimité de vos divines grandeurs ! Les

Anges les admirent, sans pouvoir les comprendre. Dieu seul votre Père, de qui vous les tenez, les connoît parfaitement. Tout ce que je puis donc faire, ô mon Sauveur et mon Dieu! c'est de me prosterner devant vous, de m'anéantir, de vous adorer.

III° Jésus-Christ loue son Père du pouvoir qu'il lui a donné de communiquer ses lumières aux hommes. *Nul ne connoît le Père que le Fils, et celui à qui le Fils aura voulu le révéler.* Ce n'est pas pour vous seul, aimable Jésus, que vous avez reçu la connoissance de tous les mystères de la Divinité : votre gloire est de pouvoir en faire part à qui vous voulez. Et en effet vous les avez révélés par la foi à tous les Chrétiens qui font profession de les croire ; mais vous avez encore une autre manière de les révéler, plus secrète et plus intime, réservée aux ames choisies que vous favorisez. O heureux ceux à qui vous accordez de semblables faveurs ! Que les lumières que vous leur communiquez sont pures et délicieuses! Ils connoissent Dieu votre Père , ils en sont pénétrés, et sa divine présence fait plus d'impression sur leur cœur, que la présence des objets sensibles n'en fait sur leurs yeux : ils vous connoissent vous-même, ô divin Jésus ! ils voient ce qu'ils vous doivent et ce qu'ils sont en vous et par vous : et de quel amour la révélation de ces mystères ne les embrase-t-elle pas ? Ah ! qu'ils sont bien dédommagés des faux plaisirs du monde et des vains amusements dont ils se sont séparés ! O Jésus! si vous daigniez répandre sur mon ame un seul rayon de ces divines lumières, je vous aimerois avec plus d'ardeur, je vous servirois avec plus de ferveur ;

mais pourquoi ne l'espèrerois-je pas de votre miséricorde ? Vous ne nous avez déclaré que vous aviez le pouvoir de révéler vos divins secrets à qui vous vouliez, qu'afin d'exciter nos désirs et de nous engager à vous les demander. Je vous les demande, ô mon divin Sauveur : me voilà à vos pieds, éclairez mon ame, embrasez mon cœur, afin que je ne goûte et que je n'aime que vous !

TROISIÈME POINT.

Mouvement de charité dans le cœur de Jésus-Christ envers tous les hommes.

Par ce mouvement de son infinie charité, Jésus-Christ nous invite à aller à lui, à nous instruire auprès de lui, et à nous soumettre à lui.

1° Jésus-Christ nous invite à aller à lui. *Venez à moi, vous tous qui avez de la peine et qui êtes chargés, et je vous soulagerai..* Comment va-t-on à Jésus ? On y va par la prière, et on en approche d'autant plus, qu'on a plus de confiance en lui. Quand est-ce surtout que Jésus nous invite à aller à lui ? C'est lorsque nous sommes dans la peine et dans l'affliction, accablés de travail et d'inquiétudes, gémissant sous le poids de nos misères corporelles et spirituelles. Ah ! ce n'est pas dans cet état que le monde nous invite à aller à lui ! Alors l'ingrat nous méconnoît et nous abandonne, les amis les plus fidèles s'ennuient bientôt du récit de nos malheurs. Un homme affligé porte l'affliction partout, et devient importun à tout le monde. Il n'y a que vous, ô Jésus, qui êtes l'ami fidèle, toujours prêt à nous recevoir et à nous entendre. Par quelle espérance Jésus nous invite-t-il à aller à lui? Par la promesse formelle qu'il nous fait de nous soulager de nos maux, d'essuyer nos larmes et d'adoucir toutes nos peines. Comment, après une promesse si authentique, confirmée tant de fois par notre propre expérience, nous obstinons-nous encore à chercher notre consolation dans les créatures? Non, non: elles sont trop foibles pour mériter notre confiance : elles peuvent bien nous distraire de nos maux ; mais cette distraction, en couvrant pour un moment la plaie de notre cœur, ne la guérit pas. Vous seul, ô Jésus, pouvez pénétrer jusqu'à ce cœur, entendre sa voix, connoître ses misères, le consoler, le guérir. Je viens donc à vous, ô ami tendre et fidèle! ô Médecin charitable! ô Sauveur Tout-Puissant! Je viens à vous fatigué du tumulte du monde et de mes passions, chargé du poids de mes iniquités ; soulagez-moi, délivrez-moi, consolez-moi!

II° Jésus nous invite à nous instruire auprès de lui. *Prenez mon joug sur vous, et apprenez de moi que je suis doux et humble de cœur, et vous trouverez le repos de vos ames.* Comment apprend-on de Jésus? On apprend de lui en conversant avec lui, et, pour ainsi dire, en le fréquentant, en l'étudiant, en méditant ses paroles, et en considérant ses actions. Qu'apprend-on de lui? Qu'il est plein de douceur et d'humilité, qu'il est bon et compatissant, que ce n'est point un Maître fier et altier, dur et intraitable, mais un Maître rempli de tendresse, et qui ne pense qu'à nous combler de ses biens; un Maître que

la charité dépouille, que l'humanité anéantit.
Soumettons-nous donc à ses ordres, suivons ses
lois, embrassons sa doctrine, imitons ses exemples. Hélas! depuis combien de temps sommes-
nous à l'école de Jésus-Christ, sans avoir encore
appris cette leçon si simple et si facile de la douceur et de l'humilité! Nous n'avons donc encore
rien appris, car cette leçon est le fondement et
l'abrégé de toute la Religion. Si l'on nous voit
encore remplis de fierté et de hauteur, vifs et
impatients, prompts à la vengeance et entiers
dans nos sentiments, critiques dans nos paroles
et emportés dans nos actions, à quelle école
allons-nous donc? Ah! ce n'est point à celle
de Jésus-Christ, mais à celle du monde; car
le monde enseigne tout cela. Nous sommes Disciples du monde, et non de Jésus-Christ. Quel
est le fruit des leçons de ce divin Sauveur? Le
repos de l'ame, la tranquillité de l'esprit, la
paix du cœur. En vain cherchons-nous ce repos ailleurs que dans la douceur et l'humilité;
nous ne trouverons partout que trouble, agitation, inquiétude, dispute, incertitude, embarras
et soucis. Soyons doux et patients, humbles et
soumis; aussitôt, sûrs dans notre foi, paisibles
dans notre conduite, tranquilles dans le sein
de la Providence, nous jouirons d'un calme
parfait que rien ne pourra troubler.

IIIᵒ Jésus-Christ nous invite à nous soumettre à lui. *Prenez mon joug sur vous, car mon
joug est doux et mon fardeau est léger.* Qu'est-ce
que le joug et le fardeau de Jésus? Son joug,
c'est sa croix. A ces mots, la nature frémit.
Mais ne nous y trompons pas : le démon, les
passions, le péché ont leur joug et leur fardeau.

Il ne s'agit pas de choisir entre porter le joug ou ne le pas porter, mais de choisir entre porter le joug de Jésus-Christ ou porter le joug et le fardeau du péché. Pourquoi Notre-Seigneur nous dit-il : *Prenez mon joug sur vous* ? C'est pour nous déclarer qu'il laisse à notre liberté le choix de le prendre ou de ne le prendre pas. Son joug n'est pas un joug de servitude, mais un joug de liberté et de délivrance. Nous naissons sous le joug du démon, du péché et des passions. Ce n'est qu'en prenant librement le joug de Jésus-Christ, que nous pouvons sortir de ce honteux et cruel esclavage. Notre-Seigneur nous dit : *Prenez sur vous*, portez mon joug sur vous, pour nous faire comprendre que comme nous le prenons librement, nous devons le porter gaîment et publiquement, que nous devons nous en faire un plaisir et un honneur, y mettre notre joie et notre gloire. Que promet Notre-Seigneur à ceux qui porteront son joug et son fardeau ? Il leur promet qu'ils trouveront le joug plein de douceur, et le fardeau infiniment léger. Comment cela se peut-il ? C'est que sous ce joug et sous ce fardeau, nous sommes dans l'ordre et dans l'état où Dieu nous veut ; c'est que Jésus-Christ nous aide à porter l'un et l'autre par sa grâce ; c'est enfin que nous sommes soutenus par l'espérance immortelle des biens à venir. Au contraire, sous le joug du péché, on est dans le désordre, sans consolation, sans espérance, et tourmenté nécessairement par la crainte d'un Dieu vengeur. Promesse du Sauveur confirmée par l'expérience : plus on est fidèle à sa loi, plus on mortifie ses passions, plus on se fait de violence, plus on éprouvera la douceur attachée à son service.

PRIÈRE. O aimable joug de mon Sauveur !
j'ai été heureux lorsque je vous ai porté, et je
n'ai cessé de l'être que, lorsque trompé par l'appât d'un faux plaisir, j'ai subi le joug de mes
passions. Joug de fer, poids accablant, jusqu'à
quand gémirai-je dans un si dur esclavage? Dé-
livrez-m'en, ô mon Sauveur, brisez mes liens;
rendez-moi la liberté, je ne vous la demande
que pour la consacrer et me dévouer tout entier à l'observance fidèle de votre sainte Loi!
Ainsi soit-il.

X CIVᵉ. MÉDITATION.

La pécheresse chez Simon le Pharisien.

L'Evangile nous offre ici le tableau de l'amour pénitent ;
il en propose à nos réflexions les caractères , l'apologie
et les récompenses. *Luc.* 7. 36-50.

PREMIER POINT.

Caractère de l'amour pénitent.

1º IL est actif pour chercher l'occasion de se
manifester et d'obtenir le pardon. « Or un Pharisien pria Jésus de venir manger chez lui, et
Jésus étant allé dans sa maison , il se mit à table. Alors une femme de la ville, qui étoit de
mauvaise vie, ayant su qu'il étoit à manger chez
ce Pharisien , y vint avec un vase d'albâtre plein
d'huile de parfum. » On peut croire que tout
ce que Saint Luc rapporte ici se passa dans la

ville de Naïm, et fut le fruit du discours que
Jésus-Christ venoit d'y faire. A ce discours si
pathétique, rempli de menaces contre les cœurs
impénitents, et plein des plus tendres invitations pour les pécheurs, se trouva une femme
dont les désordres étoient publics et faisoient le
scandale de la ville. Cette femme pécheresse fut
touchée; elle reconnut son état, elle en eut
horreur et résolut d'en sortir sans délai. Elle
ne douta point que celui qui avoit changé son
cœur, et dont elle avoit entendu dire tant de
merveilles ne fut le vrai Messie, et qu'il n'eût
le pouvoir de lui remettre ses péchés. Animée
de cette foi, elle chercha l'occasion de lui manifester sa douleur, et de lui demander sa grâce; et pour ne pas manquer un moment si précieux, elle ne perdit point de vue celui de qui
elle espéroit un si grand bienfait. A ce même
discours avoit assisté un Pharisien nommé Simon, plus équitable et moins prévenu contre
Jésus-Christ que les autres Pharisiens : il fut
édifié du discours, et, soit par considération
pour le nouveau Prophète, soit peut-être aussi
pour l'examiner de plus près, il l'invita à manger chez lui avec plusieurs autres Pharisiens.
Jésus, qui avoit des desseins de miséricorde sur
le Pharisien et sur la Pécheresse, accepta l'in-
vitation; et la Pécheresse, attentive à tout, ne
l'ignora pas. O mon Dieu! que votre miséricorde est grande! que votre providence est aimable! et qu'il est important d'être attentif à ses
voies, pour répondre à ses desseins.

IIº L'amour pénitent est prompt et ardent à
saisir la première occasion qui se présente. *Et
se tenant derrière Jésus à ses pieds.* Dès que la

Pécheresse sut que Jésus devoit manger ch[...]
le Pharisien, elle ne perdit pas un moment[...]
elle ne remit point à un autre temps, elle n'at-
tendit point une occasion plus favorable, elle
vola chez elle, y prit un vase d'un parfum précieux et se rendit chez le Pharisien. La honte
de paroître devant une assemblée de qui elle
étoit connue comme Pécheresse, ne l'intimida
point. L'appréhension des discours des hommes
sur sa démarche, ou des reproches de ses complices sur son changement, ne l'effraya point.
N'ayant point d'autre honte que celle de ses péchés, d'autre amour que celui de son Sauveur,
elle entre dans la salle du festin, et se place
derrière celui de qui elle attend son salut. Jésus, selon l'usage du pays, étoit couché sur
une espèce de lit, le visage vers la table et les
pieds en dehors, découverts et sans chaussures.
C'est à ces pieds adorables que la pénitente se
tint dans la situation la plus humble et la plus
respectueuse, et là, sans être vue du Sauveur,
quoiqu'elle fut en vue à tous les autres conviés,
elle laissa agir sa douleur et son amour.

III° L'amour pénitent est industrieux à bien
profiter de l'occasion qu'il a trouvée. *Elle commença à arroser de ses larmes les pieds de Jésus, elle les essuyoit avec ses cheveux; elle les
baisoit et y répandoit le parfum.* La pénitente,
placée aux pieds de Jésus, pénétrée de la plus
vive douleur, et brûlante du plus saint amour,
se trouve hors d'état de proférer une seule
parole; en un moment ses yeux sont baignés
de larmes : elle se plaît à les répandre sur les
pieds de celui dont elle attend des grâces ;
ses larmes deviennent si abondantes, que les.

pieds de Jésus en sont comme inondés, elle
les essuie de ses cheveux, les baise avec respect, et les arrose de la liqueur précieuse qu'elle
avoit apportée. O vraie pénitente, que votre
amour est éloquent! quel cœur pourroit n'être
pas attendri par vos larmes, et ne pas pleurer avec vous! Hélas! j'ai plus péché que vous,
j'ai abusé de plus grandes grâces que vous!
ne devrois-je donc pas verser un torrent de
larmes aux pieds de mon Sauveur, surtout
depuis que ces pieds sacrés ont été percés pour
l'amour de moi! O femme généreuse! votre
pénitence est un vrai sacrifice, un holocauste
parfait! Quel moyen plus propre de réparer les
désordres de votre vie passée, que de faire servir à votre réconciliation tout ce qui a servi à
votre péché! Vous sacrifiez à une trop juste
douleur tout ce qui a servi à nourrir votre
passion, ou à l'allumer dans le cœur des autres. Vous offrez saintement à Dieu ce que vous
avez employé criminellement pour séduire. Vos
yeux ont été l'organe de vos désirs, ils vous
servent de première victime; vous les défigurez
par l'abondance de nos larmes; vous éteignez
le feu impur et contagieux de leurs regards
homicides dans les eaux de la pénitence; vous
arrêtez sur les pieds de Jésus leurs mouvements
déréglés, qui portoient le désordre dans les
cœurs, et ils n'ont plus d'autres mouvements
que ceux qu'ils reçoivent de la douleur. Votre
bouche souillée vient de se purifier, en donnant
aux pieds de Jésus un baiser respectueux, symbole de votre réconciliation avec Dieu. Ces cheveux que vous disposiez avec tant d'art, qui
servoient à orner votre front, ou plutôt à sé-

duire les cœurs, maintenant épars et sans ordre, ne servent plus qu'à essuyer les pieds du Sauveur, qu'arrosent vos pleurs. Ces parfums dont vous embaumiez une chair criminelle que vous érigiez en idole, vous les·répandez sur la chair divine et vivifiante de celui qui mérite seul tous nos hommages. Ainsi offrez-vous au Sauveur, en holocauste, tout ce qui a contribué à vos criminels plaisirs. Quel est le contentement de votre ame au milieu de ce sacrifice parfait? Jamais vous n'avez trouvé tant de satisfaction dans le crime, que vous goûtez de douceur dans l'exercice de la pénitence. Cependant votre Sauveur ne vous regarde point, il ne vous parle pas ; vous vous estimez trop heureuse de ce qu'en vous permettant de lui témoigner votre amour, il paroisse l'agréer. Et en effet, sans répondre en apparence à la générosité de vos démarches, cet Homme-Dieu en soutient la ferveur. Ne vous lassez donc pas : sans proférer vous-même une seule parole, ne cessez de solliciter votre grâce, continuez de vous y disposer ; bientôt Jésus va parler, ses yeux vont se tourner vers vous, et les paroles qu'il vous adressera mettront le comble à votre bonheur.

SECOND POINT.

Apologie de l'amour pénitent.

Le Pharisien, qui avoit invité Jésus, voyant cela, dit en lui-même : si cet homme étoit Prophète, il sauroit qui est celle qui le touche, et que c'est une femme de mauvaise vie. Le Pharisien, spectateur de ce qui se passoit, fut in-

térieurement scandalisé, non de la femme pécheresse, ce qu'elle faisoit n'étoit pas entièrement hors d'usage, mais de Jésus qui se laissoit approcher par une personne publiquement
déshonorée par ses débauches; car c'étoit, dans
la secte des Pharisiens, un point de Religion
de ne point souffrir la compagnie des pécheurs.
Cet homme, disoit-il en lui-même, n'étant point
de cette ville, peut bien ignorer les désordres
de cette femme; mais si c'étoit un Prophète,
il connoîtroit, par une lumière surnaturelle,
que cette femme est une pécheresse publique,
et il ne s'en laisseroit pas ainsi approcher. Hélas! qu'il faut peu de chose pour détruire dans
notre esprit l'estime que nous avons conçue de
quelqu'un, quelque bien fondée qu'elle soit!
Jésus eut pitié de l'erreur du Pharisien; il voulut tout à la fois l'éclairer, consoler la Pénitente et nous instruire nous-mêmes.

1° Le Pharisien est éclairé. *Alors Jésus prit
la parole, et dit : Simon, j'ai quelque chose à
vous dire. Maître, parlez, répondit-il.* Après ce
préambule de civilité, propre à réveiller l'attention des assistants, Jésus s'expliqua ainsi : «un
créancier avoit deux débiteurs; l'un lui devoit
cinq cents deniers, et l'autre cinquante; mais
comme ils n'avoient point de quoi payer, il leur
remit à tous deux leur dette. Lequel des deux
doit l'aimer davantage? Je crois, répondit Simon, que c'est celui auquel il a été remis une
plus grosse somme. Vous avez bien jugé, reprit
Jésus.» Le dessein du Sauveur étoit de faire
sentir que Dieu étoit actuellement moins aimé
du Pharisien superbe, que de l'humble Pécheresse. Dans cette vue, il proposa une parabole

dans laquelle il désignoit Simon et la Pécheresse sous les personnages de deux débiteurs également insolvables, et il se représentoit lui - même sous la figure du créancier charitable qui remettoit à tous deux leur dette entière. Il avoit amené le Pharisien à convenir que celui qui devoit aimer davantage ce créancier libéral, étoit le débiteur à qui il avoit fait une plus grande remise ; et sur cette décision, voici le raisonnement qu'il forma : vous jugez que l'amour qu'inspire la reconnoissance, se mesure sur la grandeur du bienfait qu'on a reçu : votre règle est juste. Mais si vous estimez que dans l'ordre naturel, après la remise et la donation gratuite faite par un créancier à deux débiteurs dont les dettes sont inégales, celui-là doit aimer davantage dont la dette étoit plus considérable ; ainsi, dans l'ordre de la grâce, doit-on le remarquer dans des débiteurs, c'est-à-dire dans des pécheurs pénitents, avant que leurs dettes, c'est-à-dire, leurs péchés, leur soient remis. Les plus coupables sont pour l'ordinaire les plus fervents ; ils aiment davantage, parce qu'ils sont chargés d'une plus grande dette, et qu'ils espèrent ou obtiennent une plus grande miséricorde. Pour vous en convaincre, je ne veux que vous comparer avec cette femme que vous méprisez. *Alors se tournant vers la femme pénitente*, qui attendoit depuis long-temps un regard de compassion, « il dit à Simon : voyez-vous cette femme ? Je suis entré dans votre maison, vous ne m'avez point donné d'eau pour me laver les pieds, et elle au contraire les a arrosé de ses larmes, les a essuyés de ses cheveux ; vous ne m'avez point donné de baiser, mais depuis qu'elle est entrée, elle n'a cessé de baiser mes pieds : vous n'avez pas répandu d'huile sur ma tête, et elle a répandu ses parfums sur mes pieds : c'est pourquoi je vous le dis : c'est à elle à qui beaucoup de péchés sont remis ; » vous devez en juger ainsi vous-même, suivant votre propre décision, *parce que c'est elle qui a aimé beaucoup*, comme elle l'a témoigné par ce dont vous venez d'être le témoin : *et c'est à qui moins de péchés sont remis, c'est celui qui aime le moins*. Le Pharisien ne répliqua rien : mais il dut voir clairement que Jésus-Christ, non-seulement connoissoit cette femme, mais encore qu'il avoit pénétré les pensées secrètes qu'il avoit eues lui-même. Il dût reconnoitre que Jésus-Christ n'étoit pas seulement un Prophète, mais celui qu'avoient prédit les Prophètes, c'est-à-dire, le Messie, entre les mains de qui Dieu son père avoit remis tous ses droits, et le pouvoir de remettre les péchés. Heureux, si cette instruction salutaire l'engagea à aimer avec plus d'ardeur celui qui l'avoit éclairé avec tant de sagesse, de force et de bonté ! Heureux nous-mêmes, si nous aimons parfaitement un Dieu qui a attaché notre grâce, notre bonheur au sentiment d'amour le plus naturel à l'homme, le plus sensible et le plus vif.

IIᵒ La pénitente est consolée. Quel fut le ravissement de cette femme éplorée, lorsque Jésus se tourna vers elle, et qu'elle l'entendit, non pas seulement approuver, mais louer et exalter ce qu'elle avoit fait pour lui, en faire lui-même le détail, et en relever toutes les circonstances ! Ah ! qui ne s'empressera de servir un si bon Maître, qui voit tout et qui nous tient compte de tout !

III° Nous - mêmes sommes instruits. Apprenons du Pharisien à ne mépriser personne, à
ne nous comparer avec les autres que pour nous
humilier. Hélas! à combien d'égards sommes-
nous au — dessous de ceux sur qui nous nous
donnons la préférence ? Souvent à la Table même
du Sauveur, le Juste est moins fervent que le
pécheur nouvellement converti. Apprenons de
la femme pénitente à briser nos cœurs par la
componction, à pleurer nos péchés aux pieds
du Seigneur, à employer à son service et à faire
servir à la pénitence, une chair qui a servi au
péché; à faire servir à l'ornement de ses autels
et au soulagement de ses membres souffrants,
les biens que nous avons employés au luxe et
à la vanité. Apprenons du Sauveur, qu'il est
ce créancier charitable et compatissant, prêt à
nous remettre tout, si nous l'en supplions avec
instance ; que nous sommes ses débiteurs ; que
nos dettes sont nos péchés ; que nous en sommes tous chargés, les uns plus, les autres moins;
mais que nous sommes tous également insolvables ; que celui qui a le plus péché doit tâcher
d'aimer le plus, et que celui qui a moins péché
doit faire ses efforts pour ne pas aimer le moins.
Apprenons du Sauveur, qu'il est riche en miséricordes, mais qu'il exige de nous que nous
l'aimions d'autant plus ardemment, que nous
l'avons plus grièvement offensé ; qu'à ces conditions, non-seulement il ne nous condamnera
pas au dernier jour, mais qu'il fera encore
notre apologie et notre éloge à la face de l'Univers assemblé.

TROISIÈME POINT.

Récompense de l'amour pénitent.

1° La rémission des péchés. *Alors Jésus-Christ dit à cette femme : vos péchés vous sont remis.* Le Sauveur assure à cette femme que Dieu lui fait miséricorde. Il ne se contente pas de l'avoir déjà déclaré en parlant à Simon, il veut lui en donner à elle-même la joie solide et entière ; il veut qu'elle goûte la paix ineffable d'une ame rétablie en grâce, et qu'elle l'apprenne de sa propre bouche. *Vos péchés vous sont remis.* O paroles puissantes et consolantes ! C'est Jésus-Christ qui les prononce encore par la bouche de ses Ministres, et elles ont en nous le même effet, lorsque nous apportons au Sacrement de Pénitence de saintes dispositions. Les Pharisiens, invités au repas, en murmurèrent en secret. *Ceux qui etoient à table avec Jésus, commencèrent à dire en eux-mêmes : qui est cet homme-ci qui remet même les péchés ?* Cet esprit pharisaïque règne encore parmi nous ; il règne dans plusieurs, qui ne se contentent pas de murmurer en secret, mais qui se plaignent hautement et jusqu'à en troubler la paix de l'Eglise, que l'on traite les pénitents avec trop de douceur et de ménagement. Sans doute il faut éviter une trop molle indulgence, qui entretiendroit le pécheur dans le crime ; mais on doit éviter aussi une rigueur outragée à l'égard d'un pénitent touché de la grâce, et qui a recours au Père des miséricordes avec un esprit de contrition et d'amour, de confiance et d'humilité. Les Ministres de Jésus-Christ ne sauroient apporter trop de

précaution, d'examen et de prudence, pour
absoudre les pécheurs ; et ceux-ci ne doivent
se plaindre, ni des épreuves où on met la sincérité de leur retour, ni des sages délais qu'on
apporte à leur réconciliation. Cette prétendue
sévérité est une conduite aussi pleine de Religion,
que de miséricorde même. Mais les délais et les
épreuves doivent avoir un terme ; et les pro-
longer au-delà de leurs justes bornes, c'est fournir aux pécheurs, non un moyen de conversion, mais presque toujours un motif de découragement et une occasion de rechute. Il faut donc
en ce point, comme dans tout autre, éviter
toute extrémité vicieuse. On doit surtout craindre d'autant plus de donner dans cet excès qui
approche si fort de la dureté, que l'on n'est
que trop naturellement porté à la sévérité pour
les autres, et que Notre-Seigneur ne nous a
laissé que des exemples et des préceptes de
douceur pour les vrais pénitents.

IIᵒ La récompense de l'amour pénitent est
le salut et la santé de l'ame. Notre-Seigneur ne
voulut pas répondre aux murmures intérieurs
des Pharisiens, ni découvrir leurs pensées. Sa
charité tour à tour le fit taire et le fit parler.
Il ménagea le peu de bonnes dispositions qu'il
voyoit dans ces Juifs, et donna à la femme pénitente la joie de la bonne conscience. Il lui
dit : *Votre foi vous a sauvée*. Il y a, par rapport à l'ame comme par rapport au corps, un
état de force et de santé qui est quelque chose
de plus que la simple exemption de maladie. La
fréquentation du Sacrement de pénitence procure
à l'ame cette force, et pour ainsi dire, cette
santé spirituelle qui la rend propre aux exercices

de la vertu, et constante dans la pratique du bien. Si les ames pieuses, qui approchent souvent de ce Sacrement, se trouvent dans un état de langueur et de foiblesse, elles ne doivent s'en prendre qu'à leur peu de foi. Qu'elles examinent si c'est bien dans l'esprit de la foi qu'elles fréquentent ce Sacrement ; s'il n'y entre rien d'humain ; si la coutume, l'habitude, la vanité, l'ostentation ne les animent point ; si la confiance qu'elles ont dans l'Ange visible qui les conduit est toute selon la foi ; si elles ne voient en lui que le Ministre de Jésus-Christ, que Jésus-Christ même ; si la manière dont elles lui parlent et celle dont elles en parlent, est un effet de leur foi ; si les motifs pour lesquels elles l'ont choisi, pour lesquels elles le gardent, quelquefois même pour lesquels elles le changent, sont pris de la foi. Ah ! que de biens souvent perdus, faute de cette foi pratique ! que de péchés, que de profanations même sur lesquels on s'aveugle ! La femme pénitente ne vit en Jésus-Christ que le Messie promis à Israël, que son Sauveur et son Dieu, et ce fut cette foi qui la sauva.

III° La récompense de l'amour pénitent est la paix du cœur. Les dernières paroles que le Sauveur dit à cette heureuse et sainte pénitente, mirent le sceau à son bonheur et à sa parfaite réconciliation. *Allez en paix*. O douce paix ! ô heureux fruit de la vraie pénitence ! Les plus grands pécheurs en font l'heureuse expérience, lorsqu'après avoir sondé le fond de leur conscience, sans se flatter, s'être pénétrés de regret et d'amour aux pieds d'un Dieu offensé, avoir surmonté tout respect humain et toute mauvaise honte, ils découvrent leurs désordres sans rien dissimuler. Mais comment arrive-t-il que des ames pieuses, qui craignent le péché plus que la mort, soient quelquefois privées de cette douce paix, et agitées au contraire des plus vives inquiétudes sur leurs péchés et sur les confessions qu'elles ont faites ? Ah ! c'est un artifice de l'ennemi de la paix, qui ne trouble ces ames par de vains scrupules, que pour ravir le fruit de leur pénitence, pour les empêcher d'avancer, les dégoûter de la vertu, et, s'il le peut, les faire retourner en arrière. Ames inquiètes, résistez à l'ennemi de votre salut par une parfaite confiance en la bonté et la miséricorde de votre Sauveur. Vous avez fait, suivant ce que lui-même vous a prescrit, ce qui étoit en vous pour rentrer en grâce en lui : en exige-t-il davantage ? La confession est-elle un piége qu'il vous ait tendu pour vous surprendre ? Eh ! pourquoi vous consumer d'inquiétudes, quand vous devriez vous consumer d'amour ? Supposez vos péchés remis, et ne vous occupez que du soin de témoigner votre reconnoissance. Si vos péchés vous sont remis, votre inquiétude offense celui qui vous les a remis : s'ils ne l'étoient pas, votre inquiétude n'en obtiendroit pas le pardon ; mais l'amour seul peut opérer ce miracle, et réparer ce qui auroit pu se glisser de défectueux dans votre pénitence. Moins d'inquiétude pour le passé, et plus de ferveur pour le présent. Aimez beaucoup : l'amour est la plus sûre marque de la remission des péchés. Aimez, et jouissez de la paix que procure l'amour pénitent !

PRIÈRE. Que votre amour, ô mon Dieu, soit donc le principe et l'ame de ma pénitence ! Que ma douleur soit d'avoir offensé un Dieu si bon, un Père si aimable et si bienfaisant ! Faites que je vous aime beaucoup, parce que j'ai beaucoup péché ; faites que je mérite que beaucoup de péchés me soient remis, parce que je vous aurai beaucoup aimé. Allumez dans mon cœur ce feu du divin amour, qui de la plus vile et de la plus méprisable des femmes, en fit en un moment l'objet de votre tendresse, qui, en la purifiant, la rendit digne de vous, afin que je participe à la récompense de son amour dans le temps et dans l'Éternité. Ainsi soit-il.

XCV^e. MÉDITATION.

Des saintes femmes servant Jésus dans ses missions.

Considérons : 1.º les bienfaits qu'elles reçurent de J.-C, 2.º la reconnoissance qu'elles lui témoignèrent pendant sa vie, 3.º l'attachement qu'elles conservèrent pour lui après sa mort. *Luc.* 8. 1-3.

PREMIER POINT.

Des bienfaits qu'elles reçurent de J.-C.

E<small>NSUITE</small> *Jésus alla de ville en ville et de village en village, préchant et annonçant le Royaume de Dieu, et les douze Apôtres étoient avec lui. Il y avoit aussi quelques femmes qui avoient été délivrées du malin esprit, et guéries de leurs maladies, savoir, Marie, appelée Magdeleine, de laquelle il étoit sorti sept Démons.* 1°. Le premier bienfait, que ces saintes femmes avoient reçu de J.-C., c'étoit la guérison du corps. Elles avoient été guéries de leurs maladies, et quelques-unes délivrées du démon. La guérison du corps est, de tous les bienfaits de Dieu, le plus sensible, et celui qui nous excite le plus naturellement à la reconnoissance. Combien de fois avons-nous reçu de Dieu ce bienfait, et en quoi lui avons-nous témoigné notre gratitude? Combien de fois avons-nous promis à Dieu, dans le temps de la maladie, que s'il nous rendoit la santé, nous l'employerions toute à son service? Comment nous sommes-nous acquittés de cette promesse? Reconnoissons, pleurons et réparons notre ingratitude.

II° Second bienfait, la rémission de leurs péchés. La guérison du corps que N.-S. opéroit, étoit la figure de la guérison de l'ame qu'il accordoit en même temps, ainsi qu'il nous le fait connoître lui-même, en déclarant formellement à plusieurs de ceux qu'il avoit guéris, que leurs péchés étoient remis. Comme la guérison de Magdelaine étoit aussi singulière que son état étoit surprenant, l'Evangile en parle séparément. Il ne faut pas s'étonner que cette femme ait été possédée de sept démons, puisque nous voyons ailleurs un homme possédé d'une légion de démons. N'est-ce pas être véritablement délivré du démon, que d'être délivré du péché? Or combien de fois avons-nous reçu de Dieu ce grand bienfait? N'est-il sorti de nous qu'un démon? N'est-il sorti que sept? Rappelons-nous, si nous le pouvons, le nombre, la grandeur, la diversité de nos péchés; et pénétrés de reconnois-

sance pour notre divin Libérateur, consacrons-
nous entièrement à son service.

III° Troisième bienfait, le don de la foi. Il
n'étoit pas possible d'avoir été miraculeusement
guéri du Sauveur, sans croire en lui. Il exigeoit même qu'on crût en lui pour être guéri;
mais combien cette foi devenoit – elle plus vive
par la guérison même! Ce don précieux de la foi
en J.-C., nous l'avons reçu dans notre Baptême,
et depuis notre plus tendre jeunesse, nous avons
été instruits des divins Mystères que cette foi
adorable renferme, et des biens éternels qu'elle nous
promet : enfin nous sommes venus au monde
dans le grand jour de cette même foi, lorsqu'elle
régnoit avec éclat et répandoit de toutes parts
ses plus vives lumières : comment avons-nous
profité d'un bienfait si grand et si spécial? Avons-
nous conservé ce don précieux dans notre cœur?
l'avons-nous aimé? l'avons-nous honoré et dé-
fendu? n'en avons-nous point rougi? ne nous
sommes-nous point exposés à le perdre par des
entretiens ou des lectures dangereuses et dé-
fendues?

SECOND POINT.

De leur reconnoissance pour Jésus pendant sa vie.

*Et Jeanne, femme de Chusa, l'Intendant d'Hé-
rode. Suzanne, et plusieurs autres qui, de leurs
biens, fournissoient à ses besoins.*

I° Ces saintes femmes lui consacrent leurs
biens. Jésus étoit pauvre, il marchoit accompagné de ses douze Apôtres aussi pauvres que lui.
Jamais il ne fit de miracles pour ses besoins
particuliers, pour sa subsistance ni pour celle de

ses Disciples. Dans les villes il se trouvoit des
personnes qui se faisoient un honneur de le
recevoir à leur table, et d'autres donnoient à
ses Apôtres quelques aumônes : mais dans les
campagnes, dans les villages où son zèle le conduisoit, bien loin de trouver quelques secours,
il ne trouvoit que des pauvres à qui il faisoit
distribuer la plus grande partie des aumônes
qu'on avoit données pour lui. C'étoit surtout alors
que ces saintes femmes, riches et maîtresses de
leurs biens, faisoient trouver par leurs soins
les choses nécessaires à J.-C. Ainsi coopéroient-
elles à l'établissement du Royaume de Dieu, et
participoient-elles au ministère et à la récompense des Apôtres. Si Jésus donne ici en sa personne l'exemple du désintéressement aux Ministres de son Évangile, il nous donne aussi, dans
la personne des saintes femmes qui le secouroient,
un exemple de la manière dont nous pouvons
lui témoigner notre reconnoissance. C'est donc
un ordre établi par l'exemple de J.-C. même
que si les femmes chrétiennes ne peuvent enseigner les vérités de l'Evangile, n'ayant reçu
ni la grâce de la Mission Apostolique, ni le pouvoir d'annoncer la parole divine, elles puissent
cependant avoir part au Ministère Evangélique,
soit par leurs aumônes, soit par le soin qu'elles
prennent de pourvoir aux besoins des ministres.
Mais c'est pour les seuls besoins, et non pour
les commodités et les aises, que J.-C. souffrit
qu'elles l'assistassent de leurs biens, et afin de
n'être à charge à personne dans les lieux où
il alloit.

Saint Paul a montré la justice de ces secours
de charité, quoiqu'il n'en usât point pour l'or-

dinaire. Ce grand Apôtre travailloit de ses mains pour ne pas retarder, ·comme il le disoit, le progrès de l'Evangile, mais il parloit aux Gentils, et vivoit parmi eux; et J.-C. et les Apôtres vivoient dans la Judée, et parmi les Juifs.

II° Ces saintes femmes lui consacrent leur personne. Elles ne se contentoient pas de fournir des secours pécuniaires au Sauveur, elles le suivoient elles-mêmes, elles se rendoient dans les lieux par où il devoit passer, ou bien séjourner, elles le servoient lui et ses Disciples. Elles assistoient à ses discours, à ses miracles, souvent même aux instructions particulières que Jésus faisoit à ses Apôtres; elles entroient comme eux, quoique avec proportion, dans les plus secrets mystères du Royaume de Dieu. C'est ainsi qu'en marquant à Jésus leur reconnoissance, elles en reçoivent tous les jours de nouvelles faveurs; c'est ainsi que nous l'éprouvons nous-mêmes à mesure de la générosité avec laquelle nous nous dévouons à son service. C'étoit un usage reçu parmi les Juifs, selon tous les SS. Pères, que les femmes suivissent des hommes, et les écoutassent pour apprendre la Loi de Dieu. Ainsi il n'y avoit ici nul scandale à craindre. Il n'en étoit pas de même parmi les Gentils, où cet usage n'étoit pas connu, ni cette liberté reçue : aussi Saint Paul ne vouloit-il pas permettre aux femmes, converties à la foi, de le suivre.

III° Ces saintes femmes lui consacrent leur cœur. C'est par le cœur seul qu'on peut plaire à Jésus-Christ. Les trois saintes femmes qui sont ici nommées, étoient libres de tout engagement du monde. Jeanne étoit veuve et sans enfants,

Magdelaine et Suzanne n'avoient point été ma-
riées, et ne le furent jamais. Maîtresses d'elles-
mêmes, elles suivirent Jésus, et s'attachèrent à
son service. Heureux sort, heureux choix! Qu'il
est digne d'être imité par les personnes qui se
trouvent dans la même situation! Parmi les
autres femmes qui suivoient J.-C., et qui ne
sont pas ici nommées, il en étoit d'engagées
dans les liens du mariage. Aucun état n'est exclu du service de Dieu, de l'espérance de pouvoir lui plaire, et d'en obtenir des faveurs singulières. Ces saintes femmes surent trouver le
secret de se consacrer au service de Jésus, sans
négliger les devoirs de leur état. On s'en prend
quelquefois aux embarras de son état pour s'excuser de la lâcheté que l'on a pour le service
de Dieu; mais si le cœur étoit à J.-C., on
trouveroit le moyen de concilier tout.

TROISIÈME POINT.

De leur attachement pour Jésus après sa mort.

1° Elles se disposèrent à l'embaumer. Quoique nous devions voir tout ce détail dans l'endroit où les Evangélistes en ont parlé, nous
pouvons cependant en dire quelque chose de
général dès-à-présent. Observons d'abord que
parmi ces saintes femmes, Marie-Magdelaine
tint le premier rang, et fut aussi remarquable
par son courage, son zèle, sa constance, son
amour, que par la singularité de la possession
dont elle avoit été délivrée. Parmi les saintes
femmes, les Evangélistes nomment toujours
Magdelaine la première, comme Pierre est nom-

mé le premier parmi les Apôtres. Elle fut la première qui se rendit au Sépulcre, la première qui vit Notre-Seigneur ressuscité, la première qui annonça sa résurrection aux Apôtres. Jeanne est aussi nommée parmi celles qui allèrent au Sépulcre, et qui annoncèrent la résurrection du Sauveur. Pour Suzanne, on ne voit plus son nom : elle étoit sans doute avec Magdelaine et Jeanne, lorsqu'elles voulurent aller embaumer le corps de leur divin Maître.

II° Elles virent Jésus monter au Ciel. Attachées aux Apôtres par le lien pur et sacré qui les avoit attachées à J.-C., après les avoir instruits de la résurrection, elles suivirent leurs pas, elles revinrent avec eux en Galilée, retournèrent avec eux à Jérusalem, elles se trouvèrent avec eux sur le mont des Oliviers, où elles eurent l'ineffable consolation de voir leur divin Maître quitter la terre et s'élever au Ciel.

III° Elles reçurent le Saint-Esprit avec les Apôtres. Après l'Ascension, elles persévérèrent en prières avec les Apôtres jusqu'au jour de la Pentecôte ; elles reçurent avec eux le Saint-Esprit, non comme eux, pour prêcher, mais pour achever de se sanctifier, selon leur état et selon la mesure de la grâce qui leur étoit communiquée. Enfin, elles règnent maintenant avec J.-C. dans le Ciel.

PRIÈRE. Est-il surprenant, ô Jésus, que ces saintes femmes n'aient pas voulu vous quitter, après que vous les eûtes délivrées de la tyrannie du démon ! Qu'on se trouve bien avec vous, ô mon Sauveur, quand on a été à d'autres Maîtres ! Intercédez pour nous, ô Saintes Femmes, et obtenez-nous la grâce de vous imiter. Ainsi soit-il.

XCVI^e. MÉDITATION.

Malade de trente-huit ansguéri par Jésus-Christ, le jour du Sabbat, auprès de la Piscine de Jérusalem.

Examinons les circonstances qui précèdent, qui accompagnent et qui suivent cette guérison. *Jean.* 5. 1-16.

PREMIER POINT.

Circonstances qui précèdent la guérison.

1° **L**E temps. C'étoit le temps d'une des fêtes solennelles des Juifs (1). *Après cela il arriva une fête des Juifs, et Jésus alla à Jérusalem.* Nous avons vu dans la Méditation précédente, comment Jésus, accompagné de ses douze Apôtres, parcouroit les villes et les bourgs. Ce fut en continuant cet exercice de son zèle, qu'il vint avec eux à Jérusalem. Il n'avoit encore paru qu'une fois dans cette capitale, depuis sa vie publique. Il y vint cette seconde fois pour y passer

---

(1) Cette fête, suivant l'opinion la plus probable, étoit celle des Sorts, établie par Mardochée; elle étoit fixée aux 14 et 15 du mois Adar₁, qui étoit le douzième et dernier de l'année Sacrée ou Ecclésiastique. Or, l'année sacrée commençoit au mois de Nisan, dans lequel se célébroit la fête de Pâque. La fête des Sorts tomboit donc le 14 ou 15 de la lune de février, comme la fête de Pâque le 15 de la lune de Mars. De cette sorte, on ne sera pas étonné de voir que Saint Jean, dans le chapitre suivant, nous dise que la fête de Pâque étoit proche.

la fête qu'on célébroit, pour instruire les Juifs, et leur donner de nouvelles preuves de sa Divinité. Les grandes fêtes sont des temps de grâces, de salut, d'instruction et de sanctification. Comment nous y préparons-nous? Comment les célébrons-nous? Nous mettons-nous en état d'approcher des Sacrements dans ces saints jours?

II° Le lieu. *Or, il y avoit à Jérusalem, auprès de la porte des Brebis, une piscine, appelée en hébreu Bethsaïde, qui avoit cinq galeries.* Dans ce lieu étoit une piscine, c'est-à-dire, une fontaine, un bain bâti auprès d'une des portes de la ville, et entouré de cinq portiques ou galeries couvertes. Cette piscine avoit le même nom que la porte auprès de laquelle elle étoit située, et la porte s'appeloit en latin *Probatique*, d'un autre mot grec qui signifie *Brebis*, et en hébreu *Bethsaïde*, qui signifie lieu de provisions, parce que c'étoit par cette porte qu'il venoit de la campagne un plus grand nombre d'agneaux, de brebis, et autres animaux nécessaires aux sacrifices du Temple. Cette piscine nous représente naturellement les Fonts-Baptismaux, les vases d'eau bénite placés à la porte de nos Églises, et surtout les tribunaux de la Pénitence, qui sont autant de bains institués pour purifier nos ames, et qui tirent leur vertu des mérites de l'Agneau sans tache, qui s'immole tous les jours sur nos Autels. Remercions Dieu d'avoir ainsi multiplié ces bains salutaires dans son Eglise, et examinons comment nous en profitons.

III° L'assemblée. *Là se tenoit un grand nombre de malades, d'aveugles, de boiteux et de paralytiques, qui attendoient le mouvement de l'eau.* Les portiques de la piscine étoient rem-

plis d'un nombre infini de malades de toute
espèce qui attendoient le moment de leur guérison. Il s'y trouvoit aussi un grand nombre
d'hommes en santé, dont les uns étoient occupés à secourir, entretenir ou consoler les malades, et les autres y venoient pour être témoins
du miracle que Dieu devoit opérer. Rien ne nous
représente mieux ce grand nombre de pénitents
que l'on voit, avec tant d'édification, environ-
ner les tribunaux de la Pénitence aux jours de
solennité. Hélas! ce nombre ne seroit-il pas
bien plus grand encore, si nous avions, pour
la santé de notre ame, autant d'empressement
que pour celle du corps? Mais ceux qui s'y présentent, y vont-ils avec les-dispositions qui sont
nécessaires pour être guéris?

IV° La vertu de la piscine. *Car l'Ange du
Seigneur descendoit à certain temps dans la ri-
vière, et l'eau s'agitoit; et le premier qui y
entroit après l'agitation de l'eau étoit guéri,
quelque maladie qu'il eût.* On ne sait si l'Ange
ne descendoit qu'une fois l'an, et dans un des
jours de la solennité dont il s'agit ici, ou s'il
descendoit de la même manière aux grandes fêtes. Quoi qu'il en soit, cette merveille, unique
dans le monde, n'a été accordée qu'à la ville
de Jérusalem, et au temps de la venue du
Messie. Elle annonçoit l'Ange du grand Conseil,
celui que Dieu devoit envoyer aux hommes pour
leur préparer dans son sang un bain spirituel
qui guériroit leurs ames de toutes leurs infirmités. Mais cette piscine salutaire, qui est le
Baptême de la Pénitence, n'est plus le privilége
d'une seule ville, d'un temps, d'un jour; partout, en tout temps et tous les jours, nous y

pouvons descendre et être guéris. Ne différons
donc pas, surtout dans ces moments où la grâce,
par d'utiles remords, où la voix de quelque
homme de Dieu remue et trouble le fond de
notre conscience. Ah! profitons sans délai de
cette heureuse agitation : ne cherchons le calme
que dans notre guérison, et ne perdons pas,
par nos retards, une faveur dont d'autres sauroient profiter.

V° La maladie de celui que Jésus guérit. *Or*,
*il y avoit là un homme qui étoit malade depuis
trente-huit ans.* Il y a apparence que c'étoit un
paralytique; ce que nous savons, c'est que depuis trente-huit ans il étoit affligé de son infirmité. Triste image d'un pécheur d'habitude,
qui depuis long-temps languit dans le péché,
sans approcher de la pénitence! Son malheur,
c'est que plus il a différé, plus il veut différer. On craint d'approcher du sacré Tribunal,
parce qu'il y a long-temps qu'on ne s'est confessé.
Eh, que craignez-vous, pécheurs! On vous en
fera des reproches, vous les recevrez avec humilité; on vous rebutera, vous persisterez,
vous supplierez : ne méritez-vous pas ces rebuts?
Est-ce trop, si à ce prix vous pouvez obtenir
votre guérison? Mais qui vous a dit que vous
ne serez pas au contraire reçu avec bonté, avec
charité, avec tendresse? Ah! n'en doutez pas,
si vous soutenez avec humilité les premières
épreuves, il n'est point de Ministre de Jésus-
Christ qui ne vous reçoive avec des entrailles
pleines de compassion et de miséricorde!

SECOND POINT.

Circonstances qui accompagnent la guérison.

1° Le regard de Jésus sur le malade. *Jésus, voyant cet homme étendu sur un lit, et sachant qu'il étoit malade depuis long-temps.* Précieux regard, 'regard de compassion et d'amour.! Hélas! si Dieu ne nous regarde en pitié, s'il ne nous prévient par sa grâce., nous ne pouvons rien, pas même connoître les infirmités de notre ame, ni en désirer la guérison.

II° Interrogation de Jésus. Jésus lui demande : *Voulez-vous être guéri?* Le Sauveur, qui n'ignoroit pas et la nature de son mal et la durée de son affliction, savoit bien aussi qu'il soupiroit après sa guérison; mais il convenoit de lui faire avouer à lui-même la vivacité de ses désirs et l'insuffisance de ses efforts. Combien de fois Dieu nous a-t-il dit : *Voulez-vous être guéris?* Nous le voulons sans doute, et quelquefois avec trop d'ardeur; mais cette volonté, qui est pour les maladies du corps, ne nous manque-t-elle pas souvent dans les maladies de l'ame! Cependant, sans cette volonté, notre guérison spirituelle ne peut s'opérer. Or cette volonté renferme une détestation sincère du péché, un examen exact et une confession entière des fautes dont on se reconnoît coupable, une résolution non vague et foible, mais ferme et stable de ne plus pécher. Si c'est ainsi que nous voulons être guéris, nous le serons. Si jusqu'à présent nous n'avons pas été guéris, c'est que nous n'avons pas voulu l'être. Demandons à Dieu cette

volonté : demandons-lui qu'il l'augmente sans
cesse en nous, qu'il la fortifie et la soutienne.
Il connoît notre maladie, notre foiblesse, et
tout ce qui est en nous, mieux que nous-mêmes.

III° Réponse du malade à Jésus. Cet heureux
malade ne connoissoit point celui qui l'interrogeoit et beaucoup moins savoit-il ce qu'il pouvoit en attendre. *Il lui répondit : Seigneur, je
n'ai personne pour me jeter dans la piscine dès
que l'eau est agitée, car dans le temps que j'y
vais, un autre descend devant moi.* Image bien
naturelle de la distribution des biens de ce monde, après lesquels tant de personnes courent
et soupirent, et que si peu obtiennent! Ils ne
se donnent point au besoin et à l'indigence, à
la bonne volonté et aux efforts, aux services
et aux talents, au mérite et à la vertu. La faveur, le crédit, la protection en disposent, et
les dispensent avec une bizarrerie qui trompe
souvent l'attente de ceux dont l'espérance paroissoit la mieux fondée. Ah! il n'en est pas
ainsi des biens de la grâce : qui les veut, qui
les demande, qui travaille pour les acquérir,
est sûr de les obtenir. Pourrons-nous dire que
nous n'avons personne pour nous aider? Hélas!
les Pasteurs, les Ministres éclairés ne nous manquent pas, mais c'est nous qui leur manquons.

IV° Commandement de Jésus et obéissance
du malade. *Jésus lui dit : levez-vous, emportez
votre lit, et marchez.* Ces paroles sont pleines
de grandeur et de majesté, Jésus-Christ les prononce, le mal cesse, et le malade est guéri.
*Dans l'instant cet homme fut guéri, et prenant
son lit il commença à marcher.* Approchons du

Tribunal de la pénitence avec de saintes dispositions, et la parole de Jésus-Christ, dans la bouche de son Ministre, ne sera pas moins efficace pour notre guérison spirituelle. Mais pour nous assurer nous-mêmes de notre guérison, voyons comment nous recevons et comment nous exécutons les ordres qu'on nous donne : ordre de nous lever, de sortir de cette occasion, de nous séparer de tout commerce dangereux, de rompre cet engagement, cette familiarité, cette habitude, de renoncer à ce péché dominant; ordre de lever ce scandale, d'étouffer cette inimitié, de restituer ce bien mal acquis, cette réputation flétrie, de brûler ces livres défendus, ces peintures lascives ; ordre de marcher dans les voies de la pénitence et de la piété, de prier, de veiller, de nous mortifier, de mener une vie chrétienne, de faire de bonnes œuvres : si nous ne faisons rien de cela, ou du moins si nous ne faisons aucun effort pour vaincre notre lâcheté sur ces objets, ah ! nous ne sommes pas guéris.

Vº Observation du jour où se fit la guérison. *Or ce jour-là étoit un jour de Sabbat.* Les grandes fêtes des Juifs duroient huit jours, dont le premier et le dernier seulement se célébroient en cessant le travail. Le samedi qui tomboit pendant la fête, étoit le jour le plus solennel, et ce fut celui que Jésus choisit pour opérer cette merveille, afin que le repos du Sabbat donnât le loisir à un plus grand nombre de personnes d'être témoins du miracle, et que les habitants de Jérusalem fussent plus disposés par-là à croire en lui. Mais les chefs du peuple devoient s'en scandaliser, en prendre occasion de le décrier ; de le persécuter, de le faire mourir. Les desseins de Dieu dans tout ce qu'il fait, tendant directement à l'avantage des hommes, l'abus qu'en doivent faire les méchants, n'est pas pour lui une raison de changer l'ordre de ses décrets. Le Seigneur règle ses démarches sur les principes de sa sagesse, et non sur la malice des hommes et rien en cela n'est étonnant; mais ce qu'il y a d'admirable, c'est que, par des voies supérieures à toute intelligence créée, il fait servir la malice des méchants à leur propre punition, à l'augmentation de sa gloire, et à l'avantage des bons; c'est ainsi que le scandale des Juifs procurera la sublime instruction qu'on verra dans la Méditation suivante, et que leur haine contre Jésus, et la mort qu'ils lui firent souffrir, feront le salut de l'Univers. Principe essentiel, qui répond à tant de questions téméraires et impies, et qui nous apprend à ne point raisonner sur l'œuvre de Dieu, mais à en profiter.

TROISIÈME POINT.

Circonstances qui suivirent la guérison.

1° Considérons dans l'homme guéri sa réponse au scrupule hypocrite des Juifs. Le peuple, témoin d'une guérison si soudaine et si parfaite, en fut sans doute dans l'admiration; mais les Juifs, c'est-à-dire, les Pharisiens, les chefs du peuple et de la Synagogue, aigris depuis longtemps contre Jésus, et ne pouvant douter que ce ne fut lui, qui de retour de la Galilée, dont il passoit pour le Thaumaturge, avoit opéré cette merveille, ne firent attention qu'à ce qui

pouvoit leur fournir un prétexte de la censurer
et d'en décrier l'Auteur. Ils s'en prirent
d'abord à *l'homme guéri*, et ils lui firent presque
un crime de son bonheur. *C'est aujourd'hui le*
jour du Sabbat·, lui dirent-ils, il ne vous est
pas permis d'emporter votre lit. Mais il leur ré-
pondit : *celui qui m'a guéri, m'a dit* : *prenez*
votre lit et marchez. Comme s'il eût dit : je
ne fais rien que ce qui m'a été ordonné ; c'est
celui qui m'a guéri qui m'a dit d'emporter mon
lit : puisqu'il m'a guéri, il sait ce qu'il m'est
permis· de faire, et je lui obéis. Celui qui est
assez puissant pour faire un miracle, est sans
doute·assez éclairé pour m'instruire. Le changement de mœurs dans une ame convertie, ne manque guère de censeurs et de murmurateurs ; une
vie retirée, un extérieur modeste, des aumônes
abondantes, l'assiduité à la prière, la participation fréquente des Sacrements, tout cela exerce
la critique des mondains : mais soyez ferme,
laissez parler le monde, imitez notre malade,
montrez que vous êtes guéri, et répondez à vos
censeurs que vous ne faites que ce que vous or-
donne·celui que vous a guéri, et que vous voulez lui obéir.

IIᵒ Observons la réponse de l'homme guéri
à la maligne curiosité des Juifs. Ils lui demandèrent : *Qui est donc cet ˋhomme qui vous a.*
dit : *prenez votre lit et marchez.* Il leur répondit qu'il n'en savoit rien, et qu'il ne le connoissoit pas. *En effet, celui qui avoit été guéri*
ne connoissoit pas qui c'étoit ; car Jésus s'étoit
subitement dérobé à la faveur de la foule. Le
vain scrupule des Juifs avoit été solidement ré-
futé, ici leur maligne curiosité est trompée. Ils

recevoient souvent de la part de ceux que Jésus
avoit guéris, de semblables mortifications, que
leur orgueil ne pardonna jamais. Jésus leur avoit
donné un exemple d'humilité, en se dérobant
aux applaudissements du peuple ; mais les vertus de Jésus, comme ses miracles, ne faisoient
que les irriter davantage.

III° Méditons la reconnoissance de l'homme
guéri envers Dieu. *Jésus trouva ensuite cet homme
dans le temple et il lui dit : vous voilà guéri,
ne péchez plus à l'avenir, de peur qu'il ne vous
arrive quelque chose de pire.* Le premier usage
que le paralytique fit de sa santé, fut d'aller
au Temple pour en remercier Dieu, et ce fut
là qu'il en reçut de nouvelles faveurs. Jésus l'y
trouva, s'y fit connoître à lui, et lui donna
l'important avis de ne plus pécher, de peur
d'éprouver quelque chose de plus fâcheux. Ame
chrétienne, vous voilà purifiée par la vertu Toute-
Puissante de la pénitence! Prenez garde de retomber, de peur qu'il ne vous arrive quelque
chose de plus redoutable, c'est-à-dire, de mourir dans le péché. Pour éviter les dangers de la
rechute, que la reconnoissance des grâces reçues vous conduise souvent aux pieds des autels ; c'est là que croissant de plus en plus dans
la reconnoissance de Jésus-Christ, et qu'éclairés
sur les périls qui vous menacent, vous appren-
drez à vous tenir sur vos gardes et à persévérer.

IV° Remarquons le zèle de cet homme pour
la gloire de Jésus. *Alors cet homme s'en alla
trouver les Juifs, et il leur dit que c'étoit Jésus qui l'avoit guéri.* Publions les grandeurs de
Jésus, sa puissance et ses miséricordes, tâchons
de lui gagner tous les cœurs ; si nous ne réus-

sissons pas, notre zèle ne sera pas sans récompense.

V° Tremblons à la vue de l'endurcissement des Juifs. *Et c'est pour cette raison que les Juifs persécutoient Jésus, parce qu'il faisoit ces choses le jour du Sabbat.* Remarquons ici la différence qui se trouve entre un cœur droit et un cœur aveuglé par la passion. Le premier va naturellement au vrai et à l'essentiel, le second ne fait qu'incidenter, et évite de remonter au principe. Notre malade, en parlant de Jésus, dit toujours : *Celui qui m'a guéri*, et en effet c'étoit là le point essentiel : les autres, au contraire, disent toujours: *Celui qui a ordonné de porter le lit le jour du Sabbat*, et ils s'arrêtent là. Quand on est prévenu contre quelqu'un, on n'en rapporte jamais que ce qui peut avoir quelque apparence de mal, et jamais on ne parle du bien qu'il fait, et qui pourroit lui servir de justification, ou du moins d'excuse. Telle est encore la méthode des incrédules ; ils ne s'arrêtent qu'à ce qu'il y a dans la Religion qui offense et révolte leur foible raison, et ils oublient toujours que celui qui nous a donné cette Religion, et celui qui, d'une simple parole, a chassé les démons, guéri les malades, ressuscité les morts, est s'est ressuscité lui même. Cependant, tant que la vérité de ces faits avérés subsistera, et ne pourra pas être détruite, les raisonnements de l'impie ne mériteront que du mépris, et ne nuiront qu'à lui-même.

PRIÈRE. Ce paralytique de plusieurs années, ô mon Dieu, est la figure de mon ame, qui depuis si long-temps languit dans les habitudes criminelles, qui est couverte de plaies mortelles: Daignez jeter sur elle, ô divin Sauveur, un regard de votre amour; daignez la délivrer du joug qui l'accable et qui la déshonore! Je veux être guéri ; oui, Seigneur, je le veux, je vous le demande avec ardeur; je déteste ma maladie, et surtout cette paralysie qui m'empêche d'agir, de parler, de marcher selon votre loi et. pour votre gloire. Je m'adresse à vous avec la plus vive confiance. Dites-moi donc, comme à ce paralytique, de me lever, d'emporter mon lit, et de marcher dans la voie de vos commandements ! Ainsi soit-il.

XCVIIᵉ. MÉDITATION.

Discours de Jésus-Christ aux Juifs après la guérison du malade de trente-huit ans.

Jésus déclare sa Divinité.

Jésus manifeste, 1°. son égalité avec Dieu son Père ; 2°. la différence des Personnes dans l'unité de nature et d'opération ; 3°. l'union de l'humanité avec la divinité en sa Personne ; 4°. ses droits sur tous les hommes. *Jean. 5.* 16-26.

PREMIER POINT.

Son égalité avec Dieu son Père.

LES Chefs des Juifs ayant su que c'étoit Jésus qui avoit ordonné au malade de la piscine d'emporter son lit le jour du Sabbat, en pri-

rent occasion de persécuter le Sauveur, et ils
lui reprochèrent devant le peuple cette infraction
prétendue de la Loi. Au lieu de faire ce raisonnement simple et naturel : cet homme dispense de la loi du Sabbat; mais celui à qui il
accorde cette dispense est un malade qu'il a guéri
sous nos yeux d'une maladie invétérée, il a
donc le droit de l'un puisqu'il a le pouvoir de
l'autre, et il est, comme il le prouve par ses
œuvres, le Messie que nous attendons : ces esprits passionnés furent charmés au contraire
d'avoir entre les mains un prétexte de calomnier
un homme qu'ils ne vouloient pas pour Messie,
parce que quoique du sang de David, et même
l'héritier de son trône, il étoit pauvre, sans
prétentions, et ne répondoit pas aux fastueuses
pensées, aux préjugés / qu'ils s'étoient formés
d'un Roi, d'un guerrier, d'un conquérant qui
rétabliroit le règne temporel de Juda, qui bri-
seroit le joug des Romains, et qui assujettiroit
les nations, parce que loin de parler de victoires
ou de disposer au triomphe, il ne prêchoit que
renoncement, il ne pratiquoit qu'abnégation ;
parce qu'enfin loin de se rendre agréable à ceux
qu'il trouvoit en possession de gouverner et
d'instruire, il dévoiloit leur ignorance, il les dé-
masquoit, il les décréditoit. Ces hommes am-
bitieux et superbes, dépositaires infidèles du sens
de leurs Ecritures et corrupteurs de la tradition
de leurs pères, se flattèrent qu'en faisant à Jésus
des reproches sérieux sur la prétendue transgression du Sabbat, il n'y répondroit pas d'une
manière assez plausible pour ôter à l'accusation
ce qu'elle pouvoit avoir de spécieux, et que par
là ils empêcheroient la désertion des peuples qui

leur échappoient pour courir après. Ils lui dirent donc, ou en termes équivalents : vous prétendez faire des miracles, et vous transgressez les ordonnances de Moïse ! Vous guérissez un malade retenu au lit depuis trente-huit ans, et sans respect pour la sainteté du jour du Sabbat, vous lui en faites violer la loi en ordonnant à ce Disciple de Moïse de porter son lit sur ses épaules, à la vue d'une multitude infinie de spectateurs ! Que penser de vos miracles que vous n'opérez qu'en désobéissant à Dieu ? Comment concilier un pouvoir qui ne peut venir que du Ciel, avec si peu de soumission à ses ordres ! Vos miracles ne sont que des prestiges et vous n'êtes pas l'envoyé de Dieu. *Mais Jésus leur répondit : mon Père ne cesse point d'agir continuellement, et j'agis aussi sans cesse.* Les Juifs sentirent bien toute l'énergie de cette réponse, *et c'est pour cela qu'ils cherchoient avec plus d'ardeur à le faire mourir, non-seulement parce qu'il violoit le jour du Sabbat, mais encore parce qu'il disoit que Dieu étoit son Père et qu'il se faisoit égal à Dieu.* En effet, c'est comme si Jésus-Christ leur eût dit : sachez que Dieu est mon Père, et qu'il est éternellement dans le repos et dans l'action. S'il est dit qu'il se reposa le septième jour, ce repos ne regarde que la première création de toutes choses, mais il ne s'entend point des soins continuels de sa providence ; sans cesse et sans interruption, sa parole soutient tout, son esprit anime tout, sa puissance conserve tout ; il ne cesse point de faire du bien le jour du Sabbat, comme les autres jours; s'il cessoit ce jour là de faire du bien, sous prétexte que c'est le Sabbat, ce

jour même seroit pour les hommes le plus funeste des jours et la fin du monde; et c'est
ainsi que j'en use moi-même, étant son Fils
et par un droit égal au sien. Ni lui ni moi ne
sommes assujettis aux lois, au temps et aux
lieux. Egalement et toujours maîtres de la nature, pour nous en faire obéir, nous le sommes aussi de la Loi, pour nous en dispenser.
Quelle lumière dans ce discours! Quelle majesté dans ces paroles! Une apologie si sublime
devoit frapper l'esprit des Juifs d'un étonnement
encore plus grand que la guérison du malade.
Jésus y disoit bien clairement que Dieu étoit son
Père, non par adoption et par grâce, mais d'une
manière propre et naturelle, et qu'il étoit égal
à son Père. Si ce que disoit Jésus étoit vrai,
il étoit donc le Messie qu'on attendoit. La déclaration qu'il en faisoit aux Juifs devoit au moins
leur paroître mériter la plus religieuse attention
et l'examen le plus sérieux. Mais cette sublime
réponse, loin de calmer ces ennemis de Jésus,
loin de suspendre leurs poursuites, jusqu'à ce
qu'ils l'eussent suffisamment éclaircie, les aigrit
et les irrita. Prévenus par leur haine et leur
jalousie, ils n'avoient vu dans la guérison miraculeuse qu'une infraction inexcusable de la
Loi; ils ne virent dans l'apologie qu'un blasphème horrible. Déjà homicides dans la volonté,
ils formèrent le complot de le devenir en effet :
ils jurèrent la mort de Jésus, parce qu'il appeloit Dieu son Père, dans le sens le plus littéral,
et parce qu'il s'attribuoit avec Dieu une égalité
de pouvoir, ou plutôt par haine pour Jésus,
qui n'étoit pas un Messie à leur gré; ils ne
voulurent pas lui demander l'intelligence du

prétendu paradoxe qu'il avançoit ; ils craignirent de se laisser convaincre ; ils se soulevèrent
contre lui, au lieu de chercher à s'instruire,
et ils résolurent de le faire mourir, comme un
corrupteur de la morale, comme un blasphé-
mateur et un faux Prophète. En vain la sainteté de sa vie et la magnificence de ses œuvres
parloient-elles en sa faveur : l'intérêt, la passion,
les préjugés ne leur permirent pas d'éclaircir
une vérité qui les choquoit : tel sera toujours
le malheur des cœurs jaloux et intéressés. On
n'écoute point les raisons d'un homme qu'on
hait ; on suppose, sans l'entendre, qu'il ne peut
en avoir de bonnes.... Malgré le péril dont Jésus-Christ étoit menacé, ce divin Sauveur, qui
ne craignait pas de mourir pour nous et qui
vouloit nous apprendre à ne pas craindre de
mourir pour lui, continua le discours sublime
qu'il avoit commencé ; discours divin que nous
devons méditer avec le plus profond respect et la
plus vive reconnoissance. Il n'y avoit que le Fils
de Dieu qui pût tenir un langage si adorable,
il appartenoit au Disciple bien-aimé d'en recueillir les expressions, à l'Esprit-Saint de nous en
donner l'intelligence, et à l'Eglise la sainte Epouse de Jésus, de nous en transmettre la foi et de
la perpétuer jusqu'à la fin des siècles, en nous
instruisant de ce que nous devons croire du
mystère de la sainte Trinité ou d'un seul Dieu
en trois personnes, et du mystère de l'Incarnation ou du Verbe fait Homme, qui est Jésus-
Christ même en qui nous reconnoissons deux
natures ; la nature divine et la nature humaine
subsistant dans une seule Personne, qui est la
Personne du Verbe ou du Fils, la seconde

Personne de la très sainte Trinité; en sorte
que Jésus-Christ, notre Sauveur, est vrai Dieu
et vrai Homme, un Dieu-Homme est un Homme-Dieu. Avec cette voix, nous comprendrons les
paroles suivantes de Jésus-Christ autant qu'il
est nécessaire pour nous pénétrer de l'idée de
sa grandeur et de sa puissance, pour nous attacher à lui comme à notre Dieu et à notre
Sauveur, pour mettre en lui toute notre espérance, pour le servir de tout notre pouvoir
et pour l'aimer de tout notre cœur.

SECOND POINT.

*Différence de Personnes dans l'unité de nature et
d'opération.*

Jésus continuant de répondre aux Juifs, ou
plutôt répondant à leurs nouveaux murmures,
explique plus au long ce qu'il n'avoit fait que
leur proposer, et il leur dit : *En vérité, en
vérité, je vous le dis, le fils ne peut rien faire
de lui-même, il ne fait que ce qu'il voit faire
au Père, car tout ce que fait le Père, le fils
aussi le fait comme lui.* La formule du serment
par où Jésus-Christ commence ce discours, et
dont il use souvent dans la suite, nous avertit
de la grandeur des mystères qu'il nous révèle,
et de l'attention pleine de foi que nous devons y apporter. Le premier moyen de défense
contre les Juifs, que Jésus-Christ propose, est
l'impossibilité où il est comme Fils de Dieu de
rien dire ou de rien faire de lui-même, impossibilité qui n'a rien de désavantageux, ni rien
de la dépendance où sont les créatures à

l'égard du Seigneur; elle établit seulement une union si étroite entre le Père et le Fils, qu'elle va jusqu'à l'unité. Elle établit un rapport si essentiel et si parfait, que le fils ne veut et ne pense, ne dit et ne veut que ce que le Père veut et ce qu'il pense. Rapport intime, union inséparable qui vient de ce que, comme nous le dit saint Jean dès le premier chapitre de son Evangile, le Fils est de toute Eternité dans le sein de son Père où il a tout vu et tout appris : de là cette unité de lumière, de pouvoir et d'action : de là ces opérations communes, continuelles et simples du Père et du Fils : de là le développement des vérités suivantes. Dans l'adorable Trinité, le Père est le principe qui ne procède de personne et de qui les deux autres Personnes procèdent; le Fils procède du Père par voie d'entendement, de connoissance et de génération; le Saint-Esprit procède du Père et du Fils par voie d'amour et de spiration; mais ces trois personnes, réellement distinctes entre elles, sont ce qu'elles sont eternellement et nécessairement, sans inégalité et sans dépendance, ayant la même nature, la même opération, et n'étant toutes trois qu'un seul et même Dieu subsistant en trois personnes. Adorons cet Être en trois personnes; Être suprême, éternel, nécessaire et incompréhensible, dont la vue, dont la possession nous sont promises et feront la félicité des Bienheureux dans le Ciel.

TROISIÈME POINT.

Union de l'humanité avec la Divinité en Jésus-Christ.

Jésus ajouta : « car le Père aime le Fils et lui communique toutes les choses qu'il fait lui-même, et il lui en communiquera de plus grandes que ne sont celles-ci, afin que vous les admiriez.» Jésus-Christ continue à révéler ses grandeurs divines : il en découvre la source, ou plutôt il remonte toujours à la même source. Un autre principe, dit-il, de la Divinité du Fils de l'homme, c'est l'amour que son Père lui porte. Il est son fils, il l'aime souverainement; cet amour infini produit une communication infinie de puissance, de sagesse, de lumière, et de toutes les perfections ineffables et incompréhensibles. *Et il lui communique ou montre tout ce qu'il fait.* Jésus-Christ manifeste encore ici l'union de l'humanité avec la divinité en sa personne. Union physique et substantielle en Jésus-Christ, terminée par la personne du Verbe en qui l'humanité subsiste. Ainsi en Jésus-Christ il y a deux natures et une seule personne; Jésus-Christ est Dieu de toute Éternité et Homme dans le temps; et cet Homme-Dieu qui a paru sur la terre, qui nous a sauvés par le mérite de sa mort, qui parle actuellement aux Juifs, et qui est l'objet de leur haine, c'est lui qui est l'objet de l'amour et des complaisances de Dieu son Père. Ce même Dieu son Père ne lui cache rien de tout ce qu'il fait, dévoile tous les mystères de la Divinité; il lui découvre tout ce qu'il doit faire en tant qu'Homme pour le salut de l'Univers, pour la fondation et le gouvernement de l'Eglise dont il l'a constitué Chef. Lors donc que Jésus-Christ a guéri le malade de la Piscine, il ne l'a fait que selon la lumière, par l'opération et conformément à la volonté de son Père. Son Père lui découvrira encore d'autres merveilles à opérer, plus grandes que celle-ci, telles que la résurrection des morts, afin d'enlever notre admiration, et par-là d'obtenir notre acquiescement parfait aux vérités de la Foi qui nous sont révélées. Admirons, louons, aimons, remercions Dieu notre Sauveur, et efforçons-nous de l'imiter, en consultant Dieu notre Père dans tout ce que nous faisons, et ne nous déterminant à agir que par sa lumière qui nous est communiquée par la Loi, par l'inspiration et par l'obéissance.

QUATRIÈME POINT.

Des droits de Jésus-Christ sur les hommes.

I° *Droit de ressusciter les morts, et par conséquent d'opérer toutes sortes de miracles.* Car *comme le Père ressuscite les morts et leur rend la vie, ainsi le Fils donne la vie à qui il lui plaît.* La résurrection des morts est l'explication de ces œuvres plus grandes, annoncées au verset précédent; et le verset précédent explique les mots de celui-ci, que le Fils vivifie ceux qu'il veut, c'est-à-dire, toujours conformément à ce que son Père lui montre et fait avec lui, parce que la volonté de Jésus-Christ, en tant que Dieu, est la même que celle du Père, et

que sa volonté, en tant qu'Homme, est tou‑
jours soumise et dirigée par celle de Dieu son
Père.

II° Droit de juger. *Aussi le Père ne juge
personne ; mais il a donné au Fils tout pouvoir
de juger.* Jésus est venu dans ce monde pour
sauver les hommes, et non pour les juger ; mais
dans l'autre, c'est à lui que Dieu a remis la
puissance de les juger. Dieu le Père ne jugera
point les hommes immédiatement par lui‑mê‑
me, et d'une manière visible ; il les jugera par
cet Homme‑Dieu qu'il a établi pour cela, comme
il l'a établi pour nous sauver ; et cet Homme‑
Dieu est son Fils bien‑aimé.

III° Droit d'être adoré. *Afin que tous hono‑
rent le Fils, comme ils honorent le Père. Celui
qui n'honore point le Fils, n'honore point le Père
qui l'a envoyé.* O mon Sauveur, ô mon juge !
ô Fils consubstantiel du Père, vrai Dieu et vrai
Homme ! je vous adore, je vous rends mes pro‑
fonds hommages, comme je les rends à Dieu
votre Père, reconnoissant que vous n'êtes avec
lui qu'un seul Dieu, mon Créateur et le souve‑
rain Maître de toutes choses. Non, ceux qui ne
vous honorent pas, n'honorent point Dieu vo‑
tre Père. Les premiers hommes qui ont perdu
la tradition de votre avénement futur, ont perdu
en même temps l'idée du vrai culte d'un Dieu,
et n'ont adoré que des idoles. Ceux qui, depuis
votre avénement, vous ont méconnu, ou sont
restés dans leur superstition, ou n'ont pratiqué
qu'un culte extérieur, indigne de Dieu, sans
sainteté intérieure, sans justice, sans pureté.
Et comment Dieu pourroit‑il agréer le culte
de tels hommes vains et orgueilleux, qui refu‑

sent de lui rendre celui qu'il leur a prescrit,
de ces hommes conçus dans le péché, et souillés
de leurs propres iniquités, qui refusent de se
purifier dans le sang de la victime qu'il leur a
préparée, et rejettent le Médiateur qu'il leur
a envoyé?

IV° Droit d'instruire. «En vérité, en vérité,
je vous le dis : celui qui écoute ma parole et
qui croit à celui qui m'a envoyé, a la vie éternelle : il n'encourt pas la condamnation, et il
a déjà passé de la mort à la vie.» Quoiqu'il ne
possède pas encore cette vie bienheureuse, il a
droit d'y prétendre; il en a dans sa foi le gage,
le germe et les prémices. Jésus-Christ est le
Verbe de Dieu, la parole substantielle du Père;
avec quel respect devons nous-donc écouter ses
oracles, avec quelle plénitude de foi devons-nous
croire ces mystères, avec quel soin devons-nous
mettre en pratique ces instructions!

V° Droit de donner la vie. « En vérité, en
vérité, je vous le dis : le temps vient, et il est
déjà venu, où les morts entendront la voix du
Fils de Dieu, et ceux qui l'entendront, vivront.
Car, comme le Père a la vie en lui-même,
aussi a-t-il donné à son Fils d'avoir la vie en
lui-même.» Jésus-Christ a le droit de donner la
vie. Vie naturelle, qu'il donne à ceux qu'il
ressuscite et qu'il tire du tombeau; vie de la
grâce qu'il donne à ceux qu'il tire de la mort
du péché; vie de la gloire, vie éternelle qu'il
donne à ceux qui ont persévéré et qu'il tire
de ce monde dans l'état de la vie de la grâce ; vie qu'il donne, non par un pouvoir de
ministère, comme les Prophètes et les Apôtres, mais par un pouvoir essentiel qu'il a

reçu du Père, par lequel il est lui-même le
principe de la vie ainsi que son Père. Celui
donc qui entend la voix de Jésus-Christ, qui
s'y rend docile et s'unit à lui, sort de la mort
du péché, et il a déjà passé de la mort à la
vie : il a en lui la vie de la grâce, qui le sous-
trait à la condamnation, et qui lui donne droit
à la vie éternelle de la gloire dont elle est le
germe et le gage.

PRIÈRE. O précieuse vie de la grâce! que me
serviroit sans vous la vie du corps? O Jésus!
faites entendre votre voix à mon ame morte
ou languissante, afin que, prenant une nouvelle vie, une vie intérieure, une vie spirituelle,
une vie de foi, je renonce pour toujours à la
vie de la chair, des sens, des passions et du
monde : vie misérable, qui n'est qu'une véritable mort, et qui conduit à une mort éternelle !
Que toute ma joie, ô mon Dieu, soit de vous
honorer dans le temps et dans l'Eternité !
Ainsi soit-il.

XCVIII^e. MÉDITATION.

*Première suite du Discours de Jésus-Christ aux
Juifs, après la guérison du malade de trente-
huit ans.*

Du dernier Jugement de Jésus-Christ.

Notre Sauveur nous fournit ici la matièie de six réflexions
sur le Jugement dernier. *Jean.* 6. 27-3o.

I.

Qui est celui qui jugera.

Ce sera Jésus-Christ lui-même. Le Père lui
a donné le pouvoir de juger, et de porter la sentence définitive, qui doit décider pour toujours
du sort des humains. *Et il lui a donné le pouvoir de juger, parce qu'il est le Fils de l'Homme.*
Parce que Jésus est ce Fils promis au premier
homme, pour réparer les funestes suites de son
péché; ce Fils qui, étant égal au Père, s'est
fait semblable à nous, et nous a rachetés au
prix de son sang; ce premier né, ce Chef, ce
Roi des hommes, c'est lui qui les jugera. Qu'il
est terrible d'avoir pour Juge un Dieu outragé
dans sa majesté, dans ses bienfaits, dans son
amour !

II.

Quand se fera ce Jugement.

Le temps n'en est pas éloigné. Il viendra
enfin : et pour chacun de nous ce temps est

proche. *Ne vous étonnez pas de ce que je vous dis*, que le Père a remis au Fils le pouvoir de porter un jugement souverain ; *l'heure vient où vous-mêmes vous en serez les témoins*. Oui, l'heure vient, et ce jugement dernier, ne dût-il arriver qu'après des millions de siècles, l'heure en est proche pour nous, parce que nous n'avons que le temps de notre vie pour nous y préparer, après lequel nous ne pourrons plus ni rien ajouter, ni rien retrancher à ce qui fera la matière de notre jugement. Hâtons-nous donc, tandis que nous vivons, de mettre notre conscience en l'état où nous voudrions qu'elle soit alors.

III.

Qui sont ceux qui seront jugés.

Tous les hommes, les vivants et les morts ; nous qui vivons, et ceux qui sont morts, nous qui mourrons, et ceux qui nous succèderont. *Tous ceux qui seront dans le tombeau*, en quelque partie du monde que la substance de leurs corps soit dispersée, *ils entendront la voix du Fils de Dieu* qui les appellera du fond de leurs monuments, et ranimera en un instant leurs cendres dans toute l'étendue de la terre. L'archange qu'il députera vers eux, leur intimera ses volontés, ses ordres, et les citera devant lui. Alors, dans un moment, dans un clin-d'œil, tous les morts renaîtront. Nul ne pourra résister à cette voix Toute-Puissante, tous comparoîtront pour recevoir le dernier arrêt de leur sort éternel. O vous, malheureux ! qui aviez mis toute votre confiance dans la mort, vous qui

espériez qu'en dévorant vos corps·, elle anéan-
tiroit vos ames, qu'elle enseveliroit·, avec les·
dépouilles de votre mortalité, vos noms et vos
forfaits : ah! cette mort infidèle vous trahira,
elle vous rendra au grand jour, chargés de
toutes vos iniquités; ou plutôt elle obéira à celui
qui l'a vaincue , et elle lui rendra le dépôt qu'il
lui aura confié jusqu'au jour de ses vengeances.

IV.

Quelle sera la matière de ce Jugement.

Nos œuvres. *Ceux qui auront fait de bonnes·
œuvres ; ceux qui en auront fait de mauvaises.*
C'est sur nos œuvres que Jésus-Christ nous jugera, et non sur notre réputation, sur l'estime
des hommes, sur les dehors édifiants que nous
aurons eu soin de montrer, non sur des bruits
confus, sur des rapports infidèles, sur les éloges·
de la flatterie, ou sur les satires de la calomnie.
Sur ·nos œuvres, c'est-à-dire, sur nos actions ,
nos paroles, nos pensées, nos intentions, nos
désirs, nos fonctions, l'emploi du temps et des
grâces, l'usage des biens et des maux de la vie.
OEuvres manifestes, qui ne seront plus cachées
au fond de nos consciences, mais dévoilées et
publiques : œuvres qui paroîtront ce ·qu'elles
sont, sans qu'il soit possible, non-seulement de
les cacher, mais de les déguiser, de les..excuser
et de les justifier.

V.

Quelle sera la décision de ce Jugement.

Le Paradis ou l'Enfer. « Ceux qui auront
fait de bonnes œuvres, sortiront du tombeau
pour ressusciter à la vie; mais ceux qui en auront
fait de mauvaises, en sortiront pour ressusciter
à leur condamnation.» Il n'y aura pas de milieu entre ressusciter pour un bonheur ou un
malheur éternel, parce qu'il n'y en a point entre
être juste ou pécheur. Pour ceux qui auront bien
vécu, le souverain Juge portera une sentence
de vie éternelle; pour ceux qui auront mal vécu, il portera une condamnation éternelle. Ah!
nous sommes plus sourds que les morts même,
si nous ne nous réveillons pas à cette parole fou-
droyante, si la crainte et l'espérance ne nous animent pas également à éviter toute sorte de mal,
et à pratiquer toute sorte de bien.

VI.

Quel sera la nature de ce Jugement.

Il sera juste et selon la volonté de Dieu. *Je
ne puis rien faire de moi-même*, dit Jésus-Christ;
*je juge selon que j'entends, et mon jugement est
équitable, parce que je ne cherche pas ma volonté,
mais la volonté de celui qui m'a envoyé.* C'est
l'homme dans Jésus-Christ qui prononcera le
dernier arrêt; mais c'est la divine justice qui le
dictera. Ce que Jésus-Christ entend, c'est ce
qu'il voit dans la lumière de son Père. Son juge—

ment sera juste, parce qu'il sera conforme à la lumière et à la volonté de Dieu. Il sera juste, c'est-à-dire qu'il sera sans miséricorde, sans adoucissement, sans diminution de la peine. Il n'y aura plus lieu à la prière, ni à l'intercession. Il sera juste, c'est-à-dire qu'il sera sans égard pour le rang, pour la dignité, pour la noblesse, pour l'esprit et les talents ; il n'y aura plus lieu à aucune de ces distinctions. Il sera juste, c'est-à-dire, qu'il sera proportionné au mérite et au démérite d'un chacun, qu'il répondra parfaitement aux menaces et aux promesses qui avoient été annoncées, et qu'il n'y aura lieu ni à la plainte ni au murmure. Il sera selon la volonté de Dieu ; par conséquent il sera bien différent des nôtres, qui ne sont fondés que sur notre propre volonté, notre inclination, notre amour ou notre haine, sur notre intérêt, notre avancement, notre politique, nos penchants, notre ambition, sur l'estime et l'opinion des hommes, sur l'usage et les maximes du monde, et non sur la Loi de Dieu, les maximes de l'Evangile et les règles de la conscience. Il sera selon la volonté de Dieu ; par conséquent il sera immuable, éternel, irrévocable et sans appel; par conséquent l'exécution en sera inévitable, et s'opèrera par cette même volonté qui a créé le Ciel et la Terre, qui nous aura fait naître, mourir et ressusciter, et à qui rien ne peut résister.

PRIÈRE. O jour! ô jugement également désirable pour les bons, et redoutable pour les méchants, ne sortez jamais de mon souvenir, soyez la règle de mes pensées, de mes actions, et de toute ma conduite! O Jésus, qui êtes le principe de la vie naturelle, qui est commune à tous

les hommes, et de la vie de la grâce, qui distingue vos serviteurs et vos amis, faites que je
n'use, de l'une que pour acquérir l'autre, et que
par un 'saint emploi de l'une et de l'autre, je
parvienne à la vie de la gloire!
Ainsi soit-il.

XCIXᵉ. MÉDITATION.

Seconde suite du discours de Jésus-Christ · aux
Juifs, après la guérison du malade de trente-
huit ans.

Jésus prouve sa Mission par le témoignage de Saint Jean,
son Précurseur, et par celui de Dieu son Père. *Jean.* 5.
31-41.

PREMIER POINT.

Témoignage de Saint Jean.

1º Témoignage avoué de Jésus-Christ. « Si je
me rends témoignage à moi-même, mon témoignage n'est pas digne de foi : il y en a un
autre qui rend témoignage de moi., et je sais
que son témoignage est véritable. » La sagesse
de Jésus-Christ paroît ici dans l'ordre et à la
suite de ses paroles. Ses ennemis, à qui il venoit
d'annoncer sa Divinité d'une manière si frap-
pante, pouvoient lui objecter, que, parlant en sa
faveur, il ne méritoit ni créance, ni attention;
c'est pourquoi il emploie, pour convaincre les
incrédules à qui il parle, une autorité déjà re-

connue, et qui, ne pouvant être suspecte ni contestée, rendoit son propre témoignage incontestable et divin. En effet quel moyen de conviction plus puissant! Jamais a-t-on vu deux hommes aussi fameux par la sainteté de leur vie, aussi désintéressés, aussi peu en relation l'un avec l'autre, se rendre mutuellement un témoignage si uniforme, en prenant des qualités si différentes. L'un se dit Fils de Dieu et le Messie; l'autre, interrogé s'il n'est point le Messie lui-même, répond que non, que c'est celui qu'il a déjà annoncé, et dont il n'est pas digne de délier les souliers; et le premier, soutenant ici sa dignité, confirme le témoignage du second. Ce n'est point là la marche du complot et de la fourberie. On a bien vu des séducteurs se préconiser mutuellement en vue d'un intérêt ou d'une gloire commune. On a vu encore plus souvent des Chefs de parti, qui se disoient envoyés de Dieu extraordinairement pour réformer l'Eglise, se contredire et se réfuter mutuellement. Luther et Calvin se sont lancés des anathèmes réciproques, et se sont déchirés par les injures et les invectives les plus grossières. Le réformateur de l'Angleterre avoit commencé par réfuter le réformateur de l'Allemagne. Que vos œuvres sont admirables, Seigneur, et que les témoignages dont vous les appuyez sont dignes d'être crus!

II° Témoignage accepté par les Juifs. *Vous avez vous-mêmes envoyé vers Jean, et il a rendu témoignage à la vérité.* C'est-à dire, vous êtes instruits de l'austérité de sa vie et du caractère de sa personne. Vous avez député vers lui pour l'interroger, et savoir, de sa propre bouche, ce qu'il étoit, résolus de le croire sur sa parole, et de le reconnoître pour Messie, s'il déclaroit qu'il le fût. Qu'a donc répondu cet homme que vous regardez comme l'homme de Dieu? *Il a rendu témoignage à la vérité.* Pour avoir quelque idée de la déférence parfaite qu'avoient les Juifs pour Saint Jean, il suffit de voir que Jésus-Christ y a eu lui-même recours, et que, long-temps après, Saint Jean l'Evangéliste a fait valoir ce témoignage dès le commencement de son Evangile.

IH° Témoignage désintéressé. Jean le rendit, non en sa faveur, mais en faveur d'un autre avec qui il n'avoit eu aucune liaison ni commerce, qu'il n'avoit vu qu'une seule fois en le baptisant, et de qui il n'avoit à attendre ni honneurs ni dignités en ce monde : il n'y avoit donc que la vérité qui pût lui faire rendre ce témoignage.

IV° Témoignage non nécessaire à Jésus-Christ. « Ce n'est pas que pour moi j'aie besoin du témoignage des hommes; mais je dis ceci afin que vous soyez sauvés. » Que de noblesse et de charité dans ces paroles ! Je ne cherche point le témoignage des hommes pour m'autoriser. Si j'en appelle à Jean-Baptiste, c'est pour vaincre vos répugnances, c'est afin qu'au moins vous ajoutiez foi à la parole d'un témoin que vous avez choisi vous-mêmes, et que rien ne peut vous rendre suspect; je n'en parle uniquement que pour vous tirer de l'état de prévention dans lequel vous êtes, et dans lequel vous engagez tout le monde. Je le fais par le seul désir que j'ai de votre salut. Ainsi Jésus-Christ emploie-t-il, pour nous sauver, tous les moyens, même ceux qui pourroient paroître en quelque sorte au-dessous de sa grandeur. Animés du même esprit de charité, si nous disputons avec les incrédules, ou avec ceux qui se séparent de l'Eglise; que ce ne soit pas dans l'idée que Jésus-Christ ou l'Eglise a besoin de notre voix ; que ce soit encore moins pour vouloir remporter un vain triomphe sur les hommes qui ne méritent que notre compassion, mais que ce soit afin qu'ils soient sauvés avec nous, en sortant de la voie de la perdition où ils marchent.

V° Témoignage authentique, et qu'on ne pouvoit récuser. « Jean étoit une lampe ardente et luisante, et vous avez voulu vous réjouir, pour un peu de temps, à la lueur de sa lumière. » C'est à-dire, tandis que Jean a eu la liberté de prêcher publiquement et d'exercer ses fonctions de Précurseur, il étoit un flambeau qui brûloit et qui éclairoit; il portoit le feu dans les cœurs, et la lumière dans les esprits. La Judée se faisoit gloire de l'éclat de sa prédication et de la bonne odeur de ses vertus ; elle s'estimoit heureuse d'avoir produit un si grand Prophète. Mais quel fruit avez-vous retiré des leçons de ce Maitre si renommé? Combien a duré la joie que vous aviez de le posséder? Vous avez cessé de l'écouter, dès qu'il vous a parlé de moi, et qu'il vous a déclaré ma qualité de Fils de Dieu. Jésus-Christ ne donne pas le nom de lumière à Saint Jean, mais de lampe allumée à la lumière de celui qui étoit, par essence, la lumière du monde. Ce divin Sauveur a laissé dans son Eglise une lampe semblable, allumée à sa lumière, et toujours luisante, pour nous éclairer, qui n'est autre que le Chef et les premiers Pasteurs de l'Eglise. Les vrais fidèles marchent constamment et avec assurance à sa clarté ; clarté si brillante et si universellement reconnue, qu'il n'y a aucune Secte de Schismatiques ou d'Hérétiques ; qui ne se soit fait honneur, pendant un temps, de suivre sa lumière sans s'en écarter. Combien même les annales et les fastes de l'Eglise nous font-ils connoître les Chefs d'hérésie qui ont commencé par consulter cet oracle, et qui n'ont réussi d'abord à se faire des Disciples que par les protestations réitérées de leur attachement à la doctrine de l'Eglise, et de leur soumission parfaite à tout ce qu'il plairoit à son Chef de décider sur les matières contestées! Langage trompeur; la décision est-elle venue, et a-t-elle été reçue de toute l'Eglise? L'Hérésiarque se déclare, ses partisans le suivent, renoncent à la lumière qui vient de les éclairer, et à la décision qu'ils ont sollicitée eux-mêmes.

SECOND POINT.

Témoignage de Dieu le Père.

Quelque éclatant que soit le témoignage de Jean, celui de Dieu est sans doute d'un ordre infiniment supérieur ; or, on ne peut le méconnoître dans les miracles de Jésus Christ, dans la voix miraculeuse de Dieu et dans la parole divine, ou les saintes Ecritures.

Iᵒ Dans les miracles de Jésus-Christ. « Mais j'ai un témoignage plus grand que celui de Jean ; car les œuvres que mon Père m'a donné le pouvoir de faire, ces œuvres que je fais, rendent ce témoignage de moi, que j'ai été envoyé par le Père. » C'est-à-dire, les œuvres divines, les merveilles, les prodiges que j'opère, voilà les témoins que vous pouvez interroger. Consultez-les, et ils vous diront que Dieu mon Père m'a envoyé; car que pouvez-vous opposer à l'évidence de leur témoignage? Et en effet, quels miracles que ceux de Jésus-Christ? Vrais miracles dans la manière : ils ont été publics, opérés. à l'instant, sans préparation, d'une seule parole, et par un seul acte de la volonté. Vrais miracles dans la matière : Jésus-Christ en a fait en tout genre sur terre et sur mer, sur les malades et sur les morts, sur les hommes et sur les démons. Vrais miracles dans leur fin : Jésus-Christ les a opérés en preuve de sa mission, de sa doctrine et de sa Divinité. Vrais miracles dans leur effet : après avoir été examinés, discutés, combattus, le monde a changé de Religion; mille nations idolâtres, livrées à des cultes différents, opposées entre elles plus par les mœurs encore que par les climats, se sont toutes réunies en Jésus-Christ, ont reconnu Jésus-Christ pour leur Dieu et leur Sauveur, ont plaint l'aveuglement inconcevable de ceux qui refusoient de le reconnoître, et n'ont point été ébranlées dans leur foi par cet endurcissement et cette criminelle opiniâtreté. Si nous ne voyons pas les miracles de Jésus-Christ, nous en voyons l'effet dans la conversion du monde. Celui qui inviteroit les hommes à le suivre dans une carrière difficile, qui les inviteroit par le motif des miracles qu'il fait, et qui n'en feroit aucun, ne seroit jamais suivi de personne; il seroit non-seulement un fourbe, mais un insensé qui manifesteroit sa fourberie lui-même.

IIᵒ Témoignage de Dieu dans sa voix miraculeuse. « Et mon père qui m'a envoyé, a rendu lui-même témoignage de moi. Vous n'avez jamais entendu sa voix, ni vu rien qui le représentât ; et sa parole ne demeure point en vous, parce que vous ne croyez point à celui qu'il a envoyé.» C'est-à-dire : ce n'est pas tout, et j'ai encore d'autres témoins à vous faire entendre. Mon père, qui m'a envoyé, a bien voulu rendre de moi un témoignage sans réplique : si vous me dites que ce n'est pas proprement la voix de Dieu que vous avez entendue, que ce n'est point lui qui a apparu ; je vous répondrai que vous-mêmes l'avez prié de ne pas vous faire entendre sa voix terrible, et que nul homme ne peut le voir et l'entendre lui-même. Ce privilége m'étoit réservé à moi, qui ne cesse jamais de le voir et de l'écouter ; et il m'a donné à vous comme Médiateur, pour vous déclarer ses volontés, pour vous annoncer ses desseins : cependant vous me rejetez, et vous joignez le crime à la foiblesse, l'incrédulité volontaire à une impossibilité innocente et naturelle de le connoître en lui-même ; vous mettez le comble à la mesure de vos iniquités. Nous le verrons un jour face à face ce Dieu maintenant caché pour nous ; mais il nous faut auparavant marcher dans les sentiers obscurs de la foi.

IIIᵒ Témoignage de Dieu dans sa parole, ou les saintes Écritures. « Vous approfondissez les Écritures, parce que c'est par elles que vous croyez avoir la vie éternelle : ce sont elles en effet qui rendent témoignage de moi, et cependant vous ne voulez pas venir à moi pour avoir la vie. Je ne cherche aucune gloire de la part des hommes.» C'est-à-dire, vous lisez l'Ecriture sainte, vous la portez partout avec vous, vous en pesez tous les mots, vous en comptez toutes les lignes, toutes les lettres et toutes les syllabes ; vous en cherchez avec soin les sens les plus cachés, convaincus que vous y trouverez la doctrine nécessaire pour vous conduire à la vie éternelle. Or, cette Ecriture sainte me rend·témoignage : comment donc, quoique elle vous renvoie sans cesse à moi comme au Christ, quoique elle vous annonce que c'est moi qu'il faut reconnoître comme l'envoyé du Père, comment refusez-vous de venir vous instruire auprès de moi, et rejetez-vous mes leçons et mes grâces ! vous conservez la lettre de l'Ecriture, mais vous en avez perdu l'intelligence ; car si vous la lisiez avec l'attention que la foi seule donne et demande, sa lumière vous montreroit la vérité que vos passions vous dérobent, et qui vous scandalise dans mes paroles ; vous parleriez de moi comme l'Ecriture en parle. Tel a été l'aveuglement des Pharisiens, et tel est encore celui de tous ceux qui sont séparés de l'Eglise. L'ancien Testament, la Loi, lesPsaumes et les Prophètes annoncent si clairement Jésus-Christ, que l'on seroit tenté de croire qu'une infinité d'endroits ont été insérés après-coup, si, par une providence singulière, les Juifs, ennemis déclarés du Christianisme, ne conservoient ces Ecritures telles que les Chrétiens les présentent. Or, les Juifs, encore ˙aujourd'hui, étudient ces Ecritures ; ils y fouillent, ils y cherchent les sens les plus subtils et les plus cachés; ils y cherchent la vie, et ils n'y veulent pas voir Jésus-Christ, qui peut seul leur donner la

vie. Les Hérétiques lisent les écritures du nouveau Testament ; ils les étudient, ils les inter-
prètent, ils ne veulent pas y voir l'autorité de
l'Eglise, qui peut seule leur en donner la vraie
intelligence, et leur y faire trouver la vie. Les
savants lisent l'Ecriture, et les peuples l'entendent annoncer et expliquer ; mais combien peu
y cherchent Jésus-Christ pour aller à lui et
avoir la vie ! Ah ! quelle indifférence pour cette
vie sainte, pure, innocente, intérieure, quoique elle conduise à une vie bienheureuse et éternelle !

PRIÈRE. O divin Jésus, donnez-moi cette vie
spirituelle, cette vie de grâce et d'union avec
vous ! Eh ! où irois-je ailleurs pour trouver la
vie ! Je ne trouve partout que doute, qu'incertitude, perplexité, remords cuisants, une mort
continuelle qui ne peut me conduire qu'à la mort
éternelle. Il faut que je sois ennemi de moi-
même, pour vous fuir avec tant d'obstination,
lorsque vous m'appelez avec tant de tendresse,
et uniquement pour me rendre heureux. Il semble que votre bonheur et votre gloire dépendent de ma fidélité à vous suivre, tant vous té-
moignez d'empressement pour m'attirer à vous.
Cet empressement n'est qu'un effet de votre
amour. Indépendamment de moi et de toutes les
créatures, vous être infiniment grand et infiniment heureux. Que les hommes vous adorent
ou vous blasphèment, leurs hommages ou leurs
outrages tourneront toujours à votre gloire, et
il n'y a qu'eux d'intéressés dans le choix qu'ils
doivent faire. Mon choix est fait, ô divin Sauveur, je vais, je cours à vous avec confiance,
pour recevoir la vie dont vous êtes la source ;

je me jette dans votre sein, attirez-moi de plus
en plus, afin que parfaitement uni à vous, rien
ne puisse jamais m'en séparer. Faites que, selon
mon état, je sois comme saint Jean, une lampe
ardente et luisante, c'est-à-dire que je brûle
comme lui du feu de votre amour, du zèle de
votre loi, et que j'éclaire mon prochain par
mes paroles et par mes exemples! Ainsi soit-il.

Cᵉ. MÉDITATION.

*Fin du discours de Jésus-Christ aux Juifs, après
la guérison du Malade de trente-huit ans.*

Jésus-Christ distingue ici quatre sources d'infidélité dans
les Juifs ; un défaut d'amour de Dieu ; une aversion positive de Dieu, un amour désordonné de l'estime des
hommes, et une infidélité intérieure. *Jean.* 5. 42-47.

I.

Un défaut d'amour de Dieu.

Mais je vous connois, continue Jésus-
Christ ; *vous n'avez pas en vous l'amour de
Dieu.* Ah ! si les hommes avoient ce saint
amour, s'ils avoient un désir sincère de connoître Dieu, de l'aimer et de lui plaire, bientôt le Juif reconnoîtroit le Messie, le Déiste la
vérité du Chistianisme, l'Hérétique l'autorité
de l'Eglise. Que d'animosités éteintes ! que de
dissentions étouffées ! que de disputes terminées,
si ce saint amour régnoit dans nos cœurs ! Chacun

cependant s'en fait honneur. On fait sonner bien haut la probité et les mœurs, la pureté de la parole et du culte de Dieu, le zèle de la loi, la sévérité de l'Evangile, et même le nom de pur amour ; mais avec ces mots, avec ces dehors on peut bien tromper les hommes : mais pour moi, dit Jésus-Christ, *je vous connois ; vous n'avez point en vous l'amour de Dieu.* Terribles paroles que chacun doit s'appliquer et bien méditer. Ah ! si j'avois en moi cet amour de Dieu, aurois-je des passions si peu mortifiées ? Aurois-je tant de dégoût pour les exercices de piété, tant de négligence dans l'accomplissement de mes devoirs ? O divin Jésus ! vous me connoissez, et mille fois mieux que je ne me connois moi-même, vous connoissez le fond de mon cœur. Seroit-il possible que vous n'y vissiez point l'amour de Dieu ! Donnez-le-moi, Seigneur, ce saint amour, augmentez-le, perfectionnez-le en moi, afin qu'il devienne le seul principe et le motif de toutes mes actions ?

II.

Une aversion positive de Dieu.

Je suis venu au nom de mon Père, et vous ne me recevez pas ; si un autre vient en son propre nom, vous le recevrez. C'est-à-dire, vous aimez si peu votre Dieu, qui est mon Père, que moi qui viens vers vous en son nom et par son autorité, vous ne voulez pas me reconnoître. Qu'un autre s'ingère, sans avoir pris sa mission que de soi-même, qu'il sache vous éblouir ou vous flatter, vous l'appuierez de vos suffrages. Et telle est encore la funeste disposition où nous som-

mes pour la plupart à l'égard de Dieu. Nous rejetons avec obstination tout ce qui vient de lui
et nous rappelle à lui, sans que les preuves les
plus évidentes forment aucune impression sur
nous, tandis qu'au contraire nous embrassons
avec ardeur tout ce qui nous éloigne de Dieu,
quoique ce qu'on nous dit soit dénué de toute
preuve et de toute vraisemblance. Qu'un impie
débite qu'en nous c'est le corps qui pense, que
nous mourons tout entiers, que Dieu ne s'em-
barrasse point de ce qui passe dans ce monde,
et qu'après cette vie il n'y en a point d'autre à
craindre ou à espérer ; on l'écoute, on le croit,
et sur des points de cette importance, on ne
lui demande pas d'où il sait ce qu'il avance, de
qui il tient une doctrine si monstrueuse, et quels
sont ses garants ! Qu'un Hérétique forme un
système absurde, injuste et cruel, qu'il soulève
la raison et s'attire les anathèmes de l'Eglise,
pourvu qu'il se couvre de quelque prétexte, qu'il
parle de réforme, de charité, de vérité, il sera
écouté et la voix des pasteurs légitimes sera
méprisée. Tout ce qui porte le sceau de Dieu
et le caractère de la soumission que nous lui
devons, nous révolte ; tout ce qui nous éloigne
de Dieu, et flatte le penchant que nous avons
à l'indépendance, nous charme et nous entraîne.
Aveuglement redoutable ! Dissipez-le, ô mon Dieu !
ôtez-le de l'esprit de ceux qui vous méconnois-
sent, et ne permettez pas que j'y tombe jamais !

III.

L'amour de l'estime des hommes.

« Comment pouvez-vous croire, vous qui
aimez à recevoir de la gloire les uns des autres,

et qui ne recherchez point la gloire qui vient de
Dieu seul? Ne pensez pas que ce soit moi qui
vous accuserai devant le Père ; votre accusateur,
c'est Moïse en qui vous espérez. ». C'est-à-dire,
comment pourriez-vous me croire et vous déclarer pour moi? Vous êtes jaloux de l'approbation des hommes, et ce n'est pas à Dieu seul
que vous voulez plaire ; vous ménagez les inclinations de ceux que vous voyez les arbitres
de la réputation et les distributeurs de la gloire
humaine. Or, comme les hommes n'ont que des
rebuts pour quiconque fait profession de croire
en moi, voilà la raison pour laquelle vous me
méconnoissez, c'est afin de ne pas courir les
risques d'une pareille flétrissure. Et c'est ainsi
que tous les jours encore parmi nous on renonce à la véritable gloire, qui consiste à s'anéantir
devant Dieu par une humble foi, afin d'obtenir les applaudissements de certaines personnes
qui nous flattent. Croire ce qu'ont cru nos pères,
tenir les mêmes principes, suivre les mêmes
maximes, obéir aux mêmes pasteurs qu'eux, c'est
rester dans la foule, ignorés et inconnus, sans
autre gloire que celle qui vient de Dieu. Mais
quand on prend le parti de penser autrement
que les autres, de nier ce que tout le monde voit,
et de résister à toute autorité légitime ; alors
on se distingue, on se fait remarquer, on fait
parler de soi ; mille bouches, mille plumes van-
tent votre esprit et vos talents ; on s'efforce à
son tour de soutenir ou d'augmenter cette réputation par de nouveaux excès : et comment,
avec des dispositions si funestes, pourroit-on se
soumettre à l'humilité de la foi ? O gloire humaine, estime des hommes, respect humain,

que tu as fait d'apostats! que tu as empêché de conversions! Hélas! nous-mêmes qui croyons avec fidélité, prenons garde que cet amour de la gloire humaine ne corrompe notre foi, notre zèle, et toutes nos actions! Les Juifs se glorifioient d'avoir Moïse pour législateur. Ils devoient donc prendre l'esprit de la loi qu'il a donnée, et recevoir le Messie qu'elle annonçoit; mais au contraire, ils ne se glorifioient en Moïse que pour aller contre l'esprit de la loi, et persécuter le Messie. Aussi sera-ce ce même Moïse en qui ils se glorifient, qui les accusera devant Dieu, et qui les condamnera. Que de Saints en qui nous nous glorifions, seront peut-être, devant Dieu, nos accusateurs! Ces Saints fondateurs d'ordres et de maisons de piété, nos saints Patrons, ces saints Evêques, qui les premiers nous ont apporté le Christianisme, s'élèveront contre nous, et nous accuseront d'avoir abandonné leur foi, d'avoir changé leurs maximes, d'avoir dégénéré de leurs vertus.

IV.

Une infidélité antérieure.

Car si vous croyiez en Moïse, vous croiriez aussi en moi, puisque c'est de moi qu'il a écrit: mais si vous ne croyez pas à ses Livres, comment croirez-vous à mes paroles? C'est-à-dire, en refusant de croire en moi, c'est à Moïse que vous refusez votre croyance; car c'est de moi que prophétisoit cet ancien Législateur, lorsqu'il vous annonçoit un nouveau Législateur, tiré du milieu de ses frères, dont il vous fau-

droit écouter la voix et suivre les leçons. Il vous
a marqué dans ses livres comment vous deviez
discerner le véritable d'avec le faux Prophète,
l'homme de Dieu, du séducteur. Si vous lisiez
avec attention ce qu'il en a écrit, vous seriez
convaincus de ce que je suis, vous me recon-
noîtriez sans peine dans ses prédictions et dans
les règles qu'il vous a laissées. Mais si, malgré
l'évidence de la lettre, vous vous obstinez à
supposer que les écrits de Moïse ne renferment
pas d'oracles prophétiques qui annoncent un
Messie tel que moi, en vain je vous dirai que
c'est de moi qu'il parloit, vous vous défendrez
toujours de croire en moi. Jésus-Christ ne s'étoit
pas encore expliqué, du moins en public,
d'une manière si nette et si développée sur les
caractères de sa mission, sur la nature de son
pouvoir et sur la divinité de sa Personne.
Pourquoi donc les Juifs, possesseurs des écritures, n'y ont-ils pas reconnu le Messie ? Ah !
c'est qu'ils ne parloient de Moïse et des Prophètes que par ostentation ! Ils n'y croyoient
pas ; et par la même raison, pourquoi tant de
savants parmi les hérétiques et les incrédules,
admettant le Nouveau-Testament, n'y reconnois-
sent-ils pas l'autorité de l'Eglise ? Hélas ! ils ne
citent l'Évangile et les Apôtres que par orgueil,
ou selon leurs préjugés : ils n'y croient pas.

PRIÈRE. Seigneur, je crois en vous, je crois à
votre saint Evangile et à l'Eglise, qui seule a le
droit et le pouvoir de m'en développer l'esprit et
les règles ! Faites croître de plus en plus en moi
cette foi simple et docile ; faites qu'elle embrasse toutes les vérités que vous m'avez révélées, même celles qui sont les plus opposées à

mes préjugés et à mes passions ! Soyez mon Maître aujourd'hui, ô Jésus, afin que vous soyez un jour mon médiateur, et non mon accusateur ! Que votre amour soit le principe de mes affections, votre Evangile la règle de mes sentiments, et votre gloire la fin de toutes mes œuvres !
Ainsi soit-il.

CIᵉ. MÉDITATION.

Épis froissés le jour du Sabbat.

De l'injuste censure des actions du Prochain.

L'Evangile nous découvre ici les passions qui sont la source de cette injuste censure, les raisons qui font la justification du prochain contre cette injuste censure, et les défauts qu'il faut éviter quand on a à se justifier contre. cette injuste censure. *Matt.* 12. 1-8. *Marc.* 2. 23-38. *Luc.* 6. 1-5.

PREMIER POINT.

Des passions qui sont la source de cette injuste censure.

Iᵒ ON censure sans autorité, et c'est orgueil et présomption. *En ce temps-là, comme Jésus passoit le long des blés un jour du Sabbat, appelé le second premier* (1), *et que ses Disciples avoient*

_____

(1) Cette expression de saint Luc, *second premier*, a donné la torture aux Interprètes, et leur a fait inventer nombre de systèmes différents; nous n'en rapporterons ici

faim, *ils commencèrent à rompre des épis en mar-chant et à manger*, *les froissant dans leurs mains.*
Voilà quel fut l'objet de la censure des Pharisiens qui se trouvèrent là présents ; ils commencèrent aussitôt à crier qu'on violoit la sainteté du Sabbat. Mais qui, selon eux, la violoit ? c'étoient les Disciples de Jésus. Eh, de quel droit censu-roient-ils leur conduite ? Hélas ! ceux que nous censurons tous les jours dépendent-ils de nous ? Avons-nous sur eux quelque autorité, quelque inspection ? De quel droit les citons-nous à notre Tribunal, et les y condamnons-nous ? Ah ! si

que trois. 1º. Le Sabbat qui tomboit dans l'octave de l'à-ques, étoit le plus solennel, et pouvoit s'appeler *premier premier.* Après celui-là le Sabbat qui tomboit dans l'octave de la Pentecôte, étoit le plus solennel, c'est celui-là que saint Luc appelle *second premier* : 2º. le premier Sabbat du premier mois de l'année s'appeloit *premier premier*; le premier Sabbat du second mois s'appeloit *second premier*; et ainsi de suite. D'abord il ne manque à ces deux sys-tèmes et à plusieurs autres semblables, que d'être appuyés de quelque autorité ; car il n'est pas vraisemblable que si ce Sabbat et quelques autres ont eu des noms particuliers, on n'en trouve nulle part aucun vestige. 3º. Un troisième sentiment paroîtra peut-être plus simple. Saint Luc dans le commencement ds ce chapitre, rapporte deux faits arrivés le jour du Sabbat. Le second, qui commence au verset 6, est sans contredit bien plus frappant que le premier, et par les circonstances qui l'accompagnent, et par l'impression qu'il dut faire sur le public, et par la confusion dont it couvrit les Pharisiens. Saint Luc ayant à rapporter ce fait éclatant arrivé le samedi, fait précéder un autre fait moins important, et il dit que celui-ci est arrivé le Samedi *second premier*, c'est-à-dire, le samedi avant le second Samedi dont il va parler immédiatement après au verset 6. Dans l'arran-gement des faits que nous suivons, nous supposons que le froissement des épis arriva a la sortie de Jérusalem, immé-diatement après la fête des Sorts ; ainsi, pour l'explication de *second premier*, nous embrassons le troisième sentiment que nous venons d'exposer.

nous savions nous borner à ce qui nous regarde, que de discours retranchés, que de péchés évités, que de soins mieux employés !

II° On censure sans raison, et c'est malignité aveugle. La loi qui ordonnoit de préparer dès la veille ce qu'on devoit manger le jour du Sabbat, et qui défendoit de rien apprêter ce jour-là, étoit-elle donc violée par l'action des Disciples? Quel travail, quel apprêt y avoit-il à faire pour un mets préparé par les mains mêmes de la nature? Une préparation, qui consistoit à frotter quelques épis pour en tirer les grains, méritoit-elle ce nom? Mais des yeux méchants voient les objets tout autrement qu'ils ne sont; on s'aveugle et sur le droit et sur le fait, on ne connoît bien ni l'action que l'on condamne, ni la loi sur laquelle on la condamne : cependant on décide, et on dit hardiment : cela n'est pas permis. On ne voit rien d'innocent, rien d'excusable; tout est criminel, tout est énorme. Combien de décisions et de censures semblables notre malignité ne nous fait-elle pas porter tous les jours! Soyons plus équitables, ne nous laissons pas prévenir par la passion, et tant de prétendus criminels que nous condamnions, seront absous.

III° On censure sans modération, et c'est haine contre les personnes. *Des Pharisiens ayant vu cela, dirent à Jésus : voilà vos Disciples qui font ce qu'il n'est pas permis de faire le jour du Sabbat.* Les Pharisiens, sans être scandalisés, affectèrent, selon leur coutume, de le paroître beaucoup. Ce n'étoit ni le respect de la loi, ni la crainte du mauvais exemple qui les firent crier au scandale, comme si toute la Religion étoit

renversée ; ce n'étoit pas même aux Apôtres
qu'ils en vouloient ; mais c'étoit pour avoir un
prétexte de calomnier le Maître qu'ils s'avisè-
rent d'inquiéter les Disciples. Ce n'étoit pas la
faute prétendue qui leur déplaisoit, mais la personne de Jésus, qui n'étoit point un Messie à
leur gré, et qui censuroit leurs vices. Déterminés
à s'en défaire par quelque voie que ce pût
être, ils épioient toutes les occasions de le décrédi-
ter auprès de la multitude, dont l'estime et l'affection étoient les seuls obstacles qu'ils craignoient
de rencontrer à l'exécution de leurs desseins.
Si quelqu'un de leurs amis en eût fait davantage, ils n'y auroient pas trouvé de matière
de censure ; mais comment perdroit-on un ennemi vertueux, s'il falloit attendre qu'il commît
des crimes !

IV° On censure sans retour, et c'est jalousie
et esprit de cabale. L'infraction de la Loi du
Sabbat fut un des griefs les plus rebattus contre
Jésus-Christ, il y répondit cent fois, et cent
fois les Juifs le proposèrent comme une accusation nouvelle. Que peuvent les apologies les
plus raisonnables, auprès des personnes déter-
minées à faire passer leurs ennemis pour coupables ? Elles ne diminueront jamais rien des
accusations une fois intentées contre eux ; on
les renouvellera tous les jours, et à force de les
répéter, on les fera croire à quelques-uns, et
on indisposera l'esprit de plusieurs autres. Ma-
nœuvre diabolique, employée dans tous les
temps par les ennemis de Dieu et de son Eglise.
Jésus-Christ en fut lui-même la victime, et il
le voulut ainsi, pour encourager ses Disciples
à ne point se relâcher par la crainte de la ca-

lomnie, et à se féliciter au contraire, lorsqu'à
l'exemple de leur Maître ils seroient un jour
victimes de leur zèle.

SECOND POINT.

*Des raisons qui font la justification du prochain
contre cette injure censure.*

Iº· La nécessité et le besoin. *Jésus leur répondit : n'avez-vous jamais lu ce que fit David,
quand il se trouva dans le besoin, et qu'il eut
faim, lui et ceux qui l'accompagnoient; comment
il entra dans la maison de Dieu, du temps du
Grand-Prêtre Abiathar, et prit les pains qui
étoient exposés, en mangea, et en donna à ceux
qui étoient avec lui, quoiqu'il n'y eût que les
Prêtres seuls auxquels il fut permis d'en manger?*
Comme s'il leur eût dit : oui, sans doute, je
vois ce que font mes Disciples; mais je ne vois
rien qui mérite votre censure. La loi permet
de prendre des épis avec la main pour la nécessité; ainsi ils n'ont rien fait de contraire à
la loi; mais ils le font un jour de sabbat, voilà
la prévarication, voilà le scandale qui allume
si fort votre zèle. Qu'eussiez-vous donc dit,
si vous eussiez vécu du temps de David? Car
vous qui savez les Écritures, vous avez lu ce
qui se passa sous le Grand-Prêtre Abiathar,
lorsqu'Achimelech, son collègue dans le pontifi-
cat, donna à manger les pains de proposition
à David fugitif, et à ceux qui l'accompagnoient?
Ces pains qui avoient été mis devant l'Arche,
étoient consacrés : David et ses gens n'étoient
ni Prêtres ni Lévites, et vous savez qu'il n'étoit
strictement permis qu'aux enfants d'Aaron d'user

de cette nourriture : fit-on cependant à David
un crime de son action? La nécessité où il étoit
ne lui tint-elle pas lieu d'une dispense légitime?
Pourquoi donc la loi du jour du sabbat ne cè-
dera-t-elle pas à la nécessité où sont mes Disciples ? Ainsi tous les jours ceux qui sont dans
l'abondance, à qui rien ne manque, et qui ne
souffrent rien, ne savent guère compatir aux
besoins du prochain. Il y en a d'autres à qui
une complexion forte, un tempérament robuste ,
une santé inaltérable, mettent dans l'esprit un
caractère d'austérité et de sévérite , qui leur
persuade que tous les autres sont capables des
mêmes travaux, des mêmes exercices, des mêmes mortifications qu'ils peuvent supporter eux-
mêmes. Ils regardent le moindre adoucissement
comme une infraction de la loi. Ah! bannissons
de telles censures, justifions notre prochain au
lieu de le critiquer, compatissons à sa foiblesse,
ne fermons pas les yeux à la nécessité où il se
trouve; enfin supposons-lui des besoins qui,
pour ne nous être pas toujours connus, peuvent n'en être moins pas réels.

II° Le service de Dieu ou du Prochain. *Ou ,
n'avez-vous point lu dans la loi, que dans des
jours du sabbat, les prêtres eux mêmes violent le
sabbat dans le temple, et sont sans péchés? Or
je vous déclare que celui qui est ici, est plus
grand que le temple. Que si vous saviez bien ce
que veut dire cette parole : j'aime mieux la miséricorde que le sacrifice, vous n'auriez jamais
condamné ces innocents;* c'est-à-dire, les prêtres
dans le temple ne gardent point le repos du
sabbat, et cependant ils sont sans péché. La
raison qui les excuse, c'est que les ministères

qu'ils y exercent, comme d'égorger les victimes, de les dépouiller, de les faire cuire, de les distribuer, quoique de leur nature ce soient des œuvres serviles, ce sont d'ailleurs des ministères destinés au culte de Dieu, et que le service du temple exige. Or si la loi n'a ni force ni autorité sur le ministère des prêtres dans le temple, à plus forte raison cette même loi n'a-t-elle ni autorité ni force sur le ministère de mes Disciples, qui se sont mis dans l'impossibilité d'obéir à loi pour satisfaire à leur ministère, à mes volontés, et pour me plaire à moi qui suis plus grand que le temple, qui suis le temple vivant, le Dieu du temple, et qui regarde la conformité à mes intentions, comme préférable au culte extérieur de la Religion qu'on pratique dans la maison de Dieu. D'ailleurs, ne savez-vous pas, ainsi que Dieu l'a déclaré par Osée, que dans la conjoncture et l'occurrence de deux lois, dont l'une regarde le culte et la Religion, l'autre les œuvres de miséricorde et les devoirs de charité, ne savez-vous pas que vous devez préférer la loi de la charité à celle du culte extérieur et des sacrifices : Dieu est bien plus sensible aux besoins de votre prochain, son enfant et votre frère, qu'il ne l'est aux marques que vous lui donnez de votre piété en lui offrant des victimes. Dieu est la charité essentielle, il veut que vous soyez pleins de charité ; c'est là l'esprit qui l'anime ; c'est l'esprit qui doit vous animer ; c'est là ce qui remplit son cœur ; c'est ce qui doit remplir le vôtre. Or, puisque les œuvres de la miséricorde spirituelle sont au-dessus des observances légales et des lois positives, mes Apôtres, tellement employés à l'instruction du prochain et

occupés de mon service, qu'ils n'ont point eu
de temps pour pourvoir à ce qui étoit nécessaire
à leur subsistance et pour penser au lendemain,
peuvent donc se dispenser de l'observation du
Sabbat. S'ils se sont écartés de la lettre de la
loi, ce n'a été que pour en remplir l'esprit :
ils sont donc innocents, et c'est à tort que vous
les condamnez. Ainsi ne doit-on pas exiger de
ceux qui mènent une vie apostolique, et qui
sont dévoués au service du prochain, les mêmes
exercices de piété et de pénitence que, pratiquent strictement ceux qui ne sont occupés que
du soin particulier de leur salut. Qui ne s'exempte de quelques observances régulières que
par zèle pour la gloire de Dieu et par charité
pour le prochain, lorsque l'un et l'autre sont
réglés par la sagesse, est hors de tout blâme,
et ne mérite aucune censure, et c'est ici un
second moyen pour excuser le prochain.

IIIᵖ L'esprit et la fin de la loi. *Il leur dit encore : le Sabbat a été fait pour l'homme, et non
pas l'homme pour le Sabbat.* Le Seigneur, en ordonnant le repos du Sabbat, a eu deux fins :
la première, d'empêcher l'homme de s'abandonner tellement à son intérêt, qu'il ne pensât point
à rendre à Dieu l'honneur et les sacrifices des
prières qui lui sont dues; la seconde, d'empêcher que la dureté des maîtres n'accablât leurs
serviteurs de travail : ainsi Dieu a-t-il fait le Sabbat à l'avantage de l'homme ; mais le Seigneur
n'a pas fait l'homme pour le Sabbat. Il n'a point
prétendu que, pour en garder le repos, l'homme se privât d'une nourriture nécessaire. Il en
est de même de toutes les lois positives; la fin
de ces lois, l'intention du législateur n'est pas

qu'on les observe au péril de sa vie, de sa santé et de ses biens.

IV° La dispense du supérieur légitime. *Et le Fils de l'Homme est maître du Sabbat même.* Notre-Seigneur, en répondant aux Pharisiens sur.l'inobservation du Sabbat, ne manquoit jamais de leur dire qu'il étoit lui-même le Seigneur et le maître du Sabbat, et que par conséquent il pouvoit dispenser de l'obligation de le garder. Mais c'étoit là le point essentiel qu'ils s'obstinoient à ne point admettre, quoique prouvé par les miracles les plus évidents. Ce que les Pharisiens refusoient à Notre-Seigneur, les Hérétiques le refusent à l'Eglise. Non-seulement les fidèles ne doivent pas s'en laisser imposer par leurs murmures ; mais ils doivent encore savoir y répondre, et défendre leur mère contre ceux qui censurent sa conduite. 1°. Le pouvoir de dispenser de certaines lois est essentiel à toute société, parce que dans toute société, il y a des lois dont l'observation est nécessaire et utile, et que l'on ne peut cependant étendre à tous les cas, sans tomber dans des inconvénients qui seroient dommageables, et trop onéreux à la société. Telle est, par exemple, la loi qui défend de contracter mariage à certains degrés, etc. 2°. L'obligation de demander dispense au supérieur légitime, quand on est dans le cas, est juste et nécessaire. Si chacun étoit juge des raisons qu'il peut avoir de se soustraire à la loi, et pouvoit s'en disposer soi-même, la loi seroit nulle, et ne subsisteroit plus ; il n'y auroit plus d'ordre et de subordination, et tout deviendroit arbitraire. 3°. L'usage d'imposer une peine pécuniaire pour certaines dispenses, est sage et raisonnable ; c'est pour la loi

une garantie qui la maintient en vigueur, en em-
pêchant la fréquence de ces sortes de demandes.
C'est pour l'impétrant une pénitence par laquelle
en se relâchant dans un point, il est condamné
à se gêner dans l'autre, et à racheter sa foiblesse
par l'aumône. C'est pour la société même un dé-
dommagement, par lequel celui qui se dispense
de ses lois, lui en fait une espèce de satisfaction
en contribuant par sa libéralité à son avantage.
Car c'est un point que les Fidèles ne doivent pas
ignorer, que, dans l'Eglise catholique, tout l'ar-
gent qui provient des dispenses est employé en
aumônes et en bonnes œuvres, et qu'en par-
culier celui qu'on paie à Rome est tout entier
destiné à l'entretien des bâtiments de l'Eglise de
Saint Pierre de Rome, dont la splendeur et la
magnificence intéresseront toujours tout bon Catholique.

TROISIÈME POINT.

*Des défauts qu'il faut éviter quand on a à se jus-
tifier contre l'injuste censure.*

1º La vanité et l'amour propre. On ne doit parler pour sa justification, que lorsque la charité
et la crainte du scandale nous y engagent; c'est
pour cette raison que Notre-Seigneur répondit
à la censure des Pharisiens. Quand il ne s'agit
que de nous-mêmes, il faut savoir se taire,
s'oublier, souffrir en patience, et remettre sa
cause entre les mains de celui qui connoît nôtre innocence; mais combien en est-il qui, pleins
d'eux-mêmes et d'amour-propre, pour un mot
qu'on aura dit contre eux, et qui souvent ne
leur fait même aucun tort, se croient perdus

de réputation, s'épuisent en apologies, et fatiguent tout le monde par le récit de leur justification.

II° La haine et le ressentiment. Ne regardons pas comme notre ennemi quiconque nous a censurés en quelque chose; et quand il le seroit, loin de le haïr, nous sommes obligés de l'aimer : ne cherchons donc, en nous justifiant, qu'à le désabuser, qu'à l'instruire, qu'à le gagner. Voyons avec quelle charité Notre-Seigneur profite de la censure même des Phariens, pour leur révéler sa grandeur, son souverain domaine, et sa divinité; comment il les ramène aux devoirs de la charité, pour leur en inspirer les sentiments.

III° La colère et l'animosité. Que notre justification soit raisonnée et solide, à la bonne heure : mais qu'elle soit sans aigreur et sans emportement : bannissons-en toute parole injurieuse, insultante, ou qui annonce du mépris. Voyons avec quelle douceur, quelle gravité et quelle bienséance Notre-Seigneur répond ici aux Pharisiens.

IV° La vengeance et l'accusation des autres. Les fautes du prochain ne justifient point les nôtres; cependant il arrive souvent que le premier moyen que l'on emploie pour se justifier, c'est d'accuser les autres. De là qu'arrive-t-il ? qu'en se bornant à sa propre justification, on auroit pu éteindre l'étincelle qui commençoit à s'allumer; au lieu qu'en attaquant les autres, et en les accusant à son tour, on souffle le feu de la discorde, et on excite un incendie que rien ne pourra peut-être plus éteindre. Examinons-nous sur une matière si importante. Convenons qu'en censurant les autres, nous nous rendons coupables, parce que c'est toujours quelque passion qui nous fait agir. Avouons que ceux que nous censurons peuvent avoir des raisons qui les excusent, que nous devons supposer en eux quelqu'une de ces raisons, et nous abstenir de toute censure. Enfin, reconnoissons les fautes que nous commettons nous-mêmes, en voulant nous justifier ou justifier les autres.

PRIÈRE. Ah! Seigneur, loin de moi cet esprit pharisaïque, qui condamne le prochain sur des soupçons, ou même sur des choses bonnes ou du moins indifférentes! Ou si c'est moi qui suis attaqué, faites, ô Jésus, qu'à votre exemple je souffre avec patience l'envie, les préventions, la calomnie! Faites que je ne m'empresse point de me justifier, afin de l'être un jour par vous, qui êtes la sagesse et la puissance même! En vain les hommes me condamneront-ils, si vous me justifiez; en vain me justifieront-ils, si vous me condamnez. Faites donc que, timoré sans scrupule, et attentif sans contrainte, je ne donne aucun scandale, ou si on se scandalise de moi mal-à-propos, faites que je ne me trouble point des jugements des hommes, et que je ne cherche qu'à vous plaire, à vous, qui êtes seul le témoin et le vrai juge de mes actions. Ainsi soit-il.

CIIᵉ. MÉDITATION.

Main sèche guérie le jour du Sabbat.

Comment on doit se comporter dans les disputes
qui troublent la paix de l'Eglise.

1º. Les Pharisiens nous présentent ici l'image des Hérétiques ;
2º. Jésus-Christ offre ici un modèle aux Pasteurs ; 3º.
l'homme guéri y fournit un exemple aux Fidèles. *Matt.*
12. 9-15. *Marc.* 3. 1-7. *Luc.* 6. 6-11.

PREMIER POINT.

Les Pharisiens, image des Hérétiques.

———

Iº LE caractère des Hérétiques, comme celui
des Pharisiens., est d'être insidieux dans leurs
discours. *Jésus étant entré dans la synagogue
un jour de Sabbat, y enseigna ; or il y avoit là
un homme dont la main droite étoit desséchée :
les Scribes et les Pharisiens observoient s'il guériroit le jour du Sabbat, afin d'avoir sujet de l'accuser. Et pour en avoir lieu, ils l'interrogèrent,
en disant : est-il permis de guérir quelqu'un le
jour du Sabbat ?* Les Pharisiens étoient attentifs
à considérer si Jésus feroit cette guérison un jour
du Sabbat, parce qu'ils avoient formé la résolution de lui en faire un crime ; mais craignant
que si le miracle étoit une fois opéré, leur accusation ne fût trop tardive, ils commencèrent
par prévenir l'esprit du peuple, afin qu'il s'éle-

vît une sorte de sédition, dont ils espéroient que Jésus-Christ seroit la victime. Dans cette vue, aussitôt que l'instruction fut finie, et avant que l'homme infirme eût pu se présenter, ils firent à Jésus cette question insidieuse, et ils lui demandèrent : est-il permis de faire des guérisons le jour du Sabbat ? L'artifice de cette proposition consistoit dans le sens vague et général qu'elle présente. Le peuple dans ces sortes de propositions, ne saisit que le premier objet qui le frappe, par exemple, ici la sainteté du Sabbat, et n'aperçoit point les fausses conséquences qu'on veut en tirer. N'est-ce pas ainsi que l'erreur s'est toujours exprimée, et n'est-ce pas encore dans le même esprit, que sans cesse on nous fait des demandes insidieuses, où le peuple ne voit que des sentiments de piété, mais où, sous des piéges cachés, on insinue des erreurs monstrueuses ? Défions-nous de tout enseignement qui n'est pas celui de l'Eglise, ou si nous écoutons celui qu'elle condamne, ne nous flattons plus d'aimer la vérité.

II° Le caractère des Hérétiques, comme celui des Pharisiens, est d'être artificieux dans leur silence. *Alors Jésus connoissant leurs pensées, dit à cet homme qui avoit la main sèche : levez-vous, et tenez-vous là au milieu ; et cet homme, se levant aussitôt, se tint debout. Jésus leur dit ensuite : j'ai une question à vous faire : est-il permis, les jours du Sabbat, de faire du bien ou du mal, de sauver la vie ou de l'ôter ? Mais ils demeurèrent dans le silence.* Jésus ayant mis la question à la portée du peuple, et ayant à son tour interrogé les Pharisiens, ils se regardèrent les uns les autres ; et aucun ne se mit en de-

voir de répondre. Qu'étoit-ce que ce silence?
Un silence respectueux, un silence pacifique, un
silence de conviction et d'approbation? non :
mais un silence plein d'obstination, plein d'artifice, plein de malignité. Ils voyoient deux
réponses à la question, et ils n'en voulurent
donner aucune. L'une, qui étoit conforme à
leurs sentiments, mais qui auroit révolté le
peuple, parce que, guidé par la droite raison,
il n'eût pu entendre dire sans indignation que,
le jour du Sabbat, les œuvres de charité étoient
proscrites, et qu'il valoit mieux voir froidement
mourir un homme, que de lui prêter la main
dans son danger. L'autre réponse, qui étoit affir-
mative, eût été selon le bon sens; mais elle
eût ruiné leur système, et anéanti leurs desseins.
Tel est encore le silence artificieux que gardent
les partisans de l'erreur dans les assemblées chrétiennes. Jamais on ne les entend expliquer avec
précision les vérités catholiques : ils contredi-
roient leurs sentiments et ceux qui les protègent.
Jamais non plus ils ne développent le fond de
leurs erreurs : ils s'attireroient le mépris et l'indignation de tout homme qui a le sens droit,
et qui n'est pas prévenu. Dans les entretiens
particuliers, ce n'est plus là même conduite,
ils ont un langage différent, selon la différence
des personnes; à celles-là on avoue tout, et si
quelque chose vous révolte, on vous dit que
c'est un mystère; mais sur quoi m'obliger à
croire un mystère que l'Eglise ne me propose
pas, un mystère au contraire qu'elle condamne?
A celle-là on nie tout; si vous voulez convaincre
un de ces hommes le livre à la main, il abjure
et le livre et l'auteur. Ainsi l'erreur répandue

dans mille libelles, ne se trouve dans aucun
esprit, et lorsque vous croyez l'avoir saisie, elle
vous échappe comme un fantôme qui s'évanouit.

III° Le caractère des hérétiques, comme celui
des pharisiens, est d'être cruels dans leurs complots. *Ils furent remplis de fureur, et ils s'entre-
tenoient ensemble de ce qu'ils pourroient faire de
Jésus. Et étant sortis, ils tinrent conseil contre
lui avec les Hérodiens sur le moyen de le perdre.*
La fureur des Pharisiens se change en extrava-
gance et en folie. Se voyant couverts de confusion
devant une nombreuse assemblée, ils sortent brusquement, et ne songent plus qu'à perdre celui
qu'ils haissent, et à qui ils ne peuvent résister.
Ils s'assemblent, et dans quels sentiments? Ils
auroient dû être remplis d'admiration pour ce
divin Sauveur, pour sa sagesse, pour sa douceur,
pour sa puissance. Mais l'hérétique ne voit rien
que de haissable dans ceux qui combattent ses
erreurs. Quelque sages, quelque modérés, quelque irréprochables qu'ils soient, fissent-ils des
miracles, leur mérite ne fait que l'irriter; il pousse son ressentiment jusqu'à la folie, jusqu'à l'ex-
travagance et la fureur. Avec qui les pharisiens
s'assemblent-ils? Avec les Hérodiens. Quoi! ces
sévères observateurs de la loi de Moïse, si jaloux
des intérêts de la nation, s'allient avec les courtisans d'Hérode, ennemis de la nation et de la
Religion des Juifs! Mais à qui n'a-t-on pas recours,
et quelle ressource n'embrasse-t-on pas pour op-
primer un ennemi? Tout se réunit alors. Les
différentes sectes, les plus opposées entre elles,
conspirent unanimement contre la seule Religion
véritable; elles oublient leur démêlés pour attaquer l'Eglise de Jésus-Christ. Ceux qui se disent

les amis de la vérité, les promoteurs de la réforme et les zélateurs de la sévérité, ne rougissent point de se voir liés d'intérêts avec les impies, les libertins, les athées, les déistes, les hérétiques de toute nation, les sujets des puissances étrangères, les plus grands ennemis de leur nation, de leur gouvernement et de leur Religion. On pourroit donner pour marque de la véritable Église, cette conspiration générale, et dire que la preuve de sa vérité, c'est d'être celle contre laquelle toutes les sectes se réunissent. Enfin, à quel dessein s'assemblent les pharisiens? A dessein de perdre Jésus-Christ, de le décrier d'abord, et ensuite de lui ôter la vie. C'est un point résolu, sur lequel il n'y a plus à délibérer ; on délibère seulement sur les moyens. Il ne paroissoit pas aisé de décrier, dans l'esprit du peuple, un homme si saint, si irréprochable, si puissant en œuvres et en paroles. Cependant, à force de calomnies, de soupçons adroitement jetés, de bruits confusément répandus, on en vint à bout, du moins dans la capitale. L'autorité et la puissance se joignirent au mensonge et à l'hypocrisie, et par un profond et adorable jugement de Dieu, l'innocent fut sacrifié à la haine des coupables. Hélas! combien de victimes n'a pas faites ce même esprit d'erreur dans les différents siècles de l'Église.

SECOND POINT.

Jésus modèle des Pasteurs.

Iº Il oppose la sagesse à l'artifice. Notre-Seigneur commence par déterminer la question trop générale, proposée par les Pharisiens. *Jésus*

connoissoit leurs pensées. Cette réflexion devroit
bien arrêter, ou du moins inquiéter ceux qui combattent contre l'Eglise. Ils peuvent cacher leurs
vues secrètes, tromper les hommes; mais Jésus
connoît et fera connoître un jour les ruses et les
détours dont ils s'applaudissent aujourd'hui. Jésus
ordonne à celui dont la main étoit desséchée, de
se lever, de s'approcher de lui, et de se tenir
debout au milieu de l'assemblée. Ce mouvement
seul réalisoit, pour ainsi dire, la question, et la
rendoit sensible, d'arbitraire qu'elle étoit. La vue
de cet homme affligé et digne de compassion,
suffisoit pour tourner les pensées du peuple vers
le véritable objet de la question, et pour l'empêcher de se laisser séduire par une fausse idée
de l'observation du Sabbat. Ensuite Notre-Seigneur interrogea à son tour les Pharisiens, et il
leur dit : *Est-il permis, le jour du Sabbat, de
faire du bien ou du mal, de sauver la vie ou de
l'ôter ?* La réponse ne paroissoit pas difficile à
l'assemblée ; mais elle parut si embarrassante aux
Pharisiens, qu'ils prirent le parti de se taire. Si
le peuple eût été interrogé, il auroit répondu
sans peine, que ne pas délivrer, quand on le
peut, un malheureux du mal qu'il souffre, c'est
le lui faire ; que de ne pas sauver la vie à celui
à qui on peut là sauver, c'est la lui ôter ; et
qu'une telle barbarie ne peut être une suite de
l'obligation de sanctifier le Sabbat. Enfin Notre-
Seigneur rend la question encore plus sensible
par une compassion. *Jésus leur dit : qui est
celui d'entre vous, dont la brebis venant à tomber
dans un fossé au jour du Sabbat, ne la relèvera
et ne la retirera pas ? Or combien un homme vaut-
il mieux qu'une brebis ! Il est donc permis de*

faire du bien le jour du Sabbat. C'est ainsi qu'en
déterminant, en réalisant les propositions vagues
des hérétiques, et les expliquant par des com-
paraisons familières, on en connoît le venin,
et on se préserve de la séduction. D'ailleurs, si
le dogme catholique renferme quelque difficulté,
l'autorité de l'Eglise doit suffire pour nous faire
passer outre et nous tranquilliser : mais qui
pourroit nous rassurer contre les absurdités ré-
voltantes contenues dans les dogmes que l'Eglise
réprouve ?

II° Jésus oppose la fermeté à la malice. *Alors
les ayant tous regardés avec indignation, et touché
de l'aveuglement de leur cœur, il dit à cet homme :
étendez votre main. Il l'étendit et elle redevint
aussi saine que l'autre.* Fermeté de Jésus-Christ
dans ses regards. Les Pharisiens persistant opiniâtrément dans leur silence, Jésus regarda
toute l'assemblée avec cet air de majesté et de
noble assurance, qui fit la consolation et le charme
de ses vrais Disciples ; et se tournant ensuite
vers les Pharisiens, il les regarda d'un œil cour-
roucé, qui les accabla et les confondit. Fermeté
dans ses sentiments. Il fut affligé de l'aveugle-
ments de leurs cœurs ; mais il ne fut point épou-
vanté de tout ce qu'ils étoient capables d'entreprendre et d'exécuter contre lui. Fermeté dans
son action. Le maintien taciturne, l'air mé-
content des Pharisiens n'arrêtèrent point l'action
de Jésus. Il parla en maître, il ordonna au malade
d'étendre la main : celui-ci obéit avec confiance ;
il étendit la main, et dans le moment elle reprit son état naturel. Cette fermeté, qui convient
surtout aux pasteurs de l'Eglise, responsables à
Jésus-Christ du dépôt qui leur est confié, convient

avec proportion aux simples fidèles, lorsqu'ils se trouvent dans l'occasion de soutenir les intérêts de la vertu et de la Religion.

III° Jésus oppose la retraite à la persécution. Les Pharisiens, sortant de l'assemblée, tinrent conseil contre Jésus, comme nous l'avons déjà dit. *Mais Jésus le sachant, se retira de ce lieu-là, et alla vers la mer avec ses Disciples.* Jésus ne craignoit pas la fureur de ses ennemis, il pouvoit à son gré en arrêter les effets; il ne craignoit pas la mort qu'ils lui préparoient, il étoit bien résolu de s'y livrer un jour; mais dans ce moment, par sa conduite et par sa parole, il formoit son Eglise, et surtout ceux qui devoient la gouverner; il leur apprenoit, en s'éloignant pour le reste du jour vers les bords de la mer de Galilée, qu'il est quelquefois de la prudence de céder à l'orage; qu'ils pourroient se retirer pour un temps dans la vue de se rendre utiles, étant toujours disposés à donner leur vie pour leur troupeau lorsque le moment de Dieu seroit venu, si par sa miséricorde, il les destinoit à un si grand bonheur.

TROISIÈME POINT.

L'homme guéri, exemple des Fidèles.

I° Pour nous, simples fidèles, apprenons à connoître nos maux, et non les points agités dans l'Eglise. Cet homme avoit la main droite percluse et desséchée. Si par la main gauche nous entendons ce que nous sommes obligés de faire pour les besoins de la vie présente, et par la main droite ce que nous sommes obligés de faire pour notre salut éternel, il nous sera aisé de voir que l'infirmité de cet homme est la nôtre; que notre main gauche seule a du mouvement, et que la droite n'en a point : que nous faisons tout pour la terre, et rien pour le Ciel.

A quel dessein pensons-nous que cet homme se rendit à l'assemblée où étoit Jésus avec les Pharisiens? Etoit-ce pour entendre les disputes de ceux-ci, et savoir ce qu'ils opposoient à la doctrine du Sauveur? Non : tout occupé de son infirmité, il ne songeoit qu'à en obtenir la guérison. Ah! pourquoi donc, dans un état plus triste que le sien, avons-nous d'autres soins que lui? Pourquoi cette avidité à écouter tous les bruits, à lire toutes les feuilles, à dévorer toutes les libelles qui attaquent la Religion et y entretiennent les disputes? Pourquoi se piquer d'être au fait de ces matières, d'en pouvoir raisonner et d'en vouloir juger, tandis qu'une semblable prétention ne peut que donner du ridicule, lorsqu'elle se trouve, ou dans un sexe à qui la docilité seule convient, ou dans un état à qui l'enseignement ne convient pas? Ah! occupons-nous de nos maux, et cherchons-en le remède; étudions nos devoirs, examinons nos péchés, connoissons-nous nous mêmes, et ne songeons qu'à nous guérir et à nous sauver.

IIº Sachons obéir sans nous scandaliser des disputes qui s'élèvent dans l'Eglise. Après la question proposée par les Pharisiens, Jésus dit à l'homme perclus : levez-vous, et vous tenez debout au milieu de l'assemblée. Avec quelle joie entendit-il cette parole, qui lui annonçoit son salut, et avec quelle promptitude y obéit-il, sans s'embarrasser de la question des Pharisiens ! Voilà l'exemple que nous devons suivre; levons-nous, Jésus nous l'ordonne, sortons de notre indolence et de notre paresse. Commençons sérieusement, à travailler à notre salut, et apprenons de l'Evangile ce que nous devons faire à cet effet. Mais, dites-vous, parmi tous ces troubles, on ne sait quel parti prendre; les sentiments sont partagés, on ne sait plus à qui obéir. Comment, on ne sait plus à qui obéir? Mais au milieu de ces troubles, quelqu'un vous a-t-il dit qu'il ne faille pas obéir à Jésus-Christ, pratiquer la loi de Dieu et suivre l'Evangile? Obéissez donc à Jésus-Christ, à ceux qu'il a mis à sa place, et à qui il a dit : *Qui vous écoute, m'écoute; qui vous méprise, me méprise.* Les disputes ont-elles changé l'institution de Jésus-Christ et l'ordre de l'Eglise? L'Eglise n'a-t-elle plus de chef, n'a-t-elle plus de pasteurs? Ne les connoît-on pas? Les pasteurs sont-ils divisés du chef, sont-ils divisés entre eux? Ignore-t-on l'unanimité de leurs sentiments et de l'enseignement public? Mais, ajoutez-vous, ces disputes causent un grand scandale. Sans doute; mais ne le prenez pas ce scandale. Attendez-vous, pour vous convertir, qu'ils n'y ait point de scandale dans le monde? Attendez-vous, pour travailler à votre salut, que les disputes soient finies, qu'il n'y ait plus d'esprits indociles qui troublent l'esprit de l'Eglise? Prétention chimérique, attente vaine, prétexte frivole, qui ne sauroient vous excuser devant Dieu! Il y a toujours eu et il y aura toujours des scandales et des disputes; et c'est au milieu de ces orages qu'il vous est ordonné de vous lever, de vous tenir ferme, et d'obéir à la voix de Jésus-Christ qui, partout et dans tous les temps, sera tou-

jours comme visible et palpable dans l'enseignement de son Eglise.

III° Commençons à travailler, et cessons de
discourir sur les disputes qui troublent l'Eglise.
Jésus ayant confondu les Pharisiens, dit à cet
homme : *Etendez votre main; il l'étendit, et elle
redevint aussi saine que l'autre.* Laissez à ceux
qui en sont chargés par état le soin de réfuter l'erreur, et tenez-vous attaché au centre de l'Eglise. Gardez le silence au milieu des
fidèles ; mais édifiez-les par des œuvres qui leur
prouvent votre guérison et votre sincère conversion. Etendez votre main droite si long-temps
oisive et sans mouvement : étendez-la sur tout
ce qui peut nuire à votre salut, pour le détruire;
sur ces livres, ces papiers, ces tableaux, pour les
brûler ; sur ce bien mal acquis, pour le restituer ; sur ce luxe, sur ces parures, pour les
retrancher ; sur ces liens d'une amitié trop tendre ou d'une société dangereuse, pour les rompre : étendez-la à tout ce qui est nécessaire pour
votre salut, pour l'embrasser ; aux devoirs de
votre état, pour les remplir ; aux exercices de
la pénitence et de la piété, pour les pratiquer ;
à cet ennemi, pour vous réconcilier ; à cet in-
digent, pour le soulager : étendez-la vers le Ciel,
pour demander à Dieu la paix de l'Eglise, la paix
de l'Etat, la paix des familles, la conversion
des pécheurs, la persévérance des justes, et pour
tous les fidèles les grâces dont ils ont besoin.

PRIÈRE. Préservez-moi, Seigneur, de tout
esprit d'opposition à la sainte vérité ! Donnez-
moi la plus vive horreur de tout ce qui pourroit
m'en détourner. Attachez-moi inviolablement
à cette Eglise sainte que vous avez acquise par

-votre sang et fondée sur la pierre fondamentale, afin qu'au jour du jugement vous me mettiez à votre droite, et vous me donniez part à votre royaume éternel. Ainsi soit-il.

CIIIe. MÉDITATION.

Jésus se retire sur les bords de la mer.

Le texte sacré semble s'appliquer à nous peindre ici les traits de la douceur de Jésus-Christ, et à nous la faire voir pratiquée pendant la vie de ce divin Sauveur, annoncée avant sa naissance, et victorieuse après sa mort. *Matt.* 12. 15-21. *Marc.* 3. 7-12.

PREMIER POINT.

Douceur de Jésus-Christ pratiquée pendant sa vie.

1º **A** L'ÉGARD de ceux qui avoient besoin de lui. D'abord douceur attrayante. Les Pharisiens et les Hérodiens s'étant réunis pour délibérer ensemble sur les moyens de le perdre, *et Jésus le sachant, se retira de là vers la mer avec ses Disciples, où il fut suivi d'une grande multitude venue de la Galilée et de la Judée, de Jérusalem, de l'Idumée, et d'au-delà du Jourdain. Ceux des environs de Tyr et de Sidon, ayant entendu parler des miracles qu'il faisoit, vinrent aussi en grand nombre ; et plusieurs malades l'ayant suivi, il les guérit tous, et il leur commanda de ne point le faire connoître.* La retraite de Jésus, quelque soin qu'il eut de la faire sans éclat, eut plus l'air d'un triomphe que d'une fuite. A peine se fut-il avancé jusque sur le rivage, qu'il se vit environné d'une foule innombrable de peuple, venu non-seulement des environs de la Galilée où il étoit, mais encore de la Judée, et même de Jérusalem, de l'Idumée et autres pays au-delà du Jourdain, des régions situées sur la Méditerranée, et des lieux circonvoisins de Tyr et de Sidon. La réputation de Jésus, le bruit des miracles qu'il opéroit, la douceur avec laquelle il recevoit tout le monde, attiroit tous ces peuples à lui. Avons-nous cette douceur attrayante ? N'arrive-t-il pas au contraire que notre humeur chagrine, notre caractère fier et hautain, notre air méprisant, nos manières brusques écartent tout le monde de nous, et que ceux qui ont besoin de notre ministère, de notre secours, n'osent nous aborder, ou ne le font qu'en tremblant ? 2°. Douceur patiente. *Et il commanda à ses Disciples de lui tenir prête une barque dont il pût se servir pour n'être point accablé par la foule du peuple. Car, comme il guérissoit beaucoup de personnes, tous ceux qui étoient affligés de quelque mal se jetoient sur lui pour le toucher.* Comme Jésus avoit déjà guéri un grand nombre de malades, à mesure qu'ils étoient venus à lui, et que l'on s'aperçut qu'il suffisoit de toucher ses vêtements pour être assuré d'une prompte guérison, on peut s'imaginer quelle fut l'agitation de ce peuple autour de lui. Chacun faisoit effort pour s'approcher de lui, pour le toucher, le voir et l'entendre. Cet empressement faisoit même souvent manquer au respect dû à sa personne sacrée ; mais sa bonté le rendoit si sensible aux maux qu'on lui exposoit, que quoique la foule l'accablât, il n'en faisoit aucune plainte ; il ordonna seulement à ses Disciples de tenir une barque toute prête, afin que s'il étoit trop pressé, il pût se retirer. Hélas ! n'en faut-il pas souvent beaucoup moins pour mettre à bout notre patience, pour nous faire éclater en murmures et crier à l'indiscrétion ! Enfin, douceur bienfaisante. *Il les guérit tous.* Jésus ne se retira point qu'il n'eût guéri tous les malades ; et s'il se servit de la barque que ses Disciples avoient préparée, ce ne fut apparemment que pour congédier tout ce peuple, qui ne se seroit jamais séparé de lui tant qu'il l'auroit vu sur le rivage. Quand on ne peut soulager le prochain, il faut du moins le recevoir et lui parler avec douceur ; mais quand on peut lui être utile, ce n'est pas avoir la douceur de Jésus-Christ, que de ne l'avoir que dans les manières, dans les paroles, et non dans les œuvres.

II° Douceur de Jésus-Christ à l'égard de ses ennemis. 1°; Douceur pleine d'humilité : *Jésus se retira.* Il pouvoit tout ; il lui étoit aisé de renverser les desseins de ses persécuteurs, et de faire retomber sur eux-mêmes les traits de leur envie ; mais il aima mieux se retirer, afin de ne pas aigrir davantage leurs esprits irrités. Nous, au contraire, ne nous faisons-nous pas gloire de ne jamais céder, de résister de tout notre pouvoir, et souvent au-delà de notre pouvoir ? 2°. Douceur pleine de discrétion. *Mais Jésus le sachant.* Il savoit tout ; il savoit que ses ennemis étoient assemblés, et délibéroient à ce moment sur les moyens de le perdre. Il eût pu dévoiler aux yeux de tout le peuple le mystère d'iniquité qui se tramoit contre lui : cependant il n'en parle pas, il ne lui en échappe pas un mot. Nous, au contraire, non-seulement nous publions les projets que nous savons avoir été formés par nos ennemis, contre nous, mais encore et le plus souvent sans rien savoir, nous nous imaginons des desseins médités, nous supposons ce qu'il peut y avoir de plus noir et de plus odieux, et nous le débitons comme si nous en avions la certitude. Enfin, douceur pleine d'attention et d'égards. *Et il leur commanda de ne point le faire connoître ! Et quand les esprits impurs le voyoient, ils se prosternoient devant lui, et s'écrioient en disant : vous êtes le Fils de Dieu; mais il leur défendoit, avec de grandes menaces, de le découvrir.* La gloire de Jésus suffisoit pour confondre ses ennemis. Les possédés se prosternoient devant lui, et par leur bouche le démon publioit qu'il étoit le Fils de Dieu. Tous ceux qu'il guérissoit se faisoient un devoir de l'exalter, et de faire, par leurs louanges, éclater leur reconnoissance ; mais Jésus défendoit aux uns et aux autres de parler de lui et de le faire connoître, pour ne pas irriter davantage des ennemis jaloux qu'il eût voulu gagner. Nous au contraire, si nous avons quelque avantage, s'il nous arrive quelque heureux succès, ne souhaitons-nous pas que notre ennemi le sache, et ne nous faisons-nous pas un plaisir malin de la jalousie et du dépit que nous supposons qu'il en concevra ?

SECOND POINT.

Douceur de Jésus - Christ annoncée avant sa nais-
sance.

Iᵒ Annoncée comme l'objet des complaisances
de Dieu. *De sorte que cette parole du Prophète*
Isaïe fut accomplie : voici mon serviteur que j'ai
choisi, mon bien-aimé en qui j'ai mis toute mon
affection; c'est sur lui que je ferai reposer mon
Esprit, et il annoncera la justice aux nations.
Ainsi Dieu, parlant de Jésus-Christ par la bouche du Prophète Isaïe, nous en fait-il connoître
la dignité par trois considérations. 1ᵒ. Il nous
dit que c'est *le serviteur* qu'il a *choisi.* Il étoit
de la grandeur de Dieu d'avoir un Dieu-Homme
pour serviteur, et il n'y avoit qu'un Homme-
Dieu qui fût digne de servir Dieu, qui pût lui
rendre une obéissance, lui présenter un hommage,
lui offrir un sacrifice digne de son infinie grandeur. C'est ce qu'a fait Jésus-Christ, parce qu'en
tant que Dieu étant égal à son Père, il a pris
la forme de serviteur, en se faisant Homme
comme nous, et que revêtu de notre humanité,
cet Homme-Dieu s'est humilié, s'est anéanti devant la majesté infinie de son Père. 2ᵒ. Il nous
dit que c'est son *bien-aimé en qui il a mis toutes*
ses complaisances : en sorte que ni nos services,
ni nos hommages, rien en un mot de tout ce
que nous pouvons faire, ne sauroit plaire à Dieu
que par ce Fils bien-aimé, que par ce serviteur
par excellence; au lieu que par l'union que nous
avons avec lui, et la communication de ses
mérites, tout ce que nous sommes et tout ce
que nous faisons est à lui, est déifié en lui,

et devient par lui digne de Dieu et agréable à Dieu. Enfin il nous dit que c'est *sur lui* qu'il fera reposer *son Esprit.* Dieu a donné son Esprit à l'humanité sainte de Notre-Seigneur, et c'est de cette plénitude que nous le recevons. Ce n'est que par Jésus-Christ, et en vue de ses mérites, que la grâce nous est accordée, que les dons du Saint-Esprit nous sont communiqués. Ah! quelle haute idée devons-nous avoir de notre Sauveur et de nous mêmes, en lui et par lui! Mais après que Dieu nous a fait ainsi connoître la grandeur de Jésus-Christ, que nous dit-il de ses vertus par le même Prophète, et au même endroit de sa prophétie? Il ne nous parle que de sa douceur, et il nous la donne comme le caractère distinctif du Messie, pour nous faire comprendre qu'elle doit faire aussi le caractère du chrétien; que c'est par elle qu'il faut ressembler à Jésus-Christ; que sans elle on ne sauroit servir Dieu, on ne sauroit plaire à Dieu, on ne sauroit avoir part aux communications de l'Esprit de Dieu.

II° *Douceur de Jésus-Christ annoncée comme la source du bonheur des hommes. Voici mon serviteur que j'ai choisi; il ne contestera ni ne criera, et personne n'entendra sa voix dans les places publiques. Il n'achèvera pas de briser le roseau cassé, ni d'éteindre la mèche qui fume encore, jusqu'à ce qu'il fasse triompher la justice de sa cause; et les nations espèreront en son nom.* 1°. Pourquoi les nations espèreront-elle en Jésus-Christ? Parce que c'est avec douceur qu'il leur prêchera son Evangile. Le Prophète, après nous avoir dit que ce Fils bien-aimé annoncera la justice aux nations, c'est-à-dire, la vérité, la vertu,

le vrai culte, l'Evangile, le royaume de Dieu,
passe tout-à-coup à l'éloge de sa douceur pour
nous faire entendre que c'est avec cette douceur
qu'il annoncera l'Evangile, et que ses Disciples
l'annonceront après lui, et que c'est dans ce
même esprit de douceur que l'Evangile doit être
reçu et qu'il doit être pratiqué. 2°. Les nations
espèreront en Jésus-Christ, parce qu'il leur donnera la justice ; mais, continue le Prophète,
il le fera sans contestation, sans dispute, sans
tumulte, sans clameurs, sans plaintes, sans murmures. Il n'achèvera pas de rompre le roseau
brisé, ni d'éteindre la mèche fumante. Expressions figurées, qui peignent parfaitement son
extrême et inaltérable douceur. Et en effet, s'il
a élevé la voix, ce n'a jamais été pour ses intérêts personnels, mais uniquement contre les
vices et contre la séduction. Voilà l'exemple qu'il
nous a donné, voilà notre modèle. Enfin les
nations espèreront en lui, parce que c'est dans
sa douceur qu'il établira le fondement de leur
espérance. La douceur chrétienne n'est point
l'effet d'un heureux tempérament, beaucoup
moins de l'insensibilité et de la stupidité : elle se
trouve dans le naturel le plus vif et le plus ar-
deut, comme dans le plus modéré et le plus
tranquille. Elle sent l'injustice qui l'opprime ;
mais elle en gémit devant Dieu seul, pour la
conversion du persécuteur, et ne s'en plaint pas
devant les hommes, pour sa propre satisfaction.
Elle est en même temps et l'effet et le plus ferme
fondement de l'espérance. C'est l'espérance qui
a soutenu les Martyrs dans les tourments, et
c'est la patience dans les tourments qui a affermi
leur espérance. Que ne doit pas souffrir celui

qui n'espère point ! Que peut espérer celui qui ne peut rien souffrir avec douceur et sans se plaindre ?

TROISIÈME POINT.

Douceur victorieuse de Jésus-Christ après sa mort.

Il exercera la douceur, dit le Prophète, *jusqu'à ce qu'il fasse triompher la justice.*

I° La justice de sa loi, en l'établissant sur la terre, et en faisant triompher l'Evangile par sa douceur, en premier lieu, de la malice des démons, par la destruction de l'idolâtrie. Si la terre a été purgée du culte impie et sacrilége qu'elle rendoit aux démons ; si l'Univers ne reconnoît aujourd'hui et n'adore que le seul vrai Dieu, est-ce aux raisonnements des philosophes et à l'éloquence des orateurs qu'on en est redevable ? N'est-ce pas la mort de Jésus-Christ, l'humble prédication de ses Apôtres, la patience de ses Martyrs, le Christianisme, en un mot, qui par sa douceur, a opéré cette merveille, et qui a anéanti pour jamais l'empire des démons ? En second lieu, de la fureur des tyrans, par la conversion des Césars. Toutes les puissances de la terre se sont liguées contre l'Evangile, et elles ont inventé mille supplices inouïs pour tourmenter les Chrétiens et les détruire. Si aujourd'hui le Christianisme occupe les premiers trônes du monde, est-ce à ses armes ou à ses intrigues qu'il en est redevable ? N'est-ce pas à sa douceur, à sa patience, et à la vertu du sang de Jésus-Christ, qui a remporté cette victoire et opéré ce prodigieux changement ? Enfin, de la violence des passions, par la sanctification des hommes. La guerre des passions contre le Christianisme a été la plus opiniâtre; elle dure encore, et elle durera jusqu'à la fin du monde. Mais que de victoires le Christianisme n'a-t-il pas remportées, et ne remporte-t-il pas tous les jours sur les passions ! Combien sont sortis du combat victorieux, chargés de palmes et de lauriers que leur ont mérités leur douceur, leur patience, leur mortification, leur vie sainte et irréprochable !

II° Jésus-Christ exercera la douceur jusqu'à ce qu'il fasse triompher la justice de sa cause, en rendant, à la fin des siècles, un jugement éternel et victorieux, par lequel, en premier lieu, il manifestera la vérité, c'est-à-dire, la vérité des dogmes qu'il a enseignés et des préceptes qu'il a donnés, la vérité de sa sagesse, de sa providence et de l'abondance de sa rédemption, la vérité des actions des hommes, de leurs motifs et de toutes leurs circonstances. En second lieu, il punira d'un supplice éternel les impies et les pécheurs, ceux qui auront refusé de recevoir sa loi ou de la pratiquer. Enfin il récompensera d'un bonheur éternel les justes qui l'auront mérité, et qui auront persévéré avec douceur et patience dans la pratique de sa loi. O jour de gloire et de triomphe pour Jésus-Christ et pour les Chrétiens, pour la vertu humble, cachée et persécutée, que n'es-tu sans cesse présent à notre esprit, pour soutenir notre foi et ranimer notre espérance ! Le temps de la douceur et de la patience aura donc ses bornes, et viendra à son tour le temps de la justice et du triomphe; mais notre amour-propre trouve ces bornes bien reculées, puisqu'elles le sont jusqu'à la mort. Nous les voudrions dans cette vie, nous souffririons volontiers pendant un temps, si nous étions sûrs de nous voir bientôt glorifiés, et de voir nos ennemis humiliés. Que nos idées sont foibles ! que nos vues sont courtes ! que nos projets sont limités ! Dieu a, pour notre avantage, des desseins plus nobles, plus vastes, et plus dignes de lui, entrons-y, et laissons-nous conduire. Souffrir toute la vie et triompher toute l'Eternité, le premier est notre obligation, et le second notre espérance.

PRIÈRE. O Jésus ! accordez-moi d'imiter cette douceur même qui fait le motif de ma confiance ! Hélas ! que je me suis éloigné de cette aimable vertu dont vous m'avez donné un exemple si soutenu ! Combien n'avez-vous pas eu de douceur pour moi, soit pour ne pas me perdre, lorsque j'ai été votre ennemi, soit pour me secourir, lorsque j'ai eu recours à vous ! Ah ! faut-il que j'en aie si peu moi-même à l'égard des autres ! Ne vous prendrai-je jamais pour mon modèle, et puis-je sans cela vous avoir pour mon Sauveur ! O divin Jésus ! je me joins à cette foule d'infirmes et de malades de l'Evangile ! laissez-moi approcher, laissez-moi vous toucher, et daignez me guérir de mes colères, de mes impatiences, de mes murmures, de mon esprit d'orgueil et de vengeance, et de tout ce qui se trouve en moi d'opposé à votre divine douceur ! Ainsi soit-il.

CIVᵉ. MÉDITATION.

De l'Oraison.

Jésus-Christ nous développe ici la nécessité, l'objet, la persévérance et les fruits de l'Oraison. *Luc.* 12. 1-13.

XI, 1-13

PREMIER POINT.

Nécessité de l'Oraison.

U*N jour que Jésus prioit dans un certain lieu.* L'exemple de Jésus-Christ fait voir la nécessité de l'Oraison, et détruit tous les prétextes que l'on apporte pour s'en dispenser.

1° Jésus étoit la sainteté même, et cependant il prie. Comment, nous qui sommes la foiblesse même, qui sommes remplis de passions, de penchants criminels, de mauvaises habitudes, pouvons-nous espérer d'éviter le péché, et de nous soutenir dans la pratique du bien, si nous n'attirons du Ciel, par la ferveur de notre oraison, les grâces et les secours dont nous avons besoin.

IIᵉ Jésus étoit la lumière essentielle, la lumière du monde, et cependant il fait l'oraison. Comment nous qui ne sommes que ténèbres, qui sommes environnés d'objets séduisants, obsédés d'ennemis cachés et rusés, éviterons-nous tous les piéges qui nous sont tendus, et tous les précipices sur les bords desquels nous marchons, si nous ne puisons dans l'oraison les lumières qui nous sont nécessaires?

III° Jésus jouissoit de la vision béatifique, et étoit sans interruption uni intimement avec Dieu; et cependant il prenoit un temps marqué qu'il employoit à l'oraison. Comment, nous qui vivons dans une dissipation continuelle de cœur et d'esprit, pouvons-nous espérer de goûter Dieu, de lui être unis, d'avoir quelque sentiment de dévotion, de foi, d'espérance et d'amour, si tous les jours nous ne prenons un temps où, fermant à tous les objets profanes la porte de nos sens et de notre cœur, nous puissions nous recueillir profondément en la présence de Dieu, lui parler, l'écouter, le goûter, et lui témoigner notre amour!

IV° Jésus étoit continuellement occupé à procurer la gloire de Dieu son Père, et le salut des hommes et cependant il suspendoit ses occupations, et prenoit, sur un repos nécessaire, le temps de vaquer à l'oraison. Et nous, nous ne voulons pas prendre ce temps sur un sommeil beaucoup trop prolongé, sur des occupations purement temporelles et souvent inutiles, sur des plaisirs vains ou dangereux, sur des heures même d'ennui, où nous sommes désœuvrés et où nous ne savons que faire. Ah! ne cherchons point d'autre cause de nos chutes fréquentes, de nos foiblesses, de nos imperfections, de notre peu de vertu et de dévotion, que ce défaut d'oraison et de prière! « Un jour que Jésus prioit en un certain lieu; lorsqu'il eut fait sa prière, un de ses Disciples lui dit : Seigneur, enseignez-nous à prier, et ainsi que Jean lui-même l'a enseigné à ses Disciples. » Je ne puis faire oraison, dites-vous. Comment, une chose qui vous est nécessaire vous paroît impossible! Ah! dites

plutôt que vous ne savez pas faire oraison. Mais
c'est cela même qui vous condamne : car si vous
ne le savez pas, c'est que vous n'avez jamais
voulu l'apprendre, ni même essayer ; ou si vous
avez quelquefois commencé ce saint exercice,
rebuté des premières difficultés, vous l'avez
bientôt abandonné. En avez-vous donc agi de
la sorte à l'égard de tant d'autres choses inutiles et plus difficiles, que vous avez apprises ?
Mais si vous ne savez pas faire oraison, de qui
êtes-vous donc Disciples ? Ce n'est pas de Jésus,
ni de son saint Précurseur ; leur premier soin
étoit d'enseigner à leurs Disciples à prier, et la
première ardeur de leurs Disciples étoit de l'apprendre d'eux. Joignons-nous donc à ce Disciple de Jésus, demandons avec lui à ce divin
Sauveur qu'il nous apprenne à prier ; demandons-le à celui qui dirige notre conscience, et
n'épargnons ni soins ni peines pour nous instruire d'une chose si nécessaire à notre salut.

SECOND POINT.

Objet de l'Oraison.

1º La gloire de Dieu et l'établissement de son
règne. *Jésus leur dit donc : lorsque vous priez,
dites : Père, que votre nom soit sanctifié, que
votre règne arrive* (1). Voilà l'objet ou la fin que
l'on doit d'abord se proposer dans l'oraison, la
gloire de Dieu et l'établissement du règne de

---

(1) Notre-Seigneur avoit déjà enseigné cette prière à ses
quatre premiers Apôtres, Pierre, André, Jacques et Jean. Il
en abrège ici la formule, mais les deux articles qu'il en sup-
prime sont renfermés équivalemment dans les deux autres.

Jésus-Christ sur la terre et dans tous les cœurs.

II° Nos besoins temporels et spirituels. *Don-nez-nous aujourd'hui notre pain de chaque jour.* C'est-à-dire, ce qui nous est nécessaire pour la nourriture et l'entretien de notre corps et de notre ame, pour l'acquisition des vertus, la victoire de nos passions, l'augmentation de la grâce, notre avancement dans la perfection et dans la charité.

III° La rémission de nos péchés passés. *Par-donnez-nous nos offenses comme nous remettons de notre part les peines que nous pourrions exi-ger de tous ceux qui nous ont offensés.* En dé-mandant la rémission de nos péchés passés, nous devons sans cesse les pleurer, les détester, les expier ; mais en demandant tous les jours à Dieu de nous en purifier de plus en plus, nous devons nous souvenir de la condition qu'il nous a imposée, de pardonner nous-mêmes à ceux qui nous ont offensés.

IV° La suite de tout péché à venir. *Et ne nous laissez pas succomber à la tentation.* Nous devons demander à Dieu d'écarter la tentation, parce que nous sommes fragiles; si la tentation se présente, prions-le de nous soutenir, afin que nous n'y succombions pas, mais que nous nous en détournions de toutes nos forces, comme d'un piége ou d'un affreux précipice. Nous devons enfin prévoir les tentations qui pourroient nous survenir, afin de les éviter et de ne pas nous y jeter de nous-mêmes. Est-ce ainsi que nous prions ?

TROISIÈME POINT.

Persévérance dans l'Oraison.

Notre-Seigneur nous explique ce point par une parabole instructive et touchante, où nous voyons :

I° Le motif de persévérer dans l'exercice de l'oraison, savoir, notre besoin et celui du prochain, la charité que nous nous devons, et celle que nous devons aux autres. Il leur dit ensuite : *Si quelqu'un de vous avoit un ami qu'il allât trouver au milieu de la nuit, et auquel il dit : mon ami, prêtez-moi trois pains, parce qu'un de mes amis qui voyage est arrivé chez moi, et je n'ai rien à lui servir.* Voilà notre état. Ne croyons pas pouvoir nous nourrir, ni nourrir les autres, si nous n'avons recours à cet ami riche et puissant, et si nous ne sommes assidus à lui demander tous les jours le pain dont nous avons besoin, et dont nous manquons. Ah ! si nous avions du zèle pour notre salut et pour celui du prochain, nous n'abandonnerions pas l'exercice de l'oraison.

II° La difficulté de persévérer. La difficulté de l'oraison fait qu'on n'y persévère pas. C'est la nuit, et au milieu de la nuit, que cet homme est obligé de sortir de sa maison pour aller chez son ami demander du pain. La nuit, ce temps que d'autres emploient au sommeil, est le temps le plus propre pour l'oraison et les communications divines. Mais ce temps est incommode à la nature ? Ah ! combien de mondains passent les nuits dans les festins, les danses et les jeux, et nous, nous n'aurons pas le courage d'en

consacrer une heure, une demi-heure à
la prière, de vaincre l'ennui, l'accablement,
la paresse, pour persévérer dans l'exercice de
l'oraison!

III° Autre obstacle à la persévérance, l'inutilité apparente de l'oraison. *Et si cet homme lui
répondoit du dedans de sa maison : ne m'impor-
tunez point, ma porte est fermée, et nous sommes au lit, mes enfants et moi; je ne saurois me
lever et vous en donner.* Voilà la réponse que
Dieu semble quelquefois nous faire ; c'est-à-dire,
il semble que le Ciel soit fermé pour nous, et
que nous ne devions rien en attendre. Le démon
et l'amour-propre se réunissent, pour nous persuader que les sages délais de Dieu sont des
refus absolus. Il est inutile, se dit-on, que je
fasse oraison : je n'en suis pas plus saint, je
n'en vis pas mieux ; le temps que j'y passe est
un temps perdu, où je ne fais que m'ennuyer et
languir, et que je ferois mieux d'employer à autre
chose. Ah! ne vous laissez pas séduire! Si Dieu
ne vous exauce pas d'abord, si l'oraison n'a
pour vous aucun attrait, ne vous lassez pas, ne
vous découragez pas ; continuez de faire instance
sans vous rebuter ; criez encore plus haut,
frappez encore plus fort. Loin d'abandonner
l'oraison, portez-vous-y avec plus de ferveur.

IV° Le prix de la persévérance. *Si cependant
l'autre continuoit à frapper; quand celui-ci ne se
leveroit point pour lui en donner, parce qu'il est
son ami, je vous assure qu'il ne laisseroit pas
de se lever à cause de son importunité, et qu'il
lui en donneroit autant qu'il lui en faut.* Voilà le
prix de notre persévérance. Prix excellent et désirable ; il renferme tout ce qui nous est néces-

saire pour notre salut et notre sanctification.
Prix assuré et invariable ; celui que nous prions
n'est pas seulement notre ami, mais notre père.
Ses délais sont un effet de sa sagesse ; de sa tendresse pour nous, et non de la peine qu'il a à
nous exaucer. Enfin songeons que c'est Jésus-
Christ lui-même qui, sous le voile de cette pa-
rahole, nous promet de couronner notre persévérance, que c'est lui qui ajoute : *Je vous dis
de même : demandez, et on vous donnera; cherchez, et vous trouverez, frappez et on vous ouvrira.* Il nous le répète encore, et nous en fait
une maxime générale, afin que nous ne l'oublions jamais. *Car quiconque demande reçoit ;
qui cherche, trouve ; et on ouvrira à celui qui frap-
pera.* Comprenons par ces expressions combien
Dieu est porté à nous exaucer, et combien il est
important pour nous de prier, et de persévérer
dans l'exercice de la prière.

QUATRIÈME POINT.

Fruits de l'Oraison.

I. Ces fruits sont des vertus réelles, et
non apparentes. Ce que les pères font à
l'égard de leurs enfants, dans l'ordre physique
et naturel, Dieu le fait à notre égard dans
l'ordre moral et spirituel ; et dans ce même
ordre moral, le monde fait le contraire à l'égard
des enfants du siècle. *Si quelqu'un de vous
demande du pain à son père, son père lui
donnera-t-il une pierre !* Non, mais il lui donnera un pain réel, qui puisse le fortifier et
le nourrir. Dieu de même nous donne dans

l'oraison des vertus réelles et sincères, l'humilité, l'obéissance, la foi, la Religion, la . charité. Dans le monde, au contraire, la vertu n'est qu'hypocrisie et cérémonie. On est humble par compliment, obéissant par intérêt, réservé par bienséance, religieux par respect humain, charitable par vanité ; voilà le pain dont le monde nourrit ses enfants. Mais sous cette figure de pain, il n'y a que dureté, qu'estime et amour de soi-même ; avec cette apparence de pain, l'ame reste dans la foiblesse et la langueur, et souvent même tombe dans la corruption de la mort.

II° Les fruits de l'oraison sont des délices vraies et non trompeuses. *Ou s'il demande un poisson, son père lui donnera-t-il un serpent au lieu d'un poisson?* Non, mais il lui donnera un vrai poisson, qui puisse lui procurer une nourriture non seulement solide, mais délicieuse. Dieu de même nous donne dans l'oraison des grâces surabondantes, qui nous rendent la pratique de la vertu non-seulement possible, facile, douce, mais encore délicieuse, jusqu'à nous faire trouver de vraies délices dans l'humiliation et l'anéantissement, dans la pénitence et la mortification, dans les croix et les afflictions. Le monde, qui n'a jamais rien éprouvé de semblable, traite ces saintes délices de chimères et d'illusions : il en promet de véritables à ceux qu'il attire à lui par l'attrait du plaisir : mais qu'est-ce que ce plaisir du monde ? qu'un serpent insidieux et séducteur.

III° Les fruits de l'oraison sont des maximes salutaires et non empoisonnées. *Ou s'il lui demande un œuf, son père lui présentera-t-il un*

scorpion? Non, mais il lui donnera un œuf véritable, qui puisse lui procurer une nourriture
bienfaisante et salutaire. Dieu, dans l'oraison,
remplit notre esprit des maximes du salut, sur
la brièveté de la vie, sur la différence du temps
et de l'Eternité, sur le mépris des faux biens
du monde, sur le bonheur des justes. Maximes
salutaires et divines, qui contiennent le germe
précieux d'une vie sainte et parfaite, et qui
conduisent l'ame à une heureuse immortalité :
mais quelles sont les maximes que le monde
donne à ses enfants sur les plaisirs, sur les richesses, sur l'honneur, sur l'usage de la vie,
et surtout du premier âge de la vie? Maximes empoisonnées et diaboliques, qui,
comme autant de scorpions venimeux, s'attachent au cœur, l'infectent et le corrompent,
répandent leur venin sur toutes les actions de
la vie, et précipitent l'ame dans une mort inévitable et éternelle.

IVᵒ Le dernier fruit de l'oraison est l'esprit
de bonté, et non de malice. *Si donc vous,
tout méchants que vous êtes, vous savez donner
de bonnes choses à vos enfants, à combien plus
forte raison votre Père céleste donnera-t-il le
bon esprit à ceux qui le lui demandent !* Dieu
nous donne tout, en nous accordant dans l'oraison la communication du Saint-Esprit : Esprit
de bonté et d'amour, Esprit de force et de vertu,
source éternelle et inépuisable de tout bien. Ah!
si nous conoissions le prix d'un bien si excellent, avec quelle ardeur, avec quelle constance
ne le demanderions-nous pas, avec quel soin
ne nous disposerions-nous pas à le recevoir?
Dieu le donne à ceux qui le lui demandent, et

il ne le donne pas à ceux qui négligent de le lui demander. Mais si Dieu ne nous donne pas son Esprit, nous ne pouvons éviter d'être livrés à l'esprit du monde ; esprit de malice et de corruption, esprit d'erreur et de mensonge, esprit de trouble et de confusion, source impure et intarissable de désordres et d'abominations.

PRIÈRE. O saint exercice de l'oraison et de la prière ! pourquoi vous ai-je négligé si long-temps, ou pratiqué avec tant de froideur ? Ah ! je n'ai que trop éprouvé par mon expériencc, que sans vous il n'y a ni vertu ni piété ; que sans vous l'ame est dans le trouble et le péché, dans l'infirmité et la langueur, et souvent même dans une mort qui doit devenir éternelle. Esprit-Saint, qui êtes tout à la fois et l'auteur et la récompense de la prière, apprenez-moi à prier : priez en moi, et j'aurai tout avec vous ; plus vous vous communiquerez à moi, et plus j'aimerai à prier ; plus je prierai et plus vous vous communiquerez à moi. Ainsi soit-il.

CV.e MÉDITATION.

Jésus guérit un possédé aveugle et muet.

Considérons la guérison de ce [possédé ; reconnoissons dans ce possédé la figure du pécheur, et observons les discours des hommes sur cette guérison. *Matt.* 12. 22-24. *Luc.* 11. 14-16.

PREMIER POINT.

Guérison du Possédé.

Iº GUÉRISON prompte. *Alors on présenta à Jésus un homme aveugle et muet, et possédé du démon. Jésus chassa le démon, et il guérit ce possédé si parfaitement, qu'il voyoit et qu'il parloit.* Le Sauveur, après son oraison et l'instruction donnée à ses Disciples sur la prière, se rendit aux empressements du peuple qui l'attendoit. Aussitôt on lui présenta un possédé que le démon rendoit aveugle et muet, *et il le guérit.* L'Evangéliste ne pouvoit mieux nous représenter la promptitude de cette guérison, que par cette expression : *et il le guérit ;* c'est-à-dire, l'instant auquel le possédé fut présenté, fut celui de sa guérison.

IIº Guérison miraculeuse. Cet homme étoit affligé de trois maux à la fois ; il étoit possédé, aveugle et muet. Son état étoit digne de compassion, et il ne falloit rien moins qu'un miracle pour l'en retirer ; aussi étoit-ce un miracle que le peuple attendoit de Jésus, en lui présentant cet infortuné.

III° Guérison publique. C'est en présence de tout un peuple que cette guérison s'opère. C'est le peuple qui présente à Jésus lui-même le sujet dont il connoît et dont il plaint la triste situasion. C'est ce même peuple qui est témoin de sa guérison soudaine et parfaite, qui le voit ayant maintenant le corps sain, l'esprit libre, la langue déliée, les yeux ouverts, parlant et agissant comme un homme entièrement guéri. Pénétrons-nous de la pensée de notre Sauveur, de sa grandeur, de sa bonté, et de sa puissance; joignons notre admiration à celle du peuple, et livrons-nous aux plus tendres sentiments du respect, de la confiance et de l'amour.

SECOND POINT.

Le Possédé est la figure du Pécheur.

L'état de ce possédé nous représente l'état d'un pécheur qui est actuellement en péché mortel.

I° Il appartient au démon, il en est l'esclave ; il est en sa possession invisible, insensible à la vérité, mais réelle et d'autant plus funeste, que si le pécheur mouroit dans cet état, elle seroit éternelle.

II° Il est aveugle : aveugle sur l'état affreux de sa conscience, et sur les périls de cet état: aveugle sur l'énormité des péchés qu'il a commis, et sur les excès où sa passion l'entraîne, et auxquels il va se livrer ; aveugle sur les dommages même temporels que lui causent ses péchés, soit dans ses biens, soit dans son corps, soit dans sa réputation.

III° Il est muet ; muet pour prier, muet pour s'accuser, muet pour consulter. S'il parle, ce n'est qu'à des confidents de sa passion, propres à l'y entretenir, ou à lui fournir les moyens de la satisfaire ; mais il emploiera tous ses soins pour la cacher à cette personne sage et vertueuse qui pourroit lui découvrir le piége de séduction qu'on lui tend, et l'abîme de perdition où on l'entraîne.

TROISIÈME POINT.

Des discours des hommes sur cette guérison.

I° Discours de la multitude. *Tout le peuple étoit dans l'étonnement, et il disoit : n'est - ce pas là le Fils de David?* La multitude, qui n'étoit prévenue d'aucun préjugé, ni aveuglée par aucun intérêt, et qui voyoit les merveilles inouies que Jésus opéroit sous ses yeux, ne pouvoit s'empêcher de reconnoitre en lui le Messie, et de s'écrier : *N'est-ce pas là le Fils de David*, le Sauveur promis, et que nous attendons? Le cri de la multitude a prévalu : on l'entend encore aujourd'hui, et l'évidence de la vérité l'arrache à quiconque connoît le Christianisme, et n'a aucun intérêt de s'aveugler. Plus on approfondit la Religion chrétienne, plus on en étudie l'histoire, et plus on est forcé de s'écrier : ce n'est point là l'œuvre de l'homme, de la fraude et du mensonge ; c'est l'œuvre de Dieu, c'est la vérité.

II° Discours des Pharisiens. *Mais les Pharisiens entendant cela, disoient : cet homme ne chasse les démons que par Béelzébut, prince des démons.* Les Pharisiens virent le miracle opéré en faveur du possédé aveugle et muet, ils entendirent le jugement que le peuple en portoit. Qu'opposer à un fait si éclatant? En nier la vérité, cela n'étoit pas possible. Ils dirent donc que Jésus s'entendoit avec l'Enfer, qu'il avoit en lui-même Béelzébut, le prince des démons, et que c'étoit en son nom et par son pouvoir qu'il chassoit les autres démons. Défaite absurde et ridicule que l'on n'oseroit employer aujourd'hui; mais celle qu'emploient nos prétendus esprits-forts, qui est de nier des faits que les premiers siècles ont reconnus et nous ont transmis, est-elle moins absurde et moins ridicule?

III° Discours des incrédules. *D'autres pour le tenter, lui demandèrent de faire quelque prodige en l'air.* Les prodiges que Jésus opéroit n'étoient, selon ces Juifs, que des œuvres terrestres, quoique admirables. Ces ennemis du Sauveur insinuoient donc au peuple que, pour une entière conviction, il eût fallu des miracles célestes, quelque phénomène dans l'air, quelque prodige dans le Ciel. Étoit-ce pour croire en Jésus, qu'ils faisoient cette demande? Non : c'étoit pour le tenter; c'étoit pour voir s'il auroit cette complaisance ou cette vanité, pour voir s'il avoit au Ciel le même pouvoir que sur la terre; ou, s'ils n'étoient pas écoutés de Jésus, comme ils devoient s'y attendre, c'étoit pour tourner son refus en foiblesse, et le faire regarder comme un défaut de puissance. Esprits inquiets et frivoles, qui eussent préféré des prodiges vains, inutiles et peut-être funestes, à ces miracles si utiles et si avantageux que faisoit Jésus, et qui caractérisoient si bien le vrai Sauveur des hommes! Voilà encore où sont réduits les incrédules de nos jours ! Ils ne sont point satisfaits des miracles qu'on leur présente ; ils en demandent de nouveaux, dont ils voudroient être les témoins. Mauvais philosophes, s'ils peuvent penser de bonne foi ce que fût une conduite sage et digne de Dieu, de prodiguer les miracles selon les désirs insensés de chaque incrédule ! Qu'il est consolant pour un Chrétien de voir tous les ennemis du Christianisme réduits dans tous les temps à ne pouvoir prouver autre chose que leur folie, leur malice et leur aveuglement !

PRIÈRE. O Jésus ! si je n'en suis pas venu à ce point d'endurcissement, de contester comme les Juifs, de combattre vos miracles comme les incrédules, ne suis-je pas, à vos yeux, coupable des passions qui y conduisent ? Hélas ! Seigneur, ne suis-je pas peut-être dans ce triste état de possession, d'aveuglement et de silence où étoit le possédé de l'Evangile ? Le démon n'exerce t-il pas sur moi l'empire le plus absolu ? Ne suis-je point aveugle sur les merveilles de votre loi et sur l'étendue de mes devoirs ? Ne suis-je point muet par honte ou par obstination pour vous confesser mes péchés, pour vous prier avec ferveur ? O Fils et Seigneur de David ! chassez de mon cœur le démon qui le tyrannise, ouvrez mes yeux, déliez ma langue, et attachez-moi irrévocablement à vous dans le temps et dans l'Eternité ! Ainsi soit-il.

CVIᵉ. MÉDITATION.

Réponse de Jésus au blasphème des Pharisiens.

Jésus-Christ réfute le blasphème des Pharisiens ; il leur
démontre qu'il est seul auteur du miracle qu'ils combattent
et il leur reproche la grièveté de leur blasphème. *Matt.* 12.
25-27. *Luc.* 11. 17-23.

PREMIER POINT.

Réfutation du blasphème des Pharisiens (1).

1° NOTRE-SEIGNEUR fait voir qu'il y a, de la
part des Pharisiens, contradiction de leur accusation. *Mais Jésus connoissant leurs pensées,
leur dit : tout Royaume divisé contre lui-même
sera ruiné, et toute ville et maison divisées contre elles-mêmes ne pourront subsister. Or si satan
chasse satan, il est divisé contre lui-même ; comment donc subsistera-t-il ?* Les Pharisiens, ces
hommes grossièrement jaloux, ne rougissoient
pas d'attribuer les œuvres miraculeuses de Jésus-
Christ, à son intelligence secrète avec l'Enfer.
Ces calomniateurs, répandus dans les différentes
troupes du peuple où l'on parloit de l'événement
qui venoit de se passer, insinuoient partout que
Jésus chassoit les démons par la puissance même
des démons. Cette accusation, toute absurde
qu'elle étoit, pouvant faire impression sur la

_____

(1) On trouve la même réfutation dans S. Marc, chap.
3 , v. 33. Méditation 83.

multitude, Notre-Seigneur crut devoir manifester la contradiction où tomboient ses ennemis. Si une monarchie, leur dit-il, si une ville, si une famille est divisée, elle se détruit elle-même et ne peut subsister long-temps. Il en est de même du Royaume des ténèbres ; si un démon chasse un autre démon, il faut dire que les démons sont divisés entre eux ; et alors comment se soutiendra le règne de satan ? Son empire se détruit, il tombe en ruine, il touche à sa fin. L'accusation des Pharisiens avec la contradiction qu'elle renferme, n'a plús lieu aujourd'hui. Mais qui pourroit compter les autres contradictions où tombent encore de nos jours les ennemis de Jésus-Christ et de son Eglise, les impies et les hérétiques ? Les premiers accusent la Religion d'avoir des mystères incompréhensibles, comme si les mystères n'étoient pas la marque de l'œuvre de Dieu, comme si la nature elle-même n'en étoit pas remplie, comme si ce qu'eux-mêmes débitent avec assurance et sans être appuyés d'aucune autorité, n'étoit pas des paradoxes qui sont quelque chose de plus qu'incompréhensibles : une matière qui pense ; un monde et des êtres raisonnables, créés pour un moment et sans aucune destination ; un Dieu infiniment parfait, et qui ne montre dans son ouvrage, ni sagesse, ni bonté ni justice. Les seconds reçoivent de l'Eglise l'Ecriture-Sainte, et ils n'en veulent pas recevoir le sens ; ils rejettent les décisions de l'Eglise, comme paroles de l'homme, et eux-mêmes décident et prononcent anathème contre ceux qui ne les croient pas ; ils ne veulent point de chef dans l'Eglise, et ils s'en font un ; ils rejettent le successeur à la dignité apostolique, et ils prennent pour chef de la Religion, le successeur à la couronne, fût-ce une femme. Que seroit-ce, si l'on opposoit impie à impie, hérétique à hérétique ? Autant de systèmes que d'hommes, et autant de contradictions que de systèmes. Que l'homme prend de peine pour fuir la vérité, tandis que Jésus-Christ la lui présente d'une manière si évidente et si sensible.

II° Notre-Seigneur fait voir qu'il y a, de la part des Pharisiens, partialité dans leur jugement. *Et si c'est par Béelzébut que je chasse les démons, par qui vos enfants les chassent-ils ? C'est pourquoi ils seront eux-mêmes vos Juges.* Les Juifs ayant la vraie Religion, avoient aussi des Exorcistes approuvés des Scribes et des Pharisiens qui au nom du vrai Dieu, conjuroient les démons et les chassoient. Or, répond Notre-Seigneur, je fais ce que font vos Disciples; c'est le même Dieu qu'ils invoquent et que je reconnois : c'est par lui et par sa vertu, que je chasse les démons. Vous adoptez ce que font vos enfants; pourquoi refusez-vous donc de reconnoître ce que je fais ? *C'est pourquoi ils seront eux-mêmes vos juges.* Leurs prodiges sont autant de préjugés pour mes miracles; le ministère que vous leur avez confié, fera partout mon apologie et votre condamnation. Voilà ordinairement quels sont nos jugements; nous faisons acception des personnes; nous justifions et nous condamnons en même temps et pour une même action, deux différentes personnes. Dans ceux que nous n'aimons pas, le bien est un mal, le moindre défaut est un crime : le nom seul décide; ce que nous blâmons dans l'un, nous le louons dans un autre : mais un jugement où il y a tant de partialité et d'injustice, fait l'apologie de ceux que l'on condamne, et la condamnation de ceux qui jugent. Ne tombons-nous pas nous-mêmes dans cette injuste partialité, en louant ou excusant tout en nous et dans tous ceux qui nous appartiennent, et en blâmant tout dans ceux qui ne nous plaisent pas ?

III° Notre-Seigneur fait voir qu'il y a, de la part des Pharisiens, inconséquence dans leur raisonnement. Ces hommes méchants et envieux n'avoient rien à opposer contre les mœurs de Jésus-Christ; ils ne pouvoient en particulier blâmer l'action de chasser les démons, et cependant ils disoient que celui qui les chassoit, étoit lui-même livré au démon, possédé du démon, et que les miracles qu'il faisoit, étoient l'ouvrage de l'Enfer. Soyez conséquents, leur dit Notre-Seigneur : *Ou dites que l'arbre est bon, puisque le fruit est bon; ou dites que l'arbre étant mauvais, le fruit l'est aussi, car c'est par le fruit qu'on connoît l'arbre.* Vous voulez juger de ma conduite; pour le faire avec équité, il faut vous arrêter aux actions et aux œuvres ; comme l'on doit nécessairement juger de la bonté d'un arbre par la bonté de son fruit. C'est sur quoi vous devez vous régler, et non pas sur des soupçons ou sur des préventions, sur la malignité et l'injustice du cœur. Pourquoi encore au milieu de nous cet acharnement à décrier les personnes dont les mœurs sont irréprochables, la vie laborieuse, et la foi pure? Pourquoi quand on ne voit rien que de louable en eux, leur supposer gratuitement des intentions, des vues, des motifs criminels? On a de la peine à retenir son indignation contre de tels calomniateurs. Notre-Seigneur fait éclater la sienne dans les termes les plus forts, parce qu'il s'agissoit d'arrêter la séduction. *Race de vipères, ajouta-t-il, comment pouvez-vous dire de bonnes choses, vous qui êtes méchants? Car c'est de la plénitude du cœur que la bouche parle. L'homme qui est bon, tire de bonnes choses de son trésor; l'homme qui est méchant, tire de mauvaises choses de son mauvais trésor.* Hommes méchants, race de vipères, semblables à ceux dont vous sortez, vous vous plaisez à empoisonner tout ce qui vous contredit ! Tandis que vous serez ainsi disposés, et que vous vous laisserez dominer par votre cruelle jalousie, comment pourrez-vous dire une bonne parole ? Comment votre bouche ne proférera-t-elle pas des calomnies et des blasphèmes ? C'est de l'abondance du cœur que la bouche parle ; qu'attendre donc autre chose de vos cœurs envenimés, jaloux, ulcérés, que des paroles de mort, des calomnies et des blasphèmes ? Cessez de me haïr : changez de cœur à mon égard, et vous parlerez un autre langage. Le Précurseur de Jésus-Christ s'étoit élevé avec la même force, et presque dans les mêmes termes, contre les hypocrites qui corrompoient le peuple et le détournoient de la foi. Après de tels exemples, doit-on craindre, dans l'occasion, de faire éclater son zèle pour fermer la bouche à ceux qui ne décrient les Ministres que pour détruire le ministère, les fidèles, que pour détruire la foi ? Mais ne sommes-nous pas nous-mêmes en quelque chose du nombre de ces hommes méchants, dont le cœur est corrompu, et d'où il ne sort que des paroles empoisonnées, qui attaquent Dieu, l'Église et le prochain ?

SECOND POINT.

Jésus-Christ déclare qui est le seul et le vrai auteur du miracle qui a donné occasion au blasphème des Pharisiens.

I° Comme Fils de Dieu, n'agissant que par l'esprit de Dieu, et en cela il est l'objet de notre foi. *Mais si c'est par le doigt de Dieu, si c'est par l'Esprit de Dieu que je chasse les démons, le Royaume de Dieu est donc venu jusqu'à vous.* Jésus-Christ ne chassoit le démon du corps des possédés que par l'esprit de Dieu, et pour établir parmi les hommes le royaume des Cieux, par la foi qu'on devoit avoir en lui, comme Fils de Dieu et comme Messie. C'est encore par l'esprit de Dieu qu'il chasse le démon de l'ame des pécheurs, en y détruisant le péché; pour établir dans leurs cœurs le règne de Dieu, de sa grâce et de son amour. Celui qui ne s'abstient du péché que par un motif humain, qui ne renonce à une passion que pour se livrer à une autre, qui ne rompt une ancienne habitude que pour en contracter une nouvelle, ne fait que changer de démon. Ce n'est pas Jésus-Christ qui le délivre, c'est le démon qui le trompe. Ne suis-je pas de ce nombre? Dieu règne-t-il en moi? Le démon n'y exerce-t-il plus aucun empire? Ai-je cette foi victorieuse du démon et du monde?

II° Comme Sauveur des hommes, plus fort que le démon leur ennemi, et en cela il est l'objet de notre espérance. *Lorsque l'homme fort, bien armé, garde sa maison, tout ce qu'il a chez lui est en sûreté. Mais s'il en survient un autre plus fort que lui qui le surmonte, il emporte*

toutes les armes dans lesquelles il mettoit sa con-
fiance, et il enlève ses dépouilles. Mais comment
peut-on entrer dans la maison de cet homme fort
et puissant, et enlever ses dépouilles, si aupa-
ravant on n'a lié cet homme, pour pouvoir ensuite
piller sa maison? Le démon, ce fort armé, avoit
subjugué la terre, et jouissoit paisiblement de sa
victoire. Il régnoit dans le cœur des hommes;
il avoit des temples et des autels érigés de leurs
mains, ornés avec art, et enrichis des dons les
plus précieux de la Nature, il étendoit sa domi-
nation jusque sur le peuple saint; il possédoit les
corps des enfants d'Abraham, et il les tourmen-
toit. Mais il est venu un plus fort que lui, Jésus,
notre divin Sauveur, qui l'a vaincu, lié et en-
chaîné, qui l'a chassé des ames et des corps,
qui a renversé ses temples et ses autels.

III° Comme souverain de toutes les créatures,
pour qui tout homme doit ouvertement se déclarer, et en cela il est l'objet de notre amour.
Celui qui n'est point avec moi, est contre moi ;
et celui qui n'amasse pas avec moi, dissipe. Qui
n'est pas pour Jésus-Christ est contre lui. Il n'y
a point de milieu entre lui et le monde, entre
le bonheur d'être tout à lui comme son Disciple,
et le malheur d'être contre lui comme son ennemi. Dès que l'Evangile est suffisamment annoncé, il n'est point permis d'être indifférent, il
faut l'embrasser. Dès que dans l'Eglise une question est décidée, il n'est plus permis d'être neutre,
il faut être déclaré pour la soumission. Dès que
la loi de Dieu est connue, il n'est plus permis
de balancer, de dissimuler, de consulter le goût
des hommes, d'attendre leur approbation; il
faut obéir. Qui ne se déclare pas pour Jésus-

Christ, ne l'aime pas; que celui qui ne l'aime pas, soit anathème !

TROISIÈME POINT.

Jésus-Christ reproche aux Pharisiens la grièveté de leur blasphème.

1º Jésus-Christ manifeste la miséricorde infinie de Dieu pour les péchés que l'on déteste. *C'est pourquoi je vous le dis : tout péché et tout blasphème sera pardonné aux hommes. Et quiconque aura parlé contre le Fils de l'Homme, il lui sera pardonné.* O vous, qui gémissez sous la tyrannie de vos péchés, écoutez cette parole de votre Sauveur, et réjouissez-vous à la vue de ses infinies miséricordes ! Tout péché sera remis aux hommes, quelque grand, quelque énorme qu'il puisse être : blasphème contre Dieu, blasphème contre Jésus-Christ, attentat même à sa vie, abus de ses Sacrements, profanation de son corps et de son sang par des communions indignes. Tout, en un mot, vous sera pardonné, si, avec un cœur vraiment contrit, humilié et pénitent, vous recourez à ce même Sauveur que vous avez offensé, et à ces mêmes Sacrements que vous avez profanés.

IIº Jésus-Christ annonce la justice terrible de Dieu pour les péchés dans lesquels on s'endurcit. *Mais le blasphème contre le Saint-Esprit ne sera point remis. Quiconque aura péché contre le Saint-Esprit, il ne lui sera point pardonné ni dans ce monde, ni dans l'autre.* Le blasphème contre le Saint-Esprit est le seul péché qui ne se remet point ; c'est-à-dire, cette obstination avec laquelle on combat la vérité connue., l'évidence des miracles, et les preuves du Christianisme, ces efforts qu'on se fait, après s'être souillé de mille crimes, pour se tranquilliser dans ses désordres, en niant, contre sa propre conscience, toute providence, toute justice, toute Religion ; cette perversité du cœur avec laquelle, contre ses propres lumières et ses remords, on ferme les yeux à la vérité qui brille de toutes parts, on s'obstine à demeurer, à s'affermir ou à attirer les autres dans une erreur anathématisée de l'Eglise; voilà le péché qui ne se remet ni dans ce monde ni dans l'autre ; il ne se remet pas dans l'autre, parce qu'il n'est pas un de ces péchés légers qui peuvent être expiés par les flammes du Purgatoire. Il ne se remet pas dans ce monde, parce qu'il est presque inoui que de tels pécheurs veuillent jamais ouvrir les yeux, rentrer en eux-mêmes et se convertir. Aussi, ils meurent coupables d'une faute qui sera éternellement punie. Vérité terrible, et qui ne tardera pas à s'accomplir ! Un grand nombre d'entre le peuple juif qui demandera la mort de Jésus-Christ, les bourreaux qui le crucifieront, le soldat qui lui ouvrira le côté, et le centenier qui commandera la garde, se convertiront ; mais les Scribes et les Pharisiens qui auront blasphémé contre le Saint-Esprit pendant la vie de Jésus-Christ, continueront leurs blasphèmes après sa mort, et mourront enfin dans leur aveuglement et dans leur endurcissement volontaire. Ah ! si la fragilité de la nature nous a fait connoître un tel péché, si même nous avons commencé à blasphémer contre le Saint-Esprit, ne soyons pas assez furieux pour nous fermer tout retour et nous ôter toute ressource, en nous obstinant dans nos blasphèmes contre cet Esprit de sainteté qui peut encore nous rendre la vie, en nous déchaînant contre une Religion, en nous séparant d'une Eglise où nous pouvons encore trouver notre salut.

III° Rigueur extrême du jugement de Dieu pour les moindres péchés que l'on néglige d'expier. *Or je vous déclare que les hommes rendront compte, au jour du jugement, de toute parole inutile qu'ils auront dite ; car vous serez justifiés par vos paroles, et vous serez condamnés par vos paroles.* Lorsque nous paroîtrons devant Dieu pour être jugés, nous aurons à rendre compte même d'une parole inutile que nous aurons dite sans nécessité, sans aucune utilité ni pour nous, ni pour le prochain. Qui eût jamais cru que Dieu dût entrer dans ce détail, et avec une telle exactitude, si Notre-Seigneur ne nous en eût assuré lui-même ? Mais dans un jugement divin, rien ne peut être négligé, rien ne peut échapper ; c'est donc à nous à être attentifs sur nos paroles, puisqu'elles doivent nécessairement entrer dans l'arrêt de notre condamnation ou de notre justification. Or, si les paroles doivent être discutées et examinées avec cette exactitude rigoureuse, que cera-ce des actions, des pensées, des désirs et de tous les mouvements de notre cœur ?

PRIÈRE. Ayez pitié de moi, ô Jésus, ayez pitié de moi ! Hélas ! que deviendrai-je au jour de votre justice, si vous ne venez à mon secours ! Ah ! daignez me communiquer votre Esprit ; qu'il règne dans mon ame, et que le démon en soit chassé pour toujours. La victoire éclatante que vous avez remportée sur cet ennemi de mon salut, anime ma confiance. Avec vous, que puis-je craindre de ce fort armé ? Que ce lion furieux fasse entendre ses rugissements, il ne m'effrayera pas ; muni de votre grâce, je triompherai de sa fureur. O Dieu fort, soyez ma force et mon soutien ! O Roi de gloire, je suis à vous et pour toujours ! Crainte, respect humain, rien ne pourra plus m'empêcher de me déclarer pour vous dans le temps, afin de vous être réuni dans l'Eternité. Ainsi soit-il.

CVIIe. MÉDITATION.

Le démon rentrant dans sa première demeure.

Jésus-Christ, sous cette parabole, nous peint la rechute d'une ame dans le péché, et la rechute d'un peuple dans l'infidélité. *Matt.* 12. 43-45. *Luc.* 11. 24-26.

PREMIER POINT.

De la rechute d'une ame dans le péché.

1° DES causes de la rechute. Ces causes se trouvent dans la conduite que tient le démon, et dans celle que nous tenons nous-mêmes après qu'il a été chassé de notre cœur. En premier lieu, le démon est inquiet, et nous, nous sommes tranquilles. *Lorsque l'Esprit immonde est sorti d'un homme, il va dans les lieux arides cherchant du repos, et il n'y en trouve point.* Notre-Seigneur compare le démon à un homme qui, chassé d'une maison qu'il avoit usurpée, va cacher sa honte dans les déserts, et ne sait plus où se retirer. Le démon, confus de sa défaite, n'en peut souffrir l'affront. Il sent la perte qu'il a faite, et il en est dans le trouble et dans l'agitation. Pour nous au contraire, nous sommes tranquilles et indifférents. Après quelques moments donnés à la piété, nous ne pensons plus ni au bonheur dont nous jouissons, pour en remercier Dieu, ni à l'ennemi furieux qui ne nous perd pas de vue, pour nous tenir sur nos gardes. Nous nous endormons dans une fatale sécurité; au lieu que nous devrions ne nous donner aucun repos, mais craindre, veiller et prier sans cesse. 2°. Le démon prend une résolution ferme, et nous, nous n'en formons que de foibles. *Alors il nous dit : je retournerai dans ma maison d'où je suis sorti.* Le démon regarde toujours cette maison comme la sienne, et il l'appelle ainsi. Résolu de tout faire et de tout entreprendre pour s'en rendre maître une seconde fois, il ose assurer qu'il y rentrera, et il regarde la chose comme certaine. Ah ! qu'il s'en faut que nos résolutions aient cette fermeté et cette assurance ! Ce n'est qu'en tremblant que nous promettons de ne plus retomber ; souvent même nous sentons que notre cœur dément nos paroles. Bien loin de nous tenir comme sûrs que nous ne retomberons plus, nous regardons comme très assuré que nous retomberons encore. Ou si nous prenons quelque résolution qui nous paroisse ferme, hélas ! elle ne dure pas long-temps ; chaque jour elle diminue, elle s'affoiblit. Ah ! il faudroit la renouveler chaque jour, et plusieurs fois par jour, et toujours avec la

même ferveur ! Il faudroit opposer au démon
fermeté à fermeté, assurance à assurance, et
lui dire : non, tu ne rentreras pas dans mon
cœur ; il est à Dieu et il ne sera plus à toi,
tu en as été chassé comme un usurpateur ; et
avec la grâce que me donne celui qui t'a
vaincu et qui me soutient, tu n'en auras plus
la possession. La manière pleine de hauteur et
d'empire avec laquelle le démon nous traite,
ne devroit-t-elle pas seule suffire pour nous inspirer une résolution ferme et courageuse ? Hélas ! nous nous obstinons si fortement à refuser
ce qu'on veut obtenir de nous par violence !
3o. Le démon vient voir en quel état est notre
cœur ; et nous, nous négligeons d'examiner en
quel état il est. *Et revenant dans sa maison,
il la trouve vide, nettoyée et parée.* Si le démon trouve notre cœur foible par quelque endroit, c'est par là qu'il l'attaque. S'il y trouve
du désordre et de la dissension, quelque passion mal domptée, quelque penchant mal ré-
primé, ce sont autant d'intelligences qu'il ménage, et dont il ne manque pas de tirer parti.
S'il y trouve encore quelque chose de souillé,
c'est-à-dire, de l'amour de nous-mêmes, de
l'aversion pour le prochain, de l'attachement
pour les créatures, de l'avarice, de la colère,
de la volupté, il le revendique comme à soi
et s'en fait un titre pour recouvrer tout le reste. S'il trouve ce cœur sans parures, c'est-à-
dire, sans armes, sans force, sans défense,
sans vertu, il y rentre, et s'en rend maître
sans combat. Mais s'il le trouve paisible, orné
et bien pourvu, il se retire non pour renoncer à son entreprise, mais pour prendre de

nouvelles mesures. C'est donc à nous à examiner soigneusement et tous les jours notre conscience, à en reconnoître l'état, et à remédier promptement à ce qui pourroit favoriser les desseins de l'ennemi. 4°. Le démon ne compte pas sur ses seules forces, mais il va chercher du secours ; et nous, nous comptons trop sur nous-mêmes èt sur nos propres foices. *Alors il va prendre avec lui sept autres esprits plus méchants que lui.* Lorsque le démon trouve notre cœur en état de défense, il va chercher sept autres démons c'est-à-dire, un grand nombre de démons, pour pouvoir emporter la place ; et il les choisit plus méchants, plus fourbes que lui, afin que tous ensemble ils puissent mettre tout en usage et nous attaquer de tous côtés, par la joie et la tristesse, par la douleur et la volupté, par l'adversité et la prospérité, par l'amour et la haine, par les amis et les ennemis, par l'attrait du monde et les persécutions. Cependant le secours que le démon s'est procuré, ne lui donneroit sur nous aucun avantage, si, de notre côté, après avoir fait ce qui dépend de nous, nous savions nous défier de nous-mêmes, et, dans cette juste défiance, implorer le secours de Dieu, l'assistance des Saints et des Anges, par des prières ferventes et continuelles. 5°. Enfin le démon attaque avec force et opiniâtreté ; et nous, nous ne faisons qu'une résistance foible et de peu de durée. Le premier assaut nous a fait perdre courage. Une résistance plus longue nous paroît impossible. Une vie passée dans les combats nous paroît un trop rigoureux martyre. La couronne éternelle qui nous est promise, ne nous touche plus. Nous cédons du moins ·pour cette fois, nous flattant que nous nous relèverons un jour, et qu'alors notre courage sera plus affermi, le combat moins rude, et la victoire plus aisée. Ah ! que nous aimons à nous flatter, à nous abuser et à nous perdre!

II° Malheur de la rechute. *En rentrant dans cette maison, ils y habitent, et le dernier état de cet homme devient pire que le premier.* L'état d'une ame dans la rechute, est pire que son premier état dans le péché : 1°. par la grièveté de son nouveau péché, que l'ingratitude du bienfait reçu, l'infraction des promesses données, le mépris des grâces obtenues rendront beaucoup plus grande : 2°. par la multitude de ses péchés. Au lieu d'un démon, bientôt elle en a sept; au lieu d'un vice et d'une passion, elle s'abandonne à toutes ses inclinations déréglés ; au lieu de quelques péchés dans la même espèce où elle tomboit rarement et non sans remords, elle en multiplie les actes et n'en sait plus le nombre. 3°. Par la difficulté de se relever. Les démons établissent dans cette ame leur demeure le plus solidement qu'il leur est possible. L'habitude du péché se forme, et les chaînes se multiplient, l'ame devient plus foible, la lumière de la foi s'obscurcit, les remords sont plus rares et moins vifs, les grâces moins abondantes; et la conversion paroît si difficile, qu'on prend pendant long-temps le parti de la remettre, et quelquefois le parti d'y renoncer entièrement. 4°. Par la facilité de retomber. Après une première délivrance on s'est soutenu quelque temps, et on a livré quelques combats avant de retomber ; mais si l'on ne se relève après la première rechute, la seconde ne tarde pas ; et plus on retombe, et moins il se trouve d'intervalle entre la conversion et la rechute qui la suit. 5°. Enfin par l'illusion où il n'est que trop d'ordinaire de donner. On s'accommode aisément d'une alternative de péchés et de confessions. Par là on trouve le moyen de satisfaire sa passion et d'apaiser sa conscience. On commet le péché sans peine, parce que l'on compte que l'on s'en confessera. On se confesse de son péché sans peine, parce que l'on compte qu'on y retombera. On sent la honte de ses fers, mais on les chérit. On se flatte dans son imagination qu'ils sont rompus, mais dans le cœur on s'applaudit de ce qu'ils ne le sont pas. Illusion funeste, qui conduit tant de pécheurs jusqu'au tombeau, et du tombeau dans l'enfer ! effet terrible des rechutes, et quelquefois de la première rechute !

· SECOND POINT.

De la rechute d'un peuple dans l'infidélité.

1° Des causes de la rechute. Ce que Notre-Seigneur vient de dire, ne convient pas moins à un peuple entier, qu'à une ame particulière ; c'est même au peuple juif à qui il l'applique par ces paroles : *Il en arrivera ainsi à cette nation criminelle.* Le peuple juif étoit souvent tombé dans l'idolâtrie, et s'en étoit relevé. La dernière idolâtrie et la plus longue de toutes, avoit été expiée par la captivité de Babylone, qui fut aussi la plus longue de toutes. Ce peuple chéri en étoit sorti plein de Religion et de ferveur ; et pour son parfait rétablissement, Dieu avoit re-

nouvelé pour lui les miracles de sa Toute-
Puissance. Lorsque Jésus-Christ vint au monde,
il y avoit déjà long-temps que la nation juive
avoit commencé à déchoir de cette ferveur. L'impiété des Sadducéens qui nioient une autre vie et
l'immortalité de l'ame, l'orgueil et l'hypocrisie
des Pharisiens qui corrompoient la Loi de Dieu
et en détournoient le sens à leur profit, la corruption des mœurs qui se glissoit dans tous les
états, la fausse idée que l'on se faisoit du règne
du Messie que l'on attendoit, tout cela rendoit
cette génération la plus criminelle de toutes celles
qui avoient précédé, et disposoit la nation à ce
déicide dont elle se rendit coupable. Après ce
crime commis, des particuliers en grand nombre le détestèrent et se firent chrétiens; mais
le corps de la nation y persista et y persiste encore, sans reconnoître la main de Dieu, qui depuis tant de siècles s'appesantit sur lui. Ainsi s'est
vérifié sur cette nation ingrate, ce que Notre-
Seigneur lui prédit ici. L'histoire des Juifs, en
ce point, est l'histoire de tous les peuples qui,
après être sortis de l'idolâtrie pour entrer dans
l'Eglise, ont ensuite abandonné cette Eglise,
pour se livrer au schisme ou à l'hérésie. Les
mêmes causes que nous avons exposées ci-des-
sus, les ont précipité dans ce malheur, c'est-
à-dire, la malice et l'activité du démon, qui
pour rentrer dans son ancienne demeure, a mis
tout en œuvre, le luxe des richesses, le faste
des arts, l'orgueil des sciences, le mépris de
l'autorité, l'amour de la nouveauté, la haine
et la jalousie contre l'Eglise, le commerce avec
des peuples déjà tombés dans l'erreur et la contagion de leur exemple, la foiblesse des Chefs

et la négligence des particuliers : d'où il arrive qu'on n'a point connu les artifices de l'ennemi, qu'on ne s'y est point opposé, ou qu'on
l'a fait trop mollement et trop tard. Comme
chaque particulier peut contribuer au dépéris-
sement de la foi dans une nation, de même
aussi chaque particulier, chaque famille peut
travailler à l'y maintenir et à la faire re-
fleurir. Mais pour cet effet, 1°. nous devons
estimer infiniment ce don précieux de la foi,
nous réjouir de ce que notre nation est inviolablement attachée à l'Eglise Catholique, Apostolique et Romaine, remercier Dieu de ce qu'il
nous a fait naître dans le sein d'une telle nation,
et plaindre le sort de ceux qui n'ont pas eu cet
avantage. Eh ! qu'importe qu'un état soit flo-
rissant par le commerce, les sciences et les arts,
si ces fleurs ne peuvent produire que les fruits
d'une mort éternelle ? Heureuse sur la terre, la
patrie qui procure à ses citoyens le moyen de parvenir à la patrie céleste ! Tout le reste n'est rien,
et ne peut suivre au-delà du tombeau. 2°. Nous
devons faire souvent des actes de foi, et renouveler en présence de Jésus-Christ les sentiments
de notre attachement inviolable à l'Eglise, qu'il a
acquise par son sang, et qu'il a fondée sur la
pierre ferme et inébranlable ; examiner si nous
n'ouvrons point nous-mêmes la porte à l'ennemi,
en fréquentant sans nécessité des personnes dont
la foi est suspectée, en laissant ou en gardant des
livres condamnés par l'Eglise, ou qui tendent à
diminuer le respect et l'amour qu'on lui doit ;
en écoutant avec plaisir des nouvelles, des discours injurieux à la Religion. Nous devons prier
pour la conservation de la foi dans l'Etat, pour

son exaltation dans l'Univers ; implorer l'intercession des Saints, et surtout des Saints protecteurs de la nation, et de ceux qui, les premiers, nous ont annoncé l'Evangile. 3°. Nous
devons résister avec fermeté à tout ce qui attaque la foi, et condamner absolument toute
doctrine et tout livre que l'Eglise condamne,
sans nous laisser-éblouir par la sainteté apparente,
par la science, par l'esprit, par les talents de
quiconque nous tiendroit un autre langage. Notre
foi est appuyée sur la parole de Dieu, et sur
l'infaillibilité de son Eglise, qui nous annonce
et nous explique cette parole ; et cette infaillibilité n'est accordée ni à la piété, ni à la science
ni à l'esprit, ni aux talents; mais au caractère
d'Apôtres de Jésus–Christ, et de successeurs légitimes des Apôtres, à qui la piété, la science
et les lumières ne manqueront jamais pour conduire le peuple fidèle dans la voie de la vérité.

II° Malheur de la rechute dans l'infidélité.
Le malheur du peuple qui est retombé dans
l'infidélité après avoir eu la foi, est le même
que celui des Juifs. 1°. Il est livré à un aveuglement volontaire, qu'aucune lumière ne peut
dissiper. Le Juif s'applaudit de ce qu'exempt
d'idolâtrie, il adore Dieu et obéit à sa Loi,
et il ne veut pas voir que c'est rejeter Dieu
et sa Loi que de rejeter son Christ. L'hérétique s'applaudit de ce qu'il reçoit Jésus–Christ
et son Évangile, et il ne veut pas voir que la
foi de Jésus–Christ étant indivisible et inaltérable, elle ne peut se trouver que dans l'Eglise
que Jésus-Christ a fondée, et que la prétention
d'avoir réformé la foi de cette Eglise, est un
blasphème contre Jésus-Christ et son Evangile.

2°. Il est animé par la haine implacable de la vérité, qu'aucune apologie ne peut détruire. Les fables des Juifs contre le Christianisme se perpétuent parmi eux, et y perpétuent la haine contre les Chrétiens. Les docteurs hérétiques renouvellent sans cesse contre les Catholiques des calomnies mille fois refutées, et ils n'ont rien tant à cœur, que d'entretenir dans l'esprit des peuples cette haine contre l'Eglise romaine, qui a été le fondement de leur séparation. 3°. Il est livré à un endurcissement inconcevable, qu'aucun motif ne peut vaincre. On voit encore quelques particuliers abandonner le judaïsme ou l'hérésie, pour se faire Catholiques. Plusieurs autres feroient la même démarche, s'ils n'y trouvoient trop d'obstacles qu'ils n'ont pas le courage de vaincre. On a même vu des souverains renoncer à l'erreur, revenir à la foi de leurs pères, et rentrer dans le sein de l'Eglise catholique; mais un peuple, mais un état, mais une nation, on n'a point d'exemple qu'aucun se soit jamais converti et soit rentré dans les routes de la vérité. Une telle obstination, comme celle des Juifs, est une malédiction de Dieu et une punition visible de l'apostasie. L'état présent de ces rebelles, selon la parole de Notre-Seigneur, est pire que leur premier état, parce que leur mal est plus grand et qu'il paroît être sans remède et sans espérance. Pour nous, remercions Dieu, prions, craignons, et tenons-nous sur nos gardes.

Prière. Défendez-moi par votre grâce, ô Jésus ! sauvez-moi, ô mon Dieu ! ah, ne permettez pas que je me brise en retombant, que j'ajoute à mes autres infidélités l'ingratitude d'une rechute volontaire! Préservez-moi d'un malheur si funeste dans ses suites! Faites que je n'aie pas moins de vigilance pour me sauver, que le démon a de fureur pour me perdre; faites que je vive et meure dans votre sainte grâce et dans votre saint amour! Ainsi soit-il.

CVIIIᵉ. MÉDITATION.

Exclamation d'une femme sur le bonheur de Marie.

Considérons Marie bienheureuse par les priviléges dont Dieu l'a prévenue, par les vertus qu'elle a pratiquées, et par la gloire dont Dieu l'a comblée. *Luc.* 11. 27-28.

PREMIER POINT.

Marie bienheureuse par les priviléges dont Dieu l'a prévenue.

Les priviléges de Marie la rendent la plus sublime de toutes les créatures, et par-là l'objet singulier de notre culte. Après que Notre-Seigneur eut expliqué comment le démon étoit forcé, par un plus fort que lui, de quitter la place qu'il avoit usurpée, et par quel artifice cet esprit malin trouve quelquefois le moyen d'y rentrer, après qu'il eut traité cette matière avec cette dignité et cette assurance qui ne pouvoient convenir qu'à celui qui n'ignore rien de ce qui se passe et dans le secret des cœurs et dans l'empire des esprits. *Comme il disoit ces*

*choses, une femme élevant sa voix du milieu du
peuple, lui dit : heureuses les entrailles qui vous
ont porté, et les mamelles qui vous ont nourri !*
O femme ! que vous êtes heureuse vous-même
d'avoir prononcé cette parole, qui passera de
bouche en bouche, d'âge en âge, et qui sera
répétée par toutes les nations de la terre jusqu'à
la fin des siècles ! Sans le savoir, vous êtes la
première qui commencez à accomplir la Prophétie de celle que vous préconisez, et dont le
bonheur est infiniment au-dessus de ce que vous
en pouvez penser et exprimer. Pour nous, qui
sommes mieux instruits, occupons-nous de ce
bonheur de la Mère, fondé sur la grandeur du
Fils, et qui ne peut tourner qu'à sa gloire ;
considérons Marie bienheureuse par les priviléges
dont Dieu l'a prévenue.

I° Privilége d'innocence, qui rend Marie la
plus pure de toutes les Vierges. Privilége par
lequel, quoique fille d'Adam, elle a été exempte
du péché originel ; quoique revêtue d'un corps
mortel, elle a été exempte de tout péché actuel,
même véniel, même indélibéré, d'inadvertance
et de surprise; en sorte que depuis le premier
instant de sa conception, jusqu'au dernier moment d'une longue vie, il n'y a jamais eu en
elle ni tache ni imperfection : ce qui met sa pureté non-seulement au-dessus de celle de tous
les hommes, mais encore au-dessus de celle des
Anges, puisque celle des Anges n'a rien eu de
privilégié et qui ne fût commun entre eux.

II° Privilége de grâce, qui rend Marie la plus
sainte de toutes les créatures. Marie, dès le premier instant de sa conception, fut remplie de
grâces. Marie toujours fidèle à toute l'étendue

de la grâce, en mérita l'augmentation, et la grâce ne cessa chaque jour de s'accroître en elle et de s'y multiplier. L'Ange la saluant ne lui donna point d'autre nom que celui de *pleine de grâce.* Mais quelles grâces lui communiqua le Verbe fait chair, pendant neuf mois qu'il resta dans son sein, pendant les années de son enfance qu'il fut nourri de son lait et porté entre ses bras! Quels accroissements de grâces ne reçut pas Marie, pendant plus de soixante ans d'une vie tout occupée à faire valoir et à augmenter la grâce.

III° Privilège de dignité, qui rend Marie la plus éminente de toutes les créatures. Privilége par lequel elle est Vierge, et sans cesser d'être Vierge, elle est mère. Prodige prédit par Isaïe, et qui annonçoit un plus grand prodige encore, celui par lequel elle a été élevée jusqu'à ce point de grandeur, que d'être la Mère de Dieu. Dignité au-dessus de toutes nos pensées, au-dessus de toute l'intelligence des Anges. Dignité en quelque sorte infinie par le rapport intime qu'elle met entre Dieu et Marie, entre Marie et chacune des trois personnes de la sainte Trinité; car étant la Mère du Fils, elle est l'épouse du Saint-Esprit, et partage en quelque sorte avec le Père sa divine fécondité. Le Fils de Dieu est Fils de Marie. Le même qui appelle Dieu son Père, appelle Marie sa Mère. Le Fils de Marie est Dieu, et Marie est Mère de Dieu. Les Anges sont les ministres de Jésus-Christ, les Saints sont ses serviteurs, ses amis, ses frères même, mais ses frères par adoption; et Marie est sa Mère, non par adoption dans un sens spirituel et mystique, mais par nature et dans le sens le plus propre. Le même à qui Dieu a dit : vous êtes mon Fils; je vous ai

engendré aujourd'hui, Marie le lui dit également ;
et comme Dieu le Père engendre le Verbe en
unité de principe, Marie l'a engendré sans le
commerce des hommes, par l'opération du
Saint-Esprit, et sans communication de son
éminente dignité.

SECOND POINT.

Marie bienheureuse par les vertus qu'elle a pratiquées.

Les vertus de Marie la rendent la plus parfaite de toutes les créatures, et par-là le digne
objet de notre imitation. A l'exclamation de cette
femme qui appeloit bienheureuse la Mère du Sauveur, *Jésus répondit : mais plutôt heureux sont
ceux qui écoutent la parole de Dieu et qui la pratiquent.* Par-là Jésus nous fait comprendre que
si c'est un bonheur pour Marie d'être sa Mère,
c'en est un encore d'avoir mérité de l'être par
ses vertus ; que si le premier fait son élévation,
le second fait son mérite et est la source du
premier ; que si le premier exige nos respects
et nos hommages, le second demande toute
notre attention, parce que nous ne pouvons
avoir part au premier, et que nous devons participer au second par l'imitation de ses vertus.
C'est notre défaut ordinaire de nous occuper tellement du bonheur des autres, que nous ne son-
gions point au nôtre ; nous louons dans les autres
ce qui est au-dessus de nous, et nous oublions
en eux ce qui est à notre portée, et en quoi
nous pouvons les imiter. Si les priviléges singuliers
de Marie sont sublimes et au-dessus de toutes nos
pensées, la vie de Marie est toute commune à
l'extérieur, et entièrement à notre portée. Vie

obscure, vie pénible, vie laborieuse, vie souvent traversée par les afflictions, n'est-ce pas là la vie ordinaire des hommes? Maîs Marie, dans une vie en apparence si commune, Marie attentive à toutes les voies de la Providence, profitant de toutes les occasions de plaire à Dieu, fidèle à remplir tous les devoirs de son état, animant, par les motifs les plus purs, ses moindres actions, et par-là pratiquant à chaque moment les vertus les plus héroïques, voilà ce qui distingue cette Mère du Sauveur, ce qui la rend la plus parfaite de toutes les créatures, et en· quoi, selon la mesure de la grâce, nous devons nous appliquer à l'imiter. Parcourons pour cet effet quelques-unes de ses vertus. Sa virginité : elle la conserva dans le mariage même, et jusqu'au dernier soupir de sa vie, avec un soin qui la porta à craindre les éloges d'un Ange, avec un attachement qui suspendit son consentement à la maternité divine. Son oraison : la prière fut sa plus douce et sa continuelle occupation. Son humilité : elle fut la règle de tous ses sentiments. Qu'un Archange la loue, qu'Elisabeth la félicite, elle n'est que la servante du Seigneur! Sa reconnoissance : elle l'occupa tout entière, et éclata par le sublime Cantique qu'elle prononça dans la maison d'Elisabeth. Son obéissance : elle fut la règle de ses vertus. Elle obéit aux Edits de César, comme à la Loi de Moïse ; elle· obéit à ses parents dans ce qui regardoit ses occupations et le choix d'un époux, et elle obéit à cet époux dans les circonstances les plus critiques et les plus difficiles de la vie. Sa charité envers le prochain : charité prévenante envers Elisabeth, compatissante envers les époux de Cana. Son attention continuelle à

tout ce qui pouvoit lui manifester la volonté de
Dieu, et exiger d'elle quelque devoir, à tout ce
qui avoit rapport à son Fils, à tout ce qui se
disoit de lui, et à tout ce qu'il disoit ou faisoit
lui-même ; elle en conservoit avec soin le précieux souvenir dans son cœur. Sa foi : elle fut
soumise et inébranlable à croire les mystères incompréhensibles que l'Ange lui annonça. Après
la mort de son Fils, on ne la vit point inquiète,
chercher avec les saintes femmes, parmi les morts,
celui qui avoit dit qu'il ressusciteroit. Sa résignation : elle fut entièrement parfaite à la volonté de
Dieu et aux ordres de sa providence, quelque
rigoureux qu'ils parussent être à son égard ; soit
dans l'obscure condition où Dieu la tenoit, quoiqu'elle et son époux fussent de la famille royale
et eussent droit à la couronne, soit dans les pénibles voyages qu'elle eut à faire, tantôt pour
obéir aux ordres d'un Prince, et tantôt pour
éviter la fureur d'un autre, soit dans l'exil où
elle fut obligée de vivre, éloignée de sa famille
et de sa patrie ; soit enfin dans la perte qu'elle
fit de son époux, qui étoit son soutien et sa
consolation, et ce qu'elle avoit, après son Fils,
de plus cher au monde. La fermeté de son ame,
la force de son esprit, son courage parurent
dans toutes les traverses qu'elle eut à essuyer,
et que Jésus-Christ semble avoir voulu lui ménager ; car on ne le vit jamais lui parler avec
une tendresse visiblement affectueuse, ni lui donner même le nom de mère, parce que sa vertu
ne devoit avoir rien de foible, rien d'humain,
rien qui ne fut infiniment parfait. Sa constance
héroïque dans l'épreuve la plus sensible où ait
jamais été mise aucune créature. Marie sur le

Calvaire voit son Fils, l'unique objet de son amour et de sa tendresse, déchiré de plaies, couronné d'épines, couvert de son sang, l'objet de la haine publique, et l'exécration du peuple; elle entend les coups de marteau qui l'attachent à la croix ; elle le voit suspendu par ses plaies, et languir dans cet état affreux. O Mère de douleur! ô la plus affligée, la plus éprouvée, mais aussi la plus fidèle, la plus soumise, la plus constante de toutes les créatures! Marie, debout au pied de la croix, voit immoler son Fils : elle le voit expirer, et elle s'immole avec lui à la gloire de ce Dieu devant qui elle reconnoît que tout doit s'anéantir et disparoître. Il n'est pas possible de parcourir toutes les vertus de Marie. Dans tous les endroits de l'Evangile où elle a quelque part, dans tous ses discours, dans toutes ses démarches, on voit partout briller l'humilité, la modestie, la candeur, une retenue admirable, une prudence consommée, une sagesse toute divine. Après l'Ascension de son Fils au Ciel, on voit Marie dans le Cénacle persévérer dans la prière avec les Apôtres; mais depuis la descente du Saint-Esprit et le commencement de la prédication apostolique, les livres saints ne parlent plus d'elle; c'est l'éloge de sa discrétion. Tout le reste de sa glorieuse vie se passe dans la retraite, dans la prière, dans la pratique des vertus propres de son état, jusqu'à ce que l'amour divin achève de la consumer, et la réunisse à son bien-aimé. Quel modèle pour nous que la vie de Marie! Modèle parfait pour tous les états, pour la jeunesse et l'âge le plus avancé, pour les Vierges et pour les personnes engagées dans le mariage, pour ceux qui sont dans les grandeurs et dans l'humiliation, dans la prospérité et dans l'affliction! Heureuse Vierge, d'avoir pratiqué de si sublimes vertus! Heureux nous-mêmes si nous vous prenons pour modèle, si nous vous imitons.

TROISIÈME POINT.

Marie bienheureuse par la gloire dont Dieu l'a comblée.

La gloire de Marie la rend la plus puissante de toutes les créatures, et par-là l'objet de notre plus tendre confiance.

I° Gloire de Marie dans les saintes Ecritures, où elle est annoncée, tantôt en termes formels, lorsque Dieu aussitôt après la chûte de l'homme menace le dragon infernal de la venue d'une femme qui lui écrasera la tête; ou lorsqu'Isaïe annonce aux Juifs qu'une Vierge enfantera, et que son Fils sera un Dieu avec nous; tantôt par des symboles, comme l'arche de Noé, l'arche d'alliance, la toison de Gédéon, le temple de Salomon et mille autres qu'on peut trouver, surtout dans le Cantique des Cantiques; tantôt par les actions héroïques de ces femmes illustres qui furent le salut du peuple juif, telles qu'une Débora, une Judith, une Esther.

II° Gloire de Marie dans l'Eglise, où elle est honorée, non du culte suprême, qui n'est dû qu'à Dieu, mais d'un culte spécial au-dessus de celui que nous rendons aux saints, et tel qu'il convient de le rendre à la Mère de Dieu et à la Reine des Saints. L'Eglise ne célèbre pas seulement la naissance ou la mort de Marie comme celle des autres Saints, mais tous ses pas, toutes, ses démarches, toutes ses actions, par des fêtes particulières. Le nom de Marie est après celui de Jésus dans toutes les liturgies, dans tout l'office divin. Les chaires sacrées en retentissent, les pères et les docteurs de l'Eglise l'ont exaltée à l'envi. Jetons les yeux sur la face du monde chrétien. Que de Temples et d'Oratoires en l'honneur de Marie! Que d'Ordres religieux de l'un et de l'autre sexe! Que de Congrégations dévouées à son culte! Que de pratiques établies pour l'honorer! Chaque royaume catholique, chaque fidèle en particulier s'empresse de se mettre sous sa protection, et de lui donner des témoignages de son respect et de son amour.

IIIº Gloire de Marie dans le Ciel, où elle est couronnée. Marie ressuscitée à l'exemple de son Fils, est élevée au céleste séjour. Jésus-Christ est assis à la droite de Dieu son Père, et Marie à la droite de Jésus-Christ son Fils. Jésus-Christ est le Roi du Ciel, Marie en est la Reine. Jésus-Christ a reçu tout pouvoir de son Père, et il l'a communiqué à sa Mère. Si Jésus-Christ accorde des grâces à l'intercession des Saints, il n'en refuse aucune à celle de Marie. Marie est notre Mère, et elle est toute-puissante auprès de son Fils, qui est notre Dieu; pourrions-nous n'avoir pas en elle une entière confiance! Par combien de prodiges n'a-t-elle pas signalé sa bonté et son pouvoir! Invoquons-la donc dans tous nos besoins : imitons-la, honorons-la, et nous ressentirons, comme tant d'autres, les effets de sa puissante protection.

PRIÈRE. O Mère de mon Dieu! ô Mère de mon Sauveur! que tout se prosterne devant vous, et vous reconnoisse pour la plus pure,

la plus sainte, la plus sublime de toutes les
créatures! Comme telle, soyez, après votre Fils,
le premier objet de mon culte, de mon amour,
de mes louanges! Bien loin de craindre de déplaire à Jésus en vous honorant, je croirois
l'offenser, si je refusois de vous rendre mes
respects et mes hommages. Peut-on vous connoître telle que vous êtes, sans s'écrier avec la
femme de l'Evangile, et avec toute l'Eglise :
heureuse Mère qui avez porté dans votre sein
le Fils du Père Eternel, priez pour nous maintenant et à l'heure de nôtre mort!
Ainsi soit-il..

CIXᵉ. MÉDITATION.

*Jonas donné en signe de la Résurrection de Jé-
sus-Christ.*

Le miracle de la Résurrection de Jésus-Christ est le plus
efficace pour prouver notre sainte Religion, le plus aisé
à vérifier, le plus propre à édifier. *Matt.* 12. 38-42. *Luc.*
11. 29-32.

PREMIER POINT.

*Miracle le plus efficace pour faire preuve de la
Religion.*

1º **P**AR la nature même du miracle. *Alors
quelques-uns des Scribes et des Pharisiens lui
dirent : Maître, nous voudrions bien voir quelque chose de vous.* L'exclàmation de la femme
dont nous avons parlé, et l'impression qu'elle

pouvoit faire sur les esprits, furent peut-être ce qui engagea quelques-uns des Scribes et des Pharisiens à demander à Notre-Seigneur un signe dans le Ciel, quelque nouveau phénomène dans l'air, pour prouver la dignité de sa mission. Ils voyoient bien qu'il ne le leur accorderoit pas, mais ils espéroient tirer avantage de son refus. Ce fut peut-être aussi cette demande qui réveilla la curiosité du peuple, attira un nouveau concours, et fit qu'on se pressa pour entendre la réponse. *Et comme le peuple s'amassoit en foule, il leur répondit : cette nation méchante et infidèle demande un prodige : il ne lui en sera point donné d'autre que celui du Prophète Jonas. Car de même que Jonas fut trois jours et trois nuits dans le ventre de la baleine, de même le Fils de l'Homme sera trois jours et trois nuits dans le sein de la terre. Et comme Jonas fut un signe pour les Ninivites, ainsi le Fils de l'Homme en sera un pour ceux de cette nation.* Le miracle d'un homme qui, après avoir été mis à mort, après avoir été enseveli, sort de son sépulcre par sa propre vertu, et plein de vie et de gloire, n'est-il pas un prodige bien plus frappant et plus efficace pour prouver la Religion, que celui que demandoient les Pharisiens, ou tout autre que l'on pût imaginer ? Si au lieu de nous forger des systèmes de Religion, nous méditions bien celle que Dieu nous a donnée, nous verrions sans peine qu'elle est d'autant plus grande, d'autant plus sainte, qu'elle est au-dessus de nos pensées et de toute notre sagesse.

IIº Par la prédiction du miracle. Isaïe l'avoit célébré, David l'avoit prédit, Jonas l'avoit ex-

·primé· dans sa ·propre ·personne; mais surtout Jésus-Christ l'avoit annoncé en plusieurs occasions et, de plusieurs ᴠmanières ᴠ: en sorte que ses ᴠennemis, même après l'avoir ᴠvu expirer dans les tourments, craignent encore les·effets de cette prédiction. Or un homme qui dit : on me mettra à mort, on me descendra dans le tombeau, vous me verrez mort et enseveli; mais trois jours après je ressusciterai, vous me verrez vivant et glorieux : oui, si cet homme réalise sa parole, il a droit d'exiger de moi tout ce qu'il voudra : je suis ᴠprêt à faire ᴠet ᴠà croire tout ce qu'il᷾me dira. Pourquoi donc, esprits forts, qui vous piquez de méthode et de raisonnement, nous répéter sans cesse᷾vos déclamations surannées᷾contre nos augustes mystères, objets de notre foi ! Ignorez-vous que nous croyons aussi que celui qui nous a enseigné ces dogmes, tels qu'ils sont, et non tels que vous les défigurez, est ressuscité trois jours après sa mort comme ᴵl l'avoit promis ! Commencez donc, si vous raisonnez juste, par détruire ce miracle qui est le fondement de notre foi, et tout le reste tombera de soi-même. Mais tant que la foi de ce miracle subsistera., et que vous ne me direz rien qui puᵢsse ᷾ᴵa détruire, vos reproches seront vains, vos raisonnements exciteront la dérision, vos railleries et vos bons mots prouveront peut-être encore moins la malice ᷾de votre ᷾cœur., que le peu de justesse de votre esprit.

IIIº Par la singularité du miracle. Qu'un homme se soit ressuscité lui-même ; que par sa propre vertu il soit sorti triomphant du tombeau, cela ne pouvoit convenir qu'à l'Homme-Dieu,

qu'au Fils de Dieu, qu'à celui qui est le maître
absolu de la vie et de la mort; qu'après avoir
été trois jours dans le tombeau, il passe encore
quarante jours sur la terre avec ses Disciples ;
que le quarantième jour il s'élève vers le Ciel
à leurs yeux, pour leur envoyer l'Esprit-Saint ;
qu'avant ce temps il se soit montré à un Apôtre
incrédule pour le rendre fidèle, et après ce temps
à un persécuteur pour en faire un Apôtre, c'est
un prodige inoui, sans exemple et sans imitation; la fable n'a pas osé feindre rien de semblable. Que l'impie et l'incrédule de nos jours
recherchent donc encore avec soin tout ce que
les différentes superstitions de l'Univers ont inventé de plus fabuleux, de plus absurde, et
qu'ils osent le comparer avec nos mystères, avec
nos dogmes, avec nos Sacrements, avec nos cérémonies; je leur demanderai toujours : l'auteur
de ces superstitions est-il ressuscité ? a-t-il donné
sa résurrection pour preuve de ce qu'il enseigne?
O. génération perverse et infidèle ! vous demandez
encore un signe; vous n'êtes pas encore, dites-
vous, convaincue : ah ! d'autres miracles vous
seroient accordés, vous les contesteriez les uns
après les autres, vous les calomnieriez tous, et
vous ne vous rendriez à aucun. Celui que la Résurrection de Jésus-Christ n'a pas convaincu, ne
veut pas l'être ; il ne lui reste qu'à continuer de
s'endurcir, qu'à multiplier ses crimes ; il ne lui
reste qu'à être jugé. Pour nous, remercions Jésus-
Christ, et conformons-nous de plus en plus dans
notre foi.

SECOND POINT.

Miracle le plus aisé à vérifier.

1º Par les témoins du miracle même. Témoins en qui il ne pouvoit y avoir d'illusion, à raison du loisir qu'ils eurent pendant quarante jours de s'assurer de la vérité du fait, à raison des différentes manières dont ils virent Jésus ressuscité; tantôt ensemble, tantôt en particulier, tantôt le jour, tantôt la nuit, parlant, mangeant, se promenant, se laissant toucher, leur faisant des reproches, les instruisant, renouvelant ses promesses, et montant au ciel; enfin, à raison du changement qu'ils éprouvèrent en eux-mêmes, lorsque le Saint-Esprit, qu'il leur avoit annoncé, descendit sur eux sous des symboles visibles, et qu'il les éclaira, les anima, et leur communiqua le don des langues et des miracles. Témoins entre lesquels il ne pouvoit y avoir de complot, à raison de leur nombre infini; car, outre les Apôtres, les Disciples et les saintes femmes qui virent Jésus ressuscité, il faut mettre au nombre des premiers témoins de sa résurrection, ceux qui virent les miracles des Apôtres mêmes et de leurs successeurs; miracles qui n'étoient qu'une suite de celui de la résurrection, et qui ne s'opéroient que pour le confirmer; miracles opérés en public dans différentes villes et devant des personnes de différentes nations. Quel intérêt d'ailleurs ces témoins n'auroient-ils pas eu à renoncer au maître qui les auroit trompés, de qui ils n'avoient plus rien ni à espérer ni à craindre! quel intérêt n'auroient-ils pas eu à rejeter une

Religion qui n'eût été fondée que sur la fraude et le mensonge, et qui ne pouvoit leur procurer que des persécutions, des tourments et la mort! Témoins enfin qui ont eu toutes les qualités qu'on peut désirer : probité, sainteté, désintéressement, unanimité de témoignages, hardiesse, force, constance, jusqu'à mourir tous avec joie, au milieu des plus affreux supplices. C'est un abus de dire que toutes les religions ont eu leurs martyrs ; non, non : aucune autre que la Religion chrétienne n'a eu des martyrs, morts en témoignage de faits miraculeux qu'ils eussent vus de leurs yeux, touchés, pour ainsi-dire, de leurs mains, ou qu'ils eussent appris par une tradition constante et vivante de ceux qui les avoient vus.

II° Miracle le plus aisé à vérifier par les contradicteurs du miracle même. Ceux qui, par orgueil, par haine, par jalousie, avoient fait mourir le Messie, étoient autorisés à contredire sa résurrection, et ce fut la contradiction des Juifs ; ceux que la doctrine de Jésus-Christ offensoit, par ce qu'elle attaquoit leurs préjugés, abolissoit leurs Dieux et condamnoit leurs passions, se trouvoient engagés dans les mêmes intérêts, et ce fut la contradiction des Gentils ; mais cette double contradiction est une nouvelle preuve de la vérité de la résurrection, soit parce que les contradicteurs Juifs et Gentils n'opposèrent jamais aucune raison solide ou aucun démenti formel aux témoins qu'ils combattoient, soit parce qu'ils n'y opposèrent que l'autorité, la puissance, les menaces, les exils, la privation des biens, les supplices, la mort, et surtout le mensonge et la calomnie ; soit enfin, parce que plus la con-

·tradiction fut opiniâtre et cruelle, plus l'intérêt dut être vif et l'examen sérieux. Or, ne s'agissant que de faits publics, dont la vérification étoit aisée, qui les eût crus au péril de sa fortune, de ·son honneur, de son repos et de sa vie, s'ils eussent été faux, s'ils eussent été douteux, s'ils ·n'eussent été de la ·dernière évidence ?

III° Miracle le plus aisé à vérifier par les suites ·du miracle même. Les suites de la ̈résurrection ·de Jésus-Christ ont été la conversion du monde. On peut dire que la grande controverse sur la ·résurrection de Jésus-Christ a été jugée contra·dictoirement par l'Univers entier, et par le suffrage unanime de toutes les nations qui en ont eu connoissance. Jugement porté, toutes les parties ouïes, toutes les pièces vues et long-temps examinées ; jugement non ·de ·spéculation et de pensée, mais de pratique et d'engagement. Non-seulement les· nations ont reçu la ·Religion ·de Jésus-Christ, mais pour la recevoir elles ont renoncé à celle qu'elles avoient déjà ; et ·ont foulé ·aux pieds les Dieux qu'elles adoroient, pour adorer Jésus-Christ, Dieu fait homme pour nous, crucifié et ressuscité ; jugement persévérant et snbsistant encore, auquel nous adhérons nous-·mêmes, que nous confirmons par notre suffrage , ·et pour la défense duquel nous sommes prêts à donner notre vie. Rome, le centre de l'erreur, est devenue celui de la vérité ; et le trône des ·Césars est actuellement le siège du Chef des Chrétiens. Supposez maintenant tout ce qu'il vous ·plaira ; l'enthousiasme dans les Apôtres, le fanatisme dans le peuple, les prodiges dans le paganisme ; citez l'apothéose de Romulus, les ·merveilles d'Apollonius, de Thiane·, et cent autres

de cette espèce ; le monde a vu cela, et il en a
jugé : qu'en a-t-il pensé ? que pense-t-il ? Le
monde se fait chrétien, il l'est ; il a cru la résurrection de Jésus-Christ, et il la croit encore.
L'aveuglement des Juifs n'a servi qu'à confirmer
sa foi et son jugement. Ce peuple errant et va-
gabond porte témoignage, malgré lui, et de l'au-
thenticité des Prophètes, et de la vérité de tout
ce que nous croyons de la mort et de la résurrection de Jésus-Christ. Osez nier, si vous le
voulez, l'autorité des livres évangéliques, la vérité de l'histoire et des monuments ecclésiastiques
de toutes les nations; cette ressource désespérée
ne vous suffira pas encore, et l'incrédulité ne
sauroit se soutenir dans ce retranchement. L'Europe entière, pour ne parler que de cette partie
du monde que nous habitons, l'Europe entière
est chrétienne ; elle ne l'a pas toujours été; comment l'est-elle devenue ? Si tous les faits sur lesquels porte le Christianisme sont faux, comment
ne reste-t-il chez tous les peuples de l'Europe
qu'une histoire fausse de cette grande révolution,
et n'y a-t-il aucun vestige de la vérité ? Prétendre que ce sont les chrétiens qui ont falsifié
les faits, et substitué de fausses histoires à l'histoire véritable, ah ! sans examiner ici si une telle
falsification est possible, ne peut-on pas dire que
ce n'est pas raisonner, mais supposer ce qui est
en question ? Car on demande comment les peuples sont devenus chrétiens, et chrétiens en assez
grand nombre pour fabriquer ces fausses histoires, les faire croire à leurs contemporains, et
abolir toute l'histoire véritable? L'iniquité est donc
forcée de se démentir et de se contredire elle-
même, lorsqu'elle s'obstine à nier un fait aussi

évident et aussi aisé à vérifier que celui de la résurrection. Ajoutons que tout ce que nous venons de dire avoit été prédit comme il est arrivé, prédit par les anciens Prophètes, et par Notre-Seigneur lui-même : savoir, non-seulement sa résurrection, mais le témoignage que lui rendroient ses Apôtres, les miracles dont ils le confirmeroient, les contradictions qu'ils éprouveroient, la victoire qu'ils remporteroient, la conversion des Gentils, la ruine des Juifs, leur endurcissement, leur dispersion telle que nous la voyons de nos yeux. O mon Dieu ! que vos voies sont belles, que vos oracles sont fidèles, que vos témoignages sont convaincants, qu'ils méritent notre foi ! Non-seulement ils l'exigent, mais ils l'enlèvent, ils la ravissent, et un cœur droit ne sauroit y résister.

TROISIÈME POINT.

Miracle le plus propre à édifier.

Des phénomènes extraordinaires dans l'air, tels qu'en demandoient les Pharisiens, et tels que les démons en ont quelquefois opérés, ne sont que des prestiges de vanité, sans liaison, sans suite, sans desseins de sagesse. Ce n'est pas ainsi qu'agit le Tout-Puissant ; non, ce n'est pas pour satisfaire la vaine curiosité des hommes, ou pour n'en obtenir qu'une admiration stérile, qu'il prodigue ses merveilles. La résurrection de Notre-Seigneur est non-seulement le miracle le plus éclatant, la preuve la plus solide, la plus complète et la plus aisée à saisir que nous puissions désirer ; mais elle a encore des rapports infinis, et elle porte l'empreinte de cette sainteté, de cette bonté, de cette profonde sagesse qui caractérise toutes les œuvres de Dieu.

I° Caractère de sainteté; parce que Jésus-Christ est ressuscité comme notre modèle, c'est-à-dire comme le modèle de la vie spirituelle dont nous devons vivre en lui, après être ressuscités avec lui. Jésus-Christ en mourant a fait mourir en nous le péché : il a détruit la vie du péché, et en ressuscitant il nous a donné la vie de la justification, la vie de la grâce; vie nouvelle dans laquelle nous devons marcher. Notre résurrection à une nouvelle vie doit donc être, comme la sienne, une résurrection véritable, réelle et non fantastique et apparente; une résurrection manifeste, sensible, visible, et non cachée, obscure, timide, dont personne ne s'aperçoive; une résurrection éternelle et pour toujours, et non momentanée et de quelques jours. Est-ce ainsi que nous sommes ressuscités avec Jésus-Christ, et que nous vivons de sa nouvelle vie?

II° Caractère de bonté; parce que Jésus-Christ est ressuscité comme notre chef. Sa résurrection glorieuse est la récompense de ses mérites et le gage de ses promesses. Il est ressuscité, voilà l'objet de notre foi; nous ressusciterons comme lui, voilà l'objet de notre espérance. Il a repris son corps, mais dans un état bien différent de ce qu'il étoit; il l'a repris glorieux, immortel, impassible, incorruptible, doué des dons d'agilité et de subtilité, et pour ainsi dire spirituel. Nous reprendrons le nôtre avec les mêmes qualités, et partici-

pants à la même gloire. O douce espérance! ô
pensée consolante! ô motifs puissants! ô mon
corps! ô ma chair! ô mes sens! ne pensez pas
que la haine que je vous porte soit éternelle.
Si je vous tiens dans la gêne et dans la servitude; si je vous éloigne des plaisirs; si je me
réjouis des souffrances qui vous arrivent; si je
vous en procure moi-même; si je vous vois
avec joie languir, défaillir, mourir, ce n'est
que par le désir que j'ai de vous soustraire aux
supplices éternels et de vous procurer la gloire,
la liberté, les délices d'un vie immortelle.
Courage, encore un peu de temps, la vie présente va bientôt finir; bientôt vous reposerez
dans le sein de l'espérance, jusqu'à ce qu'enfin le jour désigné, l'heureux jour de la récompense arrive.

III° Caractère de sagesse; parce que Jésus-
Christ est ressuscité comme notre juge. Ce n'est
pas seulement pour les vrais Chrétiens que le
mystère de la résurrection de Jésus-Christ est
intéressant, il l'est encore plus pour les impies et les mauvais chrétiens; car s'ils peuvent
refuser de suivre Jésus-Christ comme leur chef,
ils ne peuvent l'éviter de l'avoir pour leur juge.
Ah! les railleries et les bons mots ne sont
plus ici de saison. Ce n'est plus notre indignation qu'excite l'aveuglement des pécheurs et
des libertins, c'est notre compassion, notre
douleur et nos larmes. *La Reine du midi s'élè-
vera au jour du jugement contre cette nation,
et la condamnera; car elle vient des extrémités
de la terre pour entendre les sages réponses de
Salomon. et voici plus que Salomon. Les Ninivites s'élèveront au jour du jugement contre*

cette nation, et ils la condamneront; car dès que Jonas prêcha, ils firent pénitence, et voici plus que Jonas. La Reine du midi est venue d'un pays éloigné pour entendre la sagesse de Salomon; et nous, nous fermons l'oreille aux instructions de Jésus-Christ. Les Ninivites, à la prédication de Jonas, ont fait pénitence pour éviter un malheur temporel; et nous, nous refusons de la faire quand Jésus-Christ nous y invite, et que nous sommes menacés, si nous ne la faisons pas, d'un malheur éternel. La Reine du midi et les Ninivites s'élèveront contre nous au jour du jugement ; c'est-à-dire, des hommes moins favorisés du Ciel que nous, qui, avec moins de lumières, d'instructions et de connoissances, auront cru avec simplicité, et auront vécu dans l'innocence, c'est-à-dire tous ceux dont nous aurons méprisé les instructions, les avis et les exemples; c'est-à-dire, ces peuples barbares et sauvages, qui auront reçu la foi avec docilité, et y auront conformé leurs mœurs avec fidélité : voilà les accusateurs qui nous condamneront au jour du jugement.

PRIÈRE. Que de voix, ô mon Dieu ! s'élèveront donc contre moi, si par une prompte pénitence je ne répare l'abus que j'ai fait de vos grâces ! Ah ! Seigneur, je ne vous demande pas de nouveaux prodiges, des secours plus abondants, des lumières, des grâces plus fortes. Hélas ! ce n'est point la grâce ; mais la fidélité qui m'a manqué ! la grâce n'a été si foible dans moi, que parce que j'ai été trop lâche. Pourrai-je donc rejeter sur vous ce qui ne vient que de la perversité de mon cœur ? Non, mon divin Sauveur, je ne désire que de profiter de ce que vous avez fait pour moi, au lieu de vous demander de nouveaux miracles. *Non, point d'autre signe que celui de Jonas.* Faites que j'en tire un saint avantage, en apprenant de votre mort et de votre résurrection à mourir au péché, pour vivre à la justice par une vie nouvelle! Ainsi soit-il.

CXe. MÉDITATION.

De la Mère et des Pàrents de Jésus.

1º. Marie et les parents de Jésus demandent à lui parler;
2º. Jésus ne connoît ni Mère ni Frères, selon la chair;
3º. Jésus contracte avec ses Disciples la liaison la plus intime. *Matt.* 12. 46-50. *Marc.* 3. 31-33. *Luc.* 8. 19-21.

PREMIER POINT.

Marie et les Parents de Jésus demandent à lui parler.

Iº **L**EUR arrivée. *Jésus parloit encore au peuple, lorsque sa Mère et ses Frères, qui étoient dehors, demandèrent à lui parler.* Ces frères de Jésus étoient des neveux de saint Joseph, enfants de ses sœurs, et réputés les cousins-germains de l'Homme-Dieu, parce que Joseph passoit pour son père, et que les Juifs donnoient ordinairement aux cousins-germains le nom de frères. Si ces parents étoient les mêmes qui avoient soupçonné de l'illusion dans la conduite de Jé-

sus, et qui avoient voulu l'arrêter, il est évident qu'en prenant Marie avec eux pour mieux
réussir dans leur dessein, ils ne lui auront pas
communiqué leurs soupçons, mais seulement
leurs alarmes, c'est-à-dire, la crainte qu'ils
avoient que la haine des Pharisiens ne se portât contre lui à quelque excès. S'il en étoit
ainsi, car on ne peut avoir sur les motifs de
ce voyage que des conjectures, on peut admirer ici la conduite de Marie. Accoutumée à
n'agir que par l'inspiration du Saint–Esprit,
lorsque cette voix ne se faisoit pas clairement
entendre, elle suivoit les règles ordinaires de
sa prudence, et se rendoit volontiers aux avis
de ses proches, lorsqu'ils ne lui proposoient rien
que de raisonnable. Elle savoit que son Fils devoit mourir pour le salut des hommes ; mais
elle ne savoit ni le temps précis, ni dans quelles
circonstances cette mort devoit arriver. Si cette
pensée remplissoit d'amertume tous les instants
de sa vie, elle n'en étoit pas moins attentive à
ne manquer à rien de ce que Dieu exigeroit
d'elle dans cet important mystère, auquel elle
devoit avoir tant de part. Elle vient donc pour
coopérer aux desseins de Dieu, quels qu'ils puissent être ; elle vient pleine de tendresse et de
sollicitude ; mais en même temps avec une parfaite résignation, et avec la paix du cœur qui
en est le fruit. Modèle admirable que nous devons nous proposer dans les affaires délicates,
où d'un côté nous devons faire, selon la prudence, tout ce qui dépend de nous ; et de
l'autre, éviter le trouble, l'empressement, et
être parfaitement résignés à tout ce qu'il plaira
au Seigneur d'exiger de nous.

IIᵒ L'obstacle qu'ils rencontrent. *Et ils ne purent approcher à cause de la foule.* Jésus étoit encore dans le lieu où il avoit guéri le possédé aveugle et muet. Une multitude innombrable assiégeoit tellement l'intérieur et les déhors de la maison où il étoit, que Marie et ses parents ne purent pénétrer jusqu'à lui. Ah ! quel spectacle pour le cœur de cette tendre Mère ! Avec quelle joie vit-elle l'empressement du peuple pour entendre la doctrine céleste que lui annonçoit son Fils ! Quelles actions de grâces n'en rendit-elle pas intérieurement à Dieu ! Réjouissons-nous ainsi de tout ce qui se fait de bien et d'édifiant dans l'Eglise ! Remercions Dieu de ce que tant d'ames fidèles suivent Jésus avec ferveur, et joignons-nous nous-mêmes à cette multitude.

IIIᵒ Le message qu'ils envoient à Jésus. *Et se tenant dehors ils l'envoyèrent appeler. Le peuple étoit assis autour de lui ; on vint lui dire : voilà votre Mère et vos Frères qui demandent à vous parler, et qui désirent de vous voir.* Ce furent sans doute les parents de Jésus, qui députèrent ce message pour l'appeler et le tirer du milieu d'une assemblée où ils craignoient tout pour lui. Marie, plus tranquille et mieux instruite, bien sûre qu'il n'arriveroit rien à son Fils que ce qu'il voudroit bien permettre, préparée d'ailleurs à tous les événements, et disposée à partager avec lui, s'il le falloit, et la haine des Pharisiens, et la fureur du peuple, Marie n'eut probablement de part à ce message que par son silence. Elle eût bien mieux aimé entendre son Fils, quoique de loin, que d'interrompre son instruction. Quoi qu'il en fût, celui qu'on avoit chargé d'avertir Jésus, ayant percé la foule, vint lui annoncer l'arrivée de sa Mère et de ses parents. Sans le respect qu'on portoit au maître, le peuple auroit peut-être rompu l'assemblée pour satisfaire sa pieuse curiosité, et pour voir une si heureuse Mère; mais on voulut attendre la réponse du Fils, et elle fut bien différente de ce qu'on l'avoit supposée.

SECOND POINT.

Jésus ne reconnoît ni Mère, ni Frères, selon la chair.

Mais il leur répondit : qui est ma Mère, et qui sont mes Frères ? Et regardant ceux qui étoient assis autour de lui, et étendant la main vers ses Disciples : voici, dit-il, ma Mère et mes Frères. Réponse pleine de mystère et d'instruction.

I° Pour les Juifs. Jésus leur insinuoit par-là qu'ils ne devoient pas le regarder uniquement comme Fils de Marie, et toujours comme un pur homme, mais élever plus haut leurs pensées, et reconnoître en lui le vrai Fils de Dieu. Il vouloit apprendre que les droits de la nature et du sang n'ont rien de commun en sa personne avec les droits de la grâce et de la foi qu'il prêche et qu'il vient établir; qu'il est l'héritier de la promesse, et le chef du peuple de Dieu, non parce qu'il descend d'Abraham, mais parce qu'il en a la foi, l'esprit, l'obéissance.

II° Réponse pleine d'instruction pour les ministres de l'Eglise. Jésus, par son exemple et ses paroles, leur apprend ici que, dans l'exercice de leur ministère, ils ne doivent reconnoitre aucune de ces liaisons qui sont fondées sur la nature ; liaisons passagères et souvent aussi sujettes à s'allérer que le sang qui en est le principe ; mais seulement cette liaison spirituelle que forment l'enseignement et la conduite des ames, qui est infiniment au-dessus de tout autre, et qui doit en absorber tous les sentiments. Il leur apprend qu'ils ne doivent ni se gouverner, ni suspendre ou interrompre leurs fonctions par les mouvements d'une affection tout humaine ; que tous leurs soins et toute leur tendresse doivent se tourner vers ceux dont Dieu leur a confié le salut ; que l'éclat du nom, la noblesse du sang, la puissance de leur maison, ne sont plus rien pour eux ; que la qualité qu'ils portent de ministres de Jésus-Christ est au-dessus de tous les titres, et doit les leur faire oublier ; qu'enfin, si l'on taxe leur détachement d'indifférence, de dureté ou d'ingratitude, ils doivent hautement se déclarer, découvrir les sentiments de leur cœur, et de la voix et du geste répondre en montrant leur troupeau : *Voilà ma Mère et mes Frères*, mes parents et mes amis.

III° Réponse pleine d'instruction pour les parents et pour le peuple. Les parents doivent éviter de devenir un sujet de tentation et une occasion de chute pour les ministres de l'Eglise, en exigeant d'eux des attentions, des égards, des complaisances, des services, des libéralités incompatibles avec leurs devoirs. Ils doivent, non pas se scandaliser, mais s'édifier au contraire, lorsque dans de pareilles occasions, ils trouvent de la résistance et de la fermeté, des refus même et des rebuts. Le peuple, de son côté, ne doit considérer dans celui qui l'instruit, que le ministre de Jésus-Christ. Quelles que soient d'ailleurs sa naissance et sa famille, les grands doivent le respecter, les petits doivent avoir en lui une confiance entière, et tous doivent avoir pour lui un tendre et sincère attachement.

TROISIÈME POINT.

Des Disciples de Jésus, et de la liaison qu'ils contractent avec lui.

Car quiconque fait la volonté de mon Père qui est dans les Cieux, celui-là est mon frère, ma sœur et ma mère. Ma mère et mes frères sont ceux qui écoutent la parole de Dieu et qui la pratiquent.

Iº Le caractère de cette liaison : 1º elle est intime. Le nom de père et de mère, de fils et de fille, de frère et de sœur, d'ami et d'amie., d'époux et d'épouse, ne représente qu'en figure la liaison intime et étroite que contracte avec Jésus-Christ une ame qui le sert avec ferveur, et n'exprime que foiblement la douceur, la tendresse, la vivacité de l'amour qui résulte de cette liaison. 2º. Elle est noble : parce qu'en nous unissant avec Jésus-Christ, elle nous unit avec Dieu, avec les Anges, avec les Saints. Qui ne méprisera, en comparaison de celle-ci, toutes les liaisons de la terre ! 3º. Elle est éternelle : la mort anéantira toutes les autres ; mais elle mettra le sceau à celle-ci, et lui assurera la perpétuité.

IIº Le fondement de cette liaison, c'est la bonté de Dieu notre Créateur. C'est son amour envers nous qui l'a engagé à nous donner son Fils unique pour Rédempteur ; ce sont les mérites de Jésus-Christ, sa Passion et sa Mort, qui nous ont acquis un si grand privilége ; c'est la grâce de ce divin Sauveur, qui nous élève, et

qui donne le prix à toutes nos actions. Ah! pour
tant de bienfaits, quelle doit être notre reconnoissance!

III° La condition sous laquelle on nous offre
cette liaison, c'est d'écouter la parole de Dieu
subsistante dans son Eglise, de nous instruire
avec soin des vérités et des préceptes qu'elle contient, de ne pas croupir sur ce point dans une
honteuse ignorance ou une molle indifférence ;
de fermer l'oreille à la parole de l'homme séducteur ; c'est d'obéir à cette sainte parole, de
croire fermement les vérités qu'elle nous enseigne,
et de pratiquer fidèlement les lois qu'elle nous impose ; c'est enfin de ne chercher, de n'aimer en
tout que l'accomplissement de la volonté de
Dieu, de ce Dieu tout aimable qui est notre Père,
de ce Dieu Tout-Puissant qui règne dans le Ciel.

PRIÈRE. Ah! Seigneur, une condition si douce
auroit-elle de quoi m'effrayer ? Et quel regret
éternel, si je manquois à la remplir, puisqu'il
n'y auroit plus de Ciel, plus de Dieu, plus de
Sauveur, plus d'espérance pour moi! Je vais
donc m'animer à la pratique fidèle et fervente
de votre volonté, ô mon Dieu ! J'y animerai les
autres, et les liaisons que j'aurai avec eux, n'auront point d'autre fondement ni d'autre fin. Quel
plus puissant attrait pour m'attacher à votre loi,
que de voir le rang où vous élevez ceux qui l'observent! Qu'elle soit donc désormais la règle de
toutes mes affections et de mes actions, afin de
faire ma couronne et ma gloire dans le Ciel.
Ainsi soit-il.

CXIᵉ. MÉDITATION.

Jésus, dînant chez un Pharisien, reprend les vices des Pharisiens et des Scribes. Luc. 11. 37-54.

PREMIER POINT.

Des vices que Jésus reproche aux Pharisiens.

———

Examinons si ces vices ne se trouvent pas en nous, et si nous ne méritons pas les reproches que fait ici le Sauveur. Il paroît que Notre-Seigneur continua encore quelque temps son instruction, après qu'on l'eût averti de l'arrivée de sa Mère et de ses parents. *Comme il parloit encore, un Pharisien le pria de dîner chez lui; Jésus y alla et se mit à table.* Ah! qu'il s'en falloit que ce Pharisien fût aussi bien disposé que celui de Naïm! Aussi le Sauveur ne le ménage point, non plus que beaucoup d'autres, soit Pharisiens, soit Scribes, invités à ce repas. Il commence par les Pharisiens, et il leur reproche :

Iº Leur folie de ne purifier que l'extérieur, sans purifier l'intérieur. *Car le Pharisien, raisonnant en lui-même, se demandoit pourquoi Jésus ne s'étoit point lavé avant le dîner. Mais le Seigneur lui dit : pour vous, Pharisiens, vous nettoyez les dehors de la coupe et du plat; et ce qui est au-dedans de vous est plein de rapines et d'iniquités.* Comme s'il eût dit : je n'ignore pas ce que vous pensez de moi; mais voici ce que je pense-

de vous. Avec tout votre zèle et toute votre régularité, vous en imposez au peuple, et vous le séduisez par vos affectations et par vos maximes. Tout consiste chez vous en cérémonies et en pratiques extérieures; vous vous assujettissez jusqu'au scrupule à des ablutions ; vous avez grand soin de nettoyer le dehors des coupes et des plats; mais, sous cette apparence qui en impose , vos cœurs et vos esprits, loin d'être purs, sont remplis d'iniquités et de rapines. *Insensés*, ajouta-t-il, *celui qui a fait le dehors , n'a-t-il pas fait aussi le dedans ?* Le Dieu souverain, qui a créé ce qui fait l'extérieur de l'homme , ses membres et son corps, n'a-t-il pas fait aussi ce qui est bien plus intime et plus essentiel à l'homme, son ame avec toutes ses puissances ? Oui sans doute, le même Dieu qui m'a donné le corps m'a donné l'ame : en vain donc je m'occupe à nettoyer l'extérieur de ce corps, à le laver, à l'orner, à l'embellir, si je laisse mon ame, ma conscience , mon cœur pleins de souillures et d'iniquités. Ah! c'est de la pureté intérieure que Dieu est jaloux , et dont il demandera un compte rigoureux !

II° Jésus-Christ leur reproche leurs larcins et leurs injustices. *Vous êtes pleins de rapines et d'iniquités.* Ces Pharisiens en commettoient dans l'exercice de leurs charges, dans l'administration de la justice, dans le maniement des affaires. Que sert de laver les dehors du plat et de la coupe, lorsque l'on se nourrit de la subsistance et que l'on s'abreuve du sang des peuples ? Que sert de laver avec l'eau des mains pleines de rapines? A quoi servent les ablutions du corps, lorsque le cœur est souillé par des désirs insatiables de s'enrichir à quelque prix que ce soit? *Néanmoins,* continua Jésus-Christ, *donnez l'aumône de ce que vous avez, et alors tout sera pur en vous.* Restituez le bien mal acquis, retranchez de votre luxe pour faire l'aumône aux pauvres ; et alors, indépendamment de toutes vos ablutions extérieures, tout sera pur en vous, le corps et l'ame ; Dieu sera content et les hommes seront édifiés. Hélas ! combien de Chrétiens ne sont ni mieux fondés dans leurs jugements, ni plus éclairés dans leur conduite, ni moins superstitieux dans leurs pratiques, que ces Pharisiens ?

III° Jésus-Christ leur reproche leur aveuglement de se faire gloire des plus petites observances de la loi, et d'en négliger les points fondamentaux et essentiels. *Mais malheur à vous, Pharisiens, qui payez la dîme de la menthe, de la rhue et de tous les légumes, et qui négligez la justice et l'amour de Dieu ! C'est là cependant ce que vous devez pratiquer, sans omettre les autres choses.* C'est-à-dire, vous êtes exacts jusqu'au scrupule à payer la dîme des moindres herbes qui naissent dans vos jardins ; mais la justice et l'équité, l'amour de Dieu et du prochain, les œuvres de miséricorde que Dieu vous recommande préférablement aux observances légales, vous vous en dispensez. Non que vous deviez vous exempter du paiement de la dîme, c'est un devoir dont vous devez vous acquitter sans doute, mais sans vous en faire un privilége pour omettre tous les autres. Combien, de nos jours, tombent encore dans un semblable aveuglement ! Ne sommes-nous pas nous-mêmes de ce nombre ? Nous nous acquittons avec soin des devoirs extérieurs de la Religion, nous nous ferions même un scrupule de manquer à certaines pratiques de

piété établies, ou que nous nous sommes volon-
tairement prescrites, tandis que nous oublions
ee que nous devons à des enfants, à des domes-
tiques, à notre emploi ; tandis que nous nous
entretenons dans des habitudes vicieuses qui dé-
truisent l'amour de Dieu dans notre cœur. N'est-
ce pas cependant la justice et la charité qui font
proprement le chrétien? Ah! ne cessons d'inculquer cette maxime dans notre esprit, et dans
celui des personnes que nous avons à instruire!

IV° Jésus-Christ leur reproche leur orgueil et
leur vanité. *Malheur à vous, Pharisiens, qui
aimez à tenir les premiers rangs dans les synagogues, et à être salués dans les places publiques!*
Ambitionner les premiers rangs dans les assemblées, et rechercher avec affectation les respects
et les hommages du peuple, que cet orgueil est
vain et méprisable! qu'il est cependant commun!
Ah! combien la jalousie du rang et de l'autorité,
si contraire à l'esprit de Dieu, a-t-elle causé de
désordres et de ravages!

V° Jésus-Christ leur reproche leur hypocrisie,
funeste à eux-mêmes, et dangereuse pour les
autres. *Malheur à vous qui ressemblez à des sépulcres qu'on ne voit point, et sur lesquels on
marche sans s'en apercevoir!* Semblables à des sépulcres cachés à fleur de terre, les Pharisiens
étoient pleins de corruption, et on ne les en
soupçonnoit pas. Hélas! combien de semblables
hypocrites parmi nous, sévères pour les autres,
zélés dans leur remontrance, composés dans leur
conduite, édifiants dans leurs paroles, réglés dans
leur extérieur, désintéressés en public, mortifiés dans toutes leurs démarches, qui ne parlent
que de réforme, de pénitence, de charité, mais

dont les consciences sont remplies de passions
vives et emportées, de désirs déréglés qui déchirent plus leurs ames que les vers ne rongent
les corps ! Si l'on perçoit ces tombeaux, ces sépulcres ouverts au-dehors, quelle odeur infecte
s'en exhaleroit !

SECOND POINT.

Des vices que Jésus reproche aux Scribes.

Examinons encore ici si nous ne sommes pas
souillés de quelqu'un de ces vices, et si nous ne
méritons pas les mêmes reproches. Jésus parloit
avec tant d'autorité, de vérité et de force, que
les Pharisiens étonnés, confus, déconcertés, et
comme foudroyés, n'osoient répliquer un mot.
Un seul Scribe ou Docteur de la Loi crut pouvoir hasarder ses remontrances. *Alors un des
Docteurs de la Loi prenant la parole, lui dit :
Maître, vous nous outragez nous-mêmes par ce
discours.* Mais Jésus tournant son discours contre
les faux docteurs, et ne les épargnant pas plus
que les premiers, il leur reproche :
Iº Leur impitoyable sévérité pour les autres.
*Or Jésus leur dit : malheur aussi à vous, Doc-
teurs de la Loi, qui chargez les hommes d'un fardeau qu'ils ne sauroient porter !* Il n'est que trop
naturel à l'homme d'être sévère pour les autres,
et de leur imposer des fardeaux onéreux. On ne
veut pas se tenir dans les bornes de la Loi de
Dieu ; on outre la morale, on va au-delà de la
vérité ; on porte à une perfection imaginaire, aux
dépens même des devoirs d'état ; on demande des
vertus angéliques, on exige l'impossible : le mal

qui résulte de cette conduite n'est pas seulement la dureté, l'orgueil, l'amour-propre, l'hypocrisie de ceux qui la tiennent, mais surtout le scandale des ames qui s'effraient et se rebutent, qui tombent dans la langueur et le découragement, qui souvent même abandonnent tout, et se livrent sans remords à tous leurs désordres.

II° Jésus-Christ leur reproche leur aveugle indulgence pour eux-mêmes. *Vous chargez les hommes de fardeaux qu'ils ne peuvent porter, et que vous ne voudriez pas toucher du bout du doigt.* Combien se font honneur de l'austérité d'une morale dont ils n'ont garde d'essayer ! Ils ajoutent à la loi dont ils rendent le joug intolérable, et cette même loi ils ne la gardent pas. Sous le voile d'une pauvreté extérieure, d'une modestie affectée, d'un air pénitent, d'une sainteté apparente, ils passent leur vie dans la mollesse, la sensualité, l'oisiveté, dans les jeux, les repas, les plaisirs, dans une dissipation continuelle, dans un commerce habituel de vanité et de cupidité. Ah ! si nous avions soin de nous confronter souvent avec les maximes que nous dictons aux autres, que nous aurions honte de nous-mêmes, et que nous craindrions l'anathème que Jésus-Christ lance ici !

III° Jésus - Christ leur reproche leur haine cruelle envers les envoyés de Dieu. *Malheur à vous qui bâtissez des tombeaux aux Prophètes que vos pères ont mis à mort !* Les Scribes et les Docteurs de la loi ne cherchoient qu'un prétexte et une occasion de faire mourir le Sauveur. Jésus - Christ savoit les complots qu'ils avoient formés contre lui, et c'étoit pour leur faire voir qu'il les savoit, qu'il tourna contre

eux-mêmes le soin qu'ils prenoient de bâtir
des sépulcres aux Prophètes. Ce soin, qui avec
d'autres sentiments, eût été une œuvre de
piété, n'est autre chose, leur ajouta le Sauveur (et ainsi que nous le traiterons dans la
suite avec plus de détail), que la continuation de la persécution de vos pères. Vous vous
accordez avec eux ; ils ont donné la mort, et
vous donnez la sépulture. Mais bientôt vous
les imiterez de plus près encore, bientôt vous
donnerez la mort vous-mêmes aux Prophètes.
que la sagesse de Dieu a résolu de vous envoyer. Mais vos cruautés et vos meurtres ne
resteront pas impunis. La haine que l'on porte
à ceux qui annoncent la Religion, qui la sou-
tiennent et la défendent, est toujours sanguinaire. On a beau se cacher à soi-même les
sentiments de son cœur, on a beau parler de
douceur, de paix, de charité, et élever des
monuments aux Prophètes qui sont morts, on
n'en est pas moins prêt à tremper ses mains
dans le sang de ceux qui vivent ; et si on ne
le peut, on s'efforce du moins de les persécuter, de les décrier, de les calomnier.

IV° Jésus-Christ leur reproche leur présomp-
tueuse ignorance par rapport à l'Ecriture. *Malheur à vous, Docteurs de la loi, qui vous
étes saisis de la clef de la science, et qui n'y
étes pas entrés vous-mêmes !* Les Scribes
s'étoient saisis de la clef de la science, et ils
n'y entroient pas, c'est-à-dire, qu'ils s'arro-
geoient à eux seuls le droit d'enseigner et d'entendre l'Ecriture, et qu'eux-mêmes ne cherchoient pas et ne reconnoissoient pas dans
l'Ecriture les caractères du Messie, qu'ils avoient

wus réunis dans la personne de Jésus-Christ.
Ceux-là dérobent la clef de la science, et usur-
pent le droit exclusif d'enseigner, qui ont la
présomption d'enseigner contre l'enseignement
même de l'Eglise; qui osent interpréter l'Ecriture d'une autre manière que l'Eglise; qui pré-
tendent qu'on admette leur interprétation, et
qu'on rejette la condamnation qu'en porte l'Eglise; qui croient qu'on est privé de l'Ecriture,
si on ne la lit dans leurs versions avec leurs ex-
plications, lors même qu'elles sont condamnées
par l'Eglise. Et eux-mêmes n'entrent pas, c'est-
à-dire, se refusent à la science de Dieu, lorsqu'ils ne voient point dans cette même Ecriture
les caractères de la vraie Eglise, la succes-
sion de ces Pasteurs, l'assurance de son indé-
fectibilité, la perpétuité de son pouvoir, l'étendue de la soumission que nous lui devons en
tout ce qui regarde la foi et les mœurs.

V° Jésus-Christ leur reproche leur coupable
malice envers le peuple. *Et vous avez empêché
d'y entrer ceux qui se présentoient.* Le peuple
juif étoit tout disposé à reconnoître Jésus pour
le Messie; il entroit sans peine dans les preuves
sensibles qu'il donnoit de sa divine Mission :
pour peu que les docteurs eussent aidé ces heureuses dispositions, toute la nature eût reconnu
son libérateur; mais au contraire ils mirent
tous leurs soins à détourner le peuple, à le
tromper et à l'aveugler. Ils vinrent à bout, par
leur zèle hypocrite, par leurs cris séditieux,
par leurs intrigues, leurs calomnies et l'abus
de leur autorité, d'entraîner le peuple contre
son penchant naturel, et de l'engager à rejeter
le Messie et à demander sa mort. Comment

une nation chrétienne peut-elle en venir au point de méconnoître l'Eglise, et de s'en séparer, pour embrasser l'hérésie et le schisme? La soumission aux décisions de l'Eglise est si naturelle à tous les chrétiens, l'obligation de s'y soumettre est si bien établie dans l'Ecriture et la Tradition ; on en est imbu dès l'enfance : notre première leçon nous apprend que le Baptême nous rend en même temps enfants de Dieu et de l'Eglise, que celui qui n'a point l'Eglise pour mère n'a point Dieu pour père : les hérésiarques eux mêmes, pleins de cette heúreuse prévention, ont porté au siége apostolique le sujet de leurs premières disputes., et se sont soumis d'avance à son jugement ; comment donc arrive-t-il que lorsque ce jugement est prononcé, et que l'Eglise universelle y applaudit, une nation change de règles, de maximes, de langage, et se trouve animée de haine et de fureur contre cette même mère pour qui elle n'avoit eu jusque-là que de l'amour et du respect ? Malheur à vous, peuple insensé, qui vous laissez ainsi séduire ! Mais encore plus malheur à vous, ministres de l'erreur, qui vous saisissez de la clef de la science, de la clef de l'Eglise dépositaire de la science, qui n'y entrez pas, qui en faites sortir ceux qui y étoient entrés, qui en fermez la porte, et retenez ceux qui voudroient y entrer.

TROISIÈME POINT.

Des reproches intérieurs que Jésus fait aux pécheurs.

Les reproches que Jésus-Christ fait ici de vive voix aux Scribes et aux Pharisiens, il les fait encore aux pécheurs impénitents par des remords qui troublent leur conscience.

I.° Reproches divins. Ces reproches intérieurs annoncent un Dieu et un maître qu'on est forcé d'écouter, dont la voix, plus forte que celle du tonnerre, se fait entendre, même malgré nous, nous remplit de frayeur et de respect, nous terrasse, nous accable, nous fait sentir notre néant et nos désordres.

II.° Reproches inévitables. Reproches que rien ne peut apaiser, que la sincère conversion du cœur. En vain voudroit-on, pour ainsi-dire, donner le change et entrer en composition, faire quelques bonnes œuvres, pratiquer quelques vertus morales, pousser quelques soupirs, réciter quelques prières, nourrir Jésus-Christ même en faisant quelques aumônes : si tout cela ne se fait pas dans le désir d'obtenir sa conversion ; si, avec tout cela, on ne veut pas renoncer à ses passions et à ses crimes, on n'arrêtera pas cette voix menaçante à qui on n'oseroit faire illusion. En vain voudroit-on l'étouffer par la dissipation, dans les festins et dans les plaisirs : dans les assemblées comme dans la solitude, à l'éclat du grand jour comme dans les ténèbres de la nuit, elle crie, elle perce, elle tonne.

III.° Reproches pleins d'amour. Pourquoi Jésus-Christ parloit-il avec tant de force à ses ennemis, sinon pour dompter ces cœurs indociles ? Ah ! si dans ce moment même ils fussent tombés à ses pieds, repentants et convertis, ils n'en auroient reçu que des consolations ! Pourquoi Dieu nous poursuit-il par des remords si vifs et si cuisants, sinon pour nous faire rentrer en nous-mêmes, nous détacher du crime, et nous faire éviter les derniers malheurs ?

IV° Reproches dont l'abus ne fait que nous rendre plus criminels. *Lorsque Jésus-Christ leur tenoit ce discours, les Pharisiens et les Docteurs de la Loi se mirent à le presser vivement, et à vouloir lui fermer la bouche en l'accablant de questions, lui tendant des piéges, et cherchant dans ses paroles de quoi l'accuser.* Les Scribes et les Pharisiens plus endurcis et plus irrités que jamais des reproches que Jésus venoit de leur faire, ne songèrent qu'à lui tendre dès-lors, et en toute occasion pendant le reste de sa vie, des piéges et des embûches; ils l'accabloient partout de questions insidieuses; ils cherchoient sans cesse à l'embarrasser par une multitude d'interrogations plus captieuses les unes que les autres; et ne pouvant plus se flatter d'exciter une émeute populaire contre lui, ils mirent tout en œuvre pour le surprendre dans ses paroles, et tirer de sa bouche une réponse susceptible d'un sens odieux qu'ils pussent déférer aux Prêtres et aux Magistrats, qui, de leur côté, n'attendoient qu'une délation spécieuse, qu'un prétexte pour le condamner : image naturelle des impies qui, irrités contre les remords dont ils se sentent déchirés, ne cherchent plus qu'à arracher de leur cœur et le Dieu et la Religion qui les leur causent.

V° Reproches que le mépris qu'on en fera rendra éternels. Ah ! si nous ne pouvons souffrir l'inquiétude que nous donne maintenant cette voix secrète et intérieure qui ne nous parle qu'au fond de la conscience, qui ne fait que

nous reprocher nos désordres, et qui nous
montre en même temps le moyen de les réparer, comment la supporterons — nous lorsqu'elle éclatera, lorsqu'elle nous accusera à la
face de l'Univers, lorsqu'elle nous condamnera
aux supplices éternels, et qu'elle nous y suivra
sans qu'il nous reste plus aucune ressource ! -

PRIÈRE. Où en serois-je, ô Dieu plein de
bonté ! si, par un excès de votre amour ineffable, vous ne m'aviez troublé jusqu'à me rendre insupportable à moi-même, si vous ne
m'aviez rempli malgré moi de l'idée effrayante
de vos jugéments et de votre Eternité ! Mais,
Seigneur, en vain ces lumières de la foi m'éclai-
rent, si je n'en use pour régler les mouvements de mon cœur et mes actions ! Faites, ô
mon Sauveur, que m'excitant à la pratique
de cette humilité, de cette charité, de cette
piété et de cet amour de Dieu, qui manquoient
aux Pharisiens et aux Scribes, je puisse éviter les reproches que vous leur fîtes, l'aveuglement et la condamnation qui en furent les
suites funestes ! Ainsi soit-il.

CXIIᵉ. MÉDITATION.

Parabole de la Semence.

Examinons d'abord la proposition, ensuite la raison , et enfin l'explication de cette parabole. *Matt.* 13. 1-23. *Marc.* 4. 1-25. *Luc.* 8. 4-18.

PREMIER POINT.

Proposition de la Parabole.

1º **A** qui cette parabole est-elle proposée ? À une multitude infinie de peuple, et en leur per-,sonne à l'Univers entier, et à moi en particulier. *Ce jour-là même , Jésus étant sorti de la maison , alla s'asseoir au bord de la mer. Et il s'y assembla une si grande multitude de peuple, qu'il monta dans une barque où il s'assit, tout le peuple demeurant sur le rivage.* Jésus ayant quitté la ville, peut-être au sortir de la maison du Pharisien, et le même jour qu'il avoit guéri le possédé aveugle et muet, il alla sur le bord de la mer, pour y enseigner le peuple. La foule fut si grande, qu'il fut obligé de monter sur une barque avec ses Disciples, et ce fut de là qu'il prêcha et proposa plusieurs paraboles au peuple, qui se tint sur le rivage. Joignons-nous à ce peuple, et écoutons avec attention.

IIº Quel est le sujet de là parabole. *Et il leur enseignoit beaucoup de choses en paraboles, et*

*il leur disoit dans ses instructions : écoutez.
Un jour un homme qui sème, sortit pour semer
son grain, et comme il semoit, une partie de
la semence tomba sur le bord du chemin, où
elle fut foulée aux pieds, et les oiseaux du Ciel
vinrent et la mangèrent. Une autre partie tomba
sur des endroits pierreux, où elle n'avoit pas
beaucoup de terre, et elle leva aussitôt, parce
que la terre n'avoit pas beaucoup de profondeur ;
le soleil s'étant levé, elle en fut brûlée, parce
qu'elle n'avoit point d'humidité ; et comme elle
n'avoit point de racine, elle sécha. Une autre
partie tomba parmi des épines qui, venant à
croître, l'étouffèrent. Enfin une autre partie tomba
dans de bonne terre, et elle porta du fruit,
quelques grains rendant cent pour un, d'autres
soixante, et d'autres trente.*

III° Quelle est l'importance de cette parabole.
Notre-Seigneur, pour en faire connoître l'importance, l'avoit commencée en demandant de
l'attention : *Ecoutez* ; et il la finit en élevant
sa voix, en disant : *Que celui-là entende, qui
a des oreilles.* En effet, on peut dire que de
l'intelligence de cette parabole dépendent notre
salut et notre perfection. Il n'est pas difficile
sans doute d'en comprendre le sens littéral,
et d'en avoir une connoissance spéculative ; mais
de l'entendre des oreilles du cœur, et d'en
avoir l'intelligence pratique, c'est ce qui est
pour nous également important et difficile.

IV° Le moyen d'entendre utilement cette parabole, c'est la prière. *Lorsque Jésus fut en
particulier, les douze Disciples qui étoient avec
lui s'étant approchés, lui dirent : pourquoi leur
parlez-vous en paraboles ? Et ils lui demandè-*

rent ce que signifioit cette parabole. Quittons
donc la terre et la multitude, pour nous joindre .
aux Apôtres et aux Disciples; approchons de Jésus
dans le silence de l'oraison, et demandons-lui,
par une humble et fervente prière, pourquoi il
nous parle en paraboles, et prions-le de nous
découvrir le sens de celle-ci. ·

SECOND POINT.

Raison de la Parabole.

Avant d'expliquer la parabole à ses Disciples.,
Jésus répondit à leur première question : *Pourquoi leur parlez-vous en paraboles ?*

1º En leur découvrant les mauvaises dispositions de ce peuple. *Et il leur répondit : c'est que
pour vous il vous a été donné de connoître les
mystères du royaume des Cieux : mais pour eux,
il ne leur a point été donné. C'est pour cela que
je leur parle en paraboles, parce qu'en voyant ils
ne voient point, et qu'en écoutant ils ne comprennent point. Et c'est ainsi que la Prophétie d'Isaïe
s'accomplit en eux, lorsqu'il dit : vous entendrez
de vos oreilles, et vous ne comprendrez point ;
vous verrez de vos yeux, et vous n'apercevrez
pas. Car l'esprit de ce peuple s'est appesanti :
ils ont prêté l'oreille avec peine, et ils ont fermé
leurs yeux de peur qu'un jour leurs yeux ne voient,
que leurs oreilles n'entendent, que leur esprit ne
comprenne, de peur de se convertir, et que je ne
les guérisse.* Pour vous, dit Jésus à ses Disciples,
vous êtes destinés à entrer dans les secrets du
royaume de Dieu, et votre cœur n'y met point
d'obstacles ; mais il n'en est pas ainsi de ce peu-

ple : ils ont endurci leur cœur pour ne point
comprendre, bouché leurs oreilles pour ne pas
entendre, fermé leurs yeux pour ne point voir,
dans la crainte de se convertir et d'être guéris :
et moi, de mon côté, je leur parle en paraboles,
comme à des étrangers, afin qu'ils ne voient
pas, qu'ils ne comprennent pas, qu'ils ne se convertissent pas, et que leurs péchés ne leur soient
pas remis. Terrible, mais juste jugement de Dieu,
qui règle la communication de la lumière sur la
disposition de notre cœur, nous découvre la vérité à mesure que nous l'aimons, et nous la cache
à mesure que nous la fuyons ! Si donc je comprends si peu les choses de Dieu : si sa divine
parole ne me paroît que comme une énigme, où
le plus souvent je ne vois rien, je ne comprends
rien, c'est qu'appelé à connoître les divins mystères, je n'ai pas voulu les pénétrer, dans la
crainte de me voir obligé à renoncer à des objets
que mon cœur chérit.

IIº, Jésus répondit à leur question, en leur
faisant connoître leur propre bonheur. *Mais
pour vous, vos yeux sont heureux de voir ce
qu'ils voient, et vos oreilles d'entendre ce qu'elles
entendent. Car, je vous le dis en vérité : beaucoup de Prophètes et de justes ont souhaité de
voir ce que vous voyez, et ne l'ont point vu,
d'entendre ce que vous entendez, et ne l'ont point
entendu.* En effet, les Apôtres étoient heureux
d'avoir été appelés à suivre Jésus-Christ, d'avoir
été choisis pour être les témoins de ses
merveilles, et les confidents de ses secrets. Bien
des Prophètes et des justes avoient souhaité de
posséder cet avantage. Ils étoient heureux
d'avoir obéi à leur vocation, d'avoir suivi Jésus-

Christ·, et· de ne mettre aucun obstacle aux desseins· de miséricorde qu'il avoit·sur eux. Ah ! qu'une ame est heureuse, lorsque, fidèle à la lumière de Dieu, elle jouit· du· spectacle que lui offre sur la terre la Religion de Jésus-Christ, lorsqu'elle entend les paroles de vie qu'il nous a laissées, lorsqu'elle goûte ses mystères, s'enrichit de ses biens·, se nourrit· de sa foi, se soutient de son espérance, et· ne vit que de son amour ! Pourquoi ne pas aspirer à ce bonheur, puisqu'il· m'est· offert, et que je suis appelé par préférence à· tant· d'autres, qui n'ont eu, pour y arriver, ni les mêmes moyens extérieurs·, ni· les mêmes grâces intérieures que moi !

III° Jésus-Christ répond' à leur question, en les instruisant de leurs obligations. *Et il leur disoit : fait-on apporter une lampe· pour la mettre sous un boisseau ou· sous un lit? N'est-ce pas pour la mettre sur un· chandelier ? Car il n'y a rien de caché qui ne doive être un jour manifesté, ni rien· de secret qui ne devienne public. Si quelqu'un a des oreilles pour entendre, qu'il entende.* Si Jésus-Christ explique à ses Apôtres le sens des paraboles, s'il leur met en main le flambeau, ce n'est pas afin qu'ils le cachent ; s'il les admet· à la connoissance intime de ses mystères, ce·n'est pas afin qu'ils les enseveliissent dans le silence. Il a semé le premier la divine parole ; leur obligation est, à son exemple, de semer sans épargner leurs peines, sans choisir le champ, sans en négliger aucune portion, sans se rebuter du peu de succès, sans craindre les périls, sans changer ou mêler le grain qui leur a été confié. Après cette ins-

truction , Jésus-Christ lui-même leur en fait remarquer l'importance , et c'est à nous, chacun
selon notre état , à la bien comprendre.

IV° Jésus-Christ répond à leur question , en
les animant par les récompenses ou les châti-
ments que Dieu exerce dès cette vie. *Et il leur
disoit : prenez donc bien garde de quelle manière
vous écoutez ; faites attention à ce que vous entendez ; car on se servira envers vous de la même
mesure dont vous vous serez servis envers les autres :
on vous demandera même davantage à vous qui
écoutez ; car on donnera à celui qui a déjà , et il
sera dans l'abondance ; et pour celui qui n'a rien ,
on lui ôtera même ce qu'il a, ou ce qu'il croit avoir.*

Prenons bien garde à la manière dont nous entendons , nous lisons ou méditons la parole de
Dieu , et à l'usage que nous en faisons. Voici la
récompense. Plus on est libéral envers Dieu , et
plus Dieu est libéral envers nous ; plus on est
attentif à entendre et à méditer la parole, fidèle
à l'observer , généreux à tout sacrifier pour elle ,
et plus on la goûte , plus on l'aime, plus on la
comprend , plus on y découvre de trésors , de
grâces , de lumière et de force : on est dans une
abondance de biens surnaturels , dont on jouit
avec délices , et que l'on voit s'augmenter tous
les jours. Voici au contraire le châtiment. Celui
qui néglige la parole de Dieu , qui ne la fait pas
fructifier , qui la dément par sa conduite , et en
viole les préceptes , celui-là peu à peu s'en dé-
goûte , ses lumières s'obscurcissent ; sa ferveur
diminue de jour en jour ; il commence a ne plus
rien comprendre dans les voies de Dieu ; bientôt
il n'y comprend plus rien du tout. Il se flatte
d'avoir encore la foi , lorsque souvent elle lui a

été enlevée ; et quelquefois il en vient jusqu'à se glorifier de n'en avoir plus, et jusqu'à la persécuter dans ceux qui l'ont. Châtiment redoutable dont nous ne voyons que trop d'exemples ! Hélas ! ô mon Dieu, si, par votre miséricorde, je ne suis pas encore venu à cet excès d'aveuglement, ne suis-je point la voie qui y conduit ? n'exercez-vous pas déjà sur moi votre justice ? ne vengez-vous point l'abus que j'ai fait de votre divine parole ? Ah ! je n'ai plus ni les lumières, ni les vertus, ni la ferveur que j'ai eues autrefois : tous ces biens m'ont été ôtés ; il est donc temps que je songe à les recouvrer ! Vous me donnez encore cette espérance, ô mon Dieu ! vous m'animez à y travailler, et je vous demande le secours de votre grâce pour y réussir.

TROISIÈME POINT.

Explication de la Parabole.

Eh quoi ! leur disoit Jésus, vous n'entendez point cette parabole ; et comment donc entendez-vous toutes les autres ? Ecoutez donc, et comprenez la parabole de l'homme qui sème. Jésus-Christ daigne nous expliquer lui – même sa parabole : sans son secours comment pourrions-nous entendre celle-là et les autres ! Il nous exhorte à être attentifs ; écoutons-le donc avec respect, et prions-le de nous donner un cœur docile, pour profiter de ses leçons. *Voici l'explication de la parabole : la semence, c'est la parole de Dieu.* Le reste de la parabole nous présente le caractère de quatre sortes de personnes qui entendent cette divine parole.

1º Les premiers sont trop dissipés, et c'est ce que signifie le chemin où tombe la semence. *Ceux qui sont le long du chemin où la parole est semée, ce sont ceux qui ne l'ont pas plutôt entendue sans y faire attention, que Satan, l'esprit malin, vient et enlève la parole qui a été semée dans les cœurs, de peur qu'en croyant ils ne soient sauvés.* Qu'est-ce qu'être dissipé ? C'est écouter, lire, méditer avec distraction, avec négligence, sans approfondir, sans se faire à soi-même l'application de la divine parole ; c'est, après l'avoir entendue, négliger de la mettre en pratique, en perdre le souvenir, n'y plus penser, ouvrir son cœur à tous les objets qui se présentent, y donner accès et consentement à une foule de pensées, de désirs, de projets qui se succèdent continuellement les uns aux autres ; c'est se livrer à des amusements frivoles, à la curiosité, aux nouvelles inutiles, aux joies du siècle, au tumulte du monde. Quel est le mal de cette dissipation ! C'est qu'elle vient du démon, qu'elle est un des artifices les plus dangereux de cet esprit ; car tandis que nous sommes dissipés, le démon, plus prompt que les oiseaux du Ciel, plus attentif à notre perte que nous ne le sommes à notre salut, enlève de notre cœur, sans que nous nous en apercevions, la divine semence, les salutaires pensées, les saintes inspirations, les bons désirs, les bons propos et les résolutions. Quelle est la suite de ce malheur ? C'est que nous perdons bientôt la ferveur, la piété, la foi même, et enfin notre ame. Voilà où nous conduit notre ennemi. Connoissons donc aujourd'hui sa malice et ses artifices, et comprenons combien il nous est important de garder notre cœur, et de commencer une vie sérieuse, réfléchie et recueillie.

11° Les seconds sont superficiels, et c'est ce que signifie le sol pierreux où il y peu de terre. *Ceux qui sont marqués par ce qui est semé en des endroits pierreux, ce sont ceux qui ayant entendu la parole, la reçoivent d'abord avec joie; mais n'ayant point en eux-mêmes de racines, ils ne croient que pour un temps, et quand la tentation survient, ils se retirent.* Quels sont les indices d'un caractère superficiel? L'excès de ferveur dans les commencements, surtout lorsqu'il est accompagné d'attachement à son propre jugement, qui fait qu'on ne veut pas se laisser conduire; de vanité, qui fait qu'on veut paroître surpasser les autres; de présomption, qui fait que l'on compte trop sur ses forces, et que l'on ne se défie pas assez de soi-même. Les commençants et ceux qui les conduisent, doivent, dans ces occasions, être sur leurs gardes. Qu'est-ce qui forme ce caractère superficiel? Un fond de dureté secrète et cachée que l'on n'a pas pris soin de détruire, et qui empêche la divine parole de jeter d'assez profondes racines; un cœur coupable qu'on n'a point brisé de douleur, amolli par les larmes de la pénitence, ni attendri par les flammes de l'amour divin, que l'on n'a pas assez exercé par la méditation, ni assez profondément pénétré des vérités du salut. Quel est le terme où conduit ce caractère? A l'inconstance, à l'infidélité, à l'apostasie. Le moindre objet, la moindre tentation, la première occasion, le plus petit intérêt, un mot de critique ou de raillerie, dessèche en un moment toute cette apparence qui n'avoit point de racines. Ferveur d'un jour, foi du temps et du moment, variations continuel-

'les, inconstance perpétuelle ; n'est-ce pas là mon caractère ?

III° Les troisièmes sont trop occupés des embarras du siècle, et c'est ce que signifient les épines au milieu desquelles tombe le grain. *Ce qui tombe dans les épines marque ceux qui ont écouté la parole, mais en qui elle est étouffée par les embarras de la vie, l'illusion des richesses, les plaisirs du monde et les autres passions, de sorte qu'ils ne produisent aucun fruit.* Quels sont ces embarras du siècle ? Les richesses, les voluptés, les honneurs ; biens trompeurs, objets séduisants qui allument la cupidité, et pour lesquels on forme des projets, on se livre à des entreprises, on s'agite sans cesse. Pourquoi ces embarras sont-ils comparés à des épines ? Parce que, comme elles, ils piquent et déchirent le cœur en mille manières par les craintes, les inquiétudes, les peines, les travaux, les concurrences, les jalousies ; parce que si on les laisse croître ils se reproduisent, ils se multiplient sans fin ; parce qu'ils se croisent, s'entrelacent, se fortifient de telle sorte, qu'on ne trouve plus le moyen de s'en retirer et de recouvrer sa liberté. Quel est l'effet des embarras du siècle ? C'est qu'ils étouffent tous les bons sentiments et les désirs de travailler à son salut. On comprend l'importance de cette affaire, on sent le vide et le faux des biens d'ici bas ; on se plaint, on soupire, on voudroit, mais on n'a pas le temps. Ah ! malheureux que je suis, ce n'est pas le temps qui me manque ! Si je voulois arracher ces épines de mon cœur, borner mes occupations aux devoirs de mon état, renoncer à tout ce qui n'est que sollicitude du siècle, j'aurois du temps de reste pour prier, pour méditer, pour travailler à mon salut et à ma perfection.

IV° Les quatrièmes sont bien disposés, et c'est ce que signifie la bonne terre où tombe la semence. *Mais la semence qui tombe en bonne terre marque ceux qui, ayant entendu la parole avec un cœur bon et sincère, y font attention ; ils la retiennent, la conservent, et portent du fruit par la patience, l'un trente pour un, l'autre soixante, l'autre cent.* En quoi consistent ces dispositions? Elles consistent en un cœur bon, droit, sincère, ami du vrai ; un cœur sage, judicieux, attentif, réfléchi ; un cœur pur, docile, qui n'est point souillé par le crime, ni livré à la violence des passions. Quel est l'effet de ces dispositions? Avec ces dispositions on aime la parole de Dieu, on la lit, on l'écoute avec attention ; on la médite, on la pénètre, on la conçoit, on en tire des conséquences pratiques, on la retient, on la conserve, on n'en perd jamais le souvenir. Qu'opère la parole de Dieu, lorsqu'on la reçoit avec ces dispositions? Elle fructifie et ne demeure point oisive : elle porte des fruits de vertus, de zèle, d'édification ; elle fructifie avec patience, sans trouble, sans empressement, sans ostentation. Ses fruits, souvent cachés, ne se montrent que dans les occasions que Dieu ménage, et où il est nécessaire qu'ils paroissent. Elle fructifie avec diversité, selon les talents, les grâces et la fidélité, mais toujours avec abondance, portant dans les uns cent pour un, dans d'autres soixante, dans d'autres trente. Nous reconnoissons-nous ici? Après tant de grâces, tant d'instructions, tant de Sacrements reçus, où sont les fruits?

PRIÈRE. O mon Dieu! dans quelle confusion je me trouve! Ayez pitié de moi; Seigneur! changez mon cœur, donnez-m'en un nouveau où votre parole demeure, prenne racine, germe en liberté, et produise les fruits de salut que vous attendez! Ainsi soit-ih

---

CXIIIe. MÉDITATION.

Parabole du Champ ensemencé.

Ce champ ensemencé peut être considéré comme champ matériel, comme champ de l'Eglise, et comme champ de notre cœur. *Marc.* 4. 26-29.

PREMIER POINT.

Du Champ matériel.

JÉSUS disoit encore à ses Disciples : *Il en est du royaume de Dieu, comme d'un homme qui jette de la semence en terre. Soit qu'il dorme, soit qu'il se lève, de nuit et de jour, la semence germe et croît sans qu'il sache comment. Car la terre produit d'elle-même, premièrement l'herbe, ensuite l'épi, et enfin le blé tout formé dans l'épi. Et quand il est mûr, on y met aussitôt la faucille, parce que c'est le temps de la moisson.* C'est un spectacle bien digne d'admiration, quand on y veut réfléchir, que ce qui se passe sous nos yeux dans les productions de la terre. Un homme cultive un champ, et il n'a besoin d'y paroître qu'en deux saisons de l'année, au temps de la semence et au temps de la moisson. Tout le reste du temps, il ne s'en mêle plus. Il dort la nuit, se lève le jour, il s'occupe de toute autre chose. La terre travaille pour lui, premièrement dans son sein, hors de la portée des regards humains ; là elle échauffe la semence, elle l'humecte, elle l'amollit, elle la développe, elle reçoit ses racines et les nourrit. Quelque temps après, elle travaille au dehors, elle réjouit l'esprit et flatte l'espérance du maître. D'abord ce n'est que de l'herbe qu'elle pousse, ensuite l'épi se montre, enfin le grain se forme dans l'épi, il se remplit, il jaunit ; alors le blé est dans sa maturité, c'est le temps de la moisson. Le maître reparoît, moissonne et remplit ses greniers. O grand Dieu ! qui n'admirera vos œuvres ! Quelle bonté, quelle sagesse, quelle puissance dans cet ordre naturel de votre Providence, mais en même temps quelle incompréhensibilité ! Non certainement, le laboureur ne sait pas comment tout cela se fait ; et que lui importe après tout de le savoir ? Mais les plus grands génies, les plus subtils philosophes ne le savent pas non plus. Ils ne connoissent point le rapport de ce grain avec toute la nature, avec la terre qui le reçoit, avec les nuées qui l'arrosent, avec le soleil qui l'échauffe et le mûrit, avec le corps de l'homme qui s'en nourrit et le change en sa propre substance. Ils ne connoissent point l'intime mécanisme de tant d'opérations différentes, et nous voudrions, après cela, pénétrer dans les voies de Dieu, dans l'ordre surnaturel, comprendre les secrets de son règne, les mystères de la foi, et sonder l'abîme même de son être ! Renonçons à d'inutiles et dangereuses recherches ; contentons-nous, comme le laboureur, de semer, pendant cette vie, le germe des bonnes œuvres, comme Dieu nous le commande, pour en recueillir le fruit qu'il nous promet au temps de la moisson.

SECOND POINT.

Du Champ de l'Eglise.

Appliquons cette parabole à l'Eglise de Jésus-Christ, qui est le champ du Seigneur et le règne de Dieu sur la terre. Jésus-Christ ne doit se montrer visiblement et publiquement sur la terre, qu'en deux temps ; dans l'un, pour y jeter la semence de l'Evangile ; et dans l'autre, pour en recueillir la moisson. Le premier est passé. Jésus-Christ a ensemencé la terre ; et avec quels soins et quels travaux, avec quelle abondance et quelle richesse ! A présent, assis à la droite de son Père, il jouit de sa gloire ; et sans paroître se mêler de ce qui se passe sur la terre, il attend le fruit de sa parole, de sa grâce, de son esprit, de ses Sacrements, de ses mérites et de sa mort, qu'il a laissés à son Eglise. Cette Eglise opère, produit des vertus, forme des Saints ; mais Jésus-Christ ne paroît point. Cette Eglise est en butte à la persécution, déshonorée par le crime, déchirée par le schisme, méprisée par l'hérésie, blasphémée par l'impiété, et Jésus-Christ ne paroît point. Levez-vous, Seigneur ; pourquoi semblez-vous dormir ? Ignorez-vous ce qui se passe dans le champ de votre Eglise, ou y êtes-vous insensible ?

Vos ennemis se prévalent de votre absence et ravagent tout. Paroissez et ils seront confondus et tout se remettra dans l'ordre! Non, il ne paroîtra point; cela est ainsi prédit et réglé. Gardons-nous d'en murmurer ou de nous scandaliser. Malgré cette sorte d'absence, et au milieu de tous ces désordres, le champ fructifie, il se couvre d'une riche moisson qui mûrit et se perfectionne. Quand le temps de la récolte sera venu, quand le nombre des Élus sera rempli, alors le maître reparoîtra, recueillera sa moisson, vérifiera ses oracles, et récompensera ceux qui lui seront demeurés fidèles. Travaillons, et faisons en sorte de nous trouver de ce nombre.

TROISIÈME POINT.

Du Champ de notre cœur.

Appliquons-nous cette parabole à nous-mêmes, qui sommes le royaume de Dieu. Nous avons reçu la divine semence dans nos cœurs; nous sommes instruits des lois, des maximes, des mystères de Jésus-Christ; nous avons été prévenus de sa grâce, et les sources nous en sont toujours ouvertes dans les Sacrements. Fut-il jamais terre mieux cultivée et plus richement ensemencée? Le temps de la moisson pour nous en particulier sera celui de notre mort. Alors le maître paroîtra : et que trouvera-t-il en nous? Une herbe trompeuse, des désirs, des projets sans exécution, un épi stérile, des commencements sans persévérance, un grain vide, léger, gâté, mêlé, corrompu; des actes de vertus sans perfection, sans esprit intérieur, sans autre motif que le respect humain, le caprice, l'intérêt, la vanité. Hâtons-nous donc de faire fructifier plus heureusement la divine semence. Le temps de la moisson vient : il est proche, et quand il sera venu, nous ne pourrons ni éviter la faux du moissonneur, ni changer la nature de la moisson.

PRIÈRE. Faites, ô mon Dieu, germer, croître, et mûrir en moi le bon grain que vous y avez semé ! Que mon cœur, comme une terre fertile, arrosé des bénédictions de votre droite, échauffé par la chaleur de votre Saint-Esprit, résiste aux vents impétueux, aux orages que le Démon y suscite, c'est-à-dire, aux passions violentes qui le tyrannisent, afin qu'il produise, à l'abri de votre grâce, une moisson pleine et abondante. Ainsi soit-il.

CXIVe. MÉDITATION.

Parabole du grain de sénevé.

Le grain de sénevé est la figure de Jésus-Christ, la figure de l'Eglise, et celle de la Grâce. *Matt.* 13. 31-32. *Marc.* 4. 30-32.

PREMIER POINT.

Le grain de sénevé, figure de Jésus-Christ.

JÉSUS-CHRIST proposa une autre parabole à ses Disciples, en disant : *A quoi comparerons-nous le royaume de Dieu, ou sous quelle parabole le représenterons-nous ? Le Royaume du Ciel est sem-*

blable à un grain de sénevé qu'un homme prit et sema dans son champ. Ce grain est la plus petite des semences; mais lorsqu'il est semé, il croît et devient plus grand que tous les autres légumes. Il devient un arbre, et pousse de grandes branches; en sorte que les oiseaux du Ciel viennent s'y reposer. Si Jésus-Christ demande à quoi il comparera le Royaume de Dieu, c'est pour réveiller notre attention, pour nous témoigner le zèle qu'il a de notre salut, et le soin qu'il prend de choisir l'image qui est le plus à notre portée, et la plu propre à notre instruction. *Le Royaume de Dieu est semblable à un grain de sénevé.* Quand on le sème, c'est la plus petite de toutes les graines; mais quand il est développé et qu'il a crû, il devient la plus grande de toutes les plantes. On peut l'appeler un arbre qui pousse des branches si fortes et si touffues, que les oiseaux du Ciel viennent s'y percher, et se reposer à son ombre. Appliquons d'abord cette parabole à Jésus-Christ lui-même. L'obscurité de sa naissance, les travaux de sa vie, l'ignominie de sa mort, l'ont fait regarder comme quelque chose de moins qu'un homme, comme un ver de terre, comme l'opprobre des hommes; mais de ce champ où le grain de sénevé a été semé, de ce jardin, de ce tombeau où Jésus a été enseveli, il est sorti triomphant et glorieux, l'espérance des nations, le bonheur des Saints, la gloire des Anges. Cherchons à être avec lui sur la terre ce qu'il y a de plus petit, et dans le Ciel nous serons élevés avec lui à ce qu'il y a de plus grand. Heureuses ces ames pures et ferventes qui, semblables aux oiseaux du Ciel, s'élèvent au-dessus de la terre, vont se reposer sur les branches de cet arbre divin, vont se cacher dans les plaies de Jésus, et jusque dans son cœur. Là inaccessibles aux passions qui agitent la terre, aux désirs insatiables qui brûlent et dessèchent le cœur des mortels, elles goûtent dans l'amour de leur Sauveur, et à l'ombre de son bras tout-puissant, un repos inaltérable, une nourriture délicieuse, et l'assurance d'un bonheur éternel.

SECOND POINT.

Le grain de sénevé, figure de l'Eglise.

Appliquons maintenant la parabole à l'Eglise de Jésus-Christ sur la terre. Quoi de plus foible dans ses commencements, par le nombre et la qualité des personnes qui la composoient, par l'humilité de sa foi, par la douceur de ses maximes, par la sévérité de sa morale, par le mépris qu'en ont fait les hommes, par les persécutions que lui ont suscitées les tyrans, et sous lesquels elle a été si long-temps comme ensevelie? Cependant ce grain de sénevé a germé, a poussé, s'est accru de siècle en siècle, est devenu un arbre majestueux qui a étendu ses branches jusqu'aux extrémités de la terre, et a couvert le monde entier de son ombre. Sous cette ombre, les plus puissants Monarques ont déposé leur sceptre, leur couronne, et ont trouvé, dans l'humilité de l'Evangile, une gloire plus solide que celle qui environne leur trône. Sous cette ombre, les plus sublimes génies ont abaissé leur esprit et leurs lumières, et ils ont trouvé, dans la soumission de la foi, des vérités plus consolantes que celles qui faisoient l'objet de leurs vaines recherches. Sous cette ombre, les plus insignes pécheurs ont immolé leur cœur et leurs passions, et ils ont trouvé dans les rigueurs de la pénitence, des délices plus pures que celles qu'ils recherchoient dans les voies de l'iniquité. Retirons-nous donc nous-mêmes à l'ombre de cet arbre divin! Mettons notre gloire dans la pratique de l'Evangile, notre science dans la soumission à l'Eglise, notre bonheur dans la mortification de la croix.

TROISIÈME POINT.

Le grain de sénevé, figure de la Grâce.

On peut encore appliquer la parabole à la grâce de Jésus -Christ dans nos cœurs. La première grâce qui commence notre conversion, et l'œuvre de notre salut, est quelquefois comme imperceptible. Une bonne pensée, une sainte inspiration, une secrète impulsion, un mot relatif à Dieu ou lu ou entendu, un accident, un saint exemple, une résistance à la tentation, la fuite d'une occasion, une démarche vers le bien, un pas dans la bonne voie; il n'en faut pas quelquefois davantage. Quel accroissement ne reçoit pas cette première grâce, quand on y est fidèle ! Elle croît, elle se fortifie, elle s'étend, elle produit des vertus sans nombre, des vertus sublimes, des vertus solides, qui font l'ornement et l'édification de l'Eglise. Combien d'ames viennent se reposer et se nourrir sur les branches de cet arbre fertile! Elles y trouvent de la consolation, du conseil, de la vigueur, de la force et du courage. Ah! si nous savions où peut nous conduire ce bon mouvement qui nous sollicite, cette vocation de Dieu qui nous presse ; si nous savions les desseins de Dieu sur nous, tout le bien qu'il veut faire pour nous, et le haut point de sainteté où nous parviendrions si nous voulions écouter sa voix, nous nous garderions bien d'y résister. Mais, hélas! combien de fois nous a-t-il offert sa grâce et l'avons-nous rejetée ! Ah! soyons plus sages à l'avenir! Prenons ce précieux grain que sa miséricorde nous offre encore : semons-le dans le champ de notre cœur, cultivons-le avec soin ; quelque petit qu'il nous paroisse, il est le germe de ce qu'il peut y avoir au monde de plus grand.

PRIÈRE. Vos voies, Seigneur, et vos desseins sont souvent cachés, faites donc que je ne méprise plus, ni les instructions dont vous vous servez pour mon salut, ni les moyens que vous employez pour ma conversion ! Oui, ô mon Dieu, je respecterai tout ce qui me viendra de votre part, et tous ceux qui me parleront en votre nom. Je serai fidèle à faire produire la première semence de votre grâce dans mon cœur. Employez, ô divin Jésus! pour établir solidement en moi votre règne, la même puissance que vous avez employée pour étendre votre Eglise sur toute la terre. Faites que, semblable à ce grain de sénevé, c'est-à-dire, humble comme vos premiers Disciples, petit à mes propres yeux, et content de l'être aux yeux des hommes, profondément humilié et anéanti par le plus entier mépris de moi-même, je devienne un arbre enraciné par la charité, par l'humilité, dans le champ de votre Eglise, et digne d'être transplanté un jour dans le séjour de votre gloire. Ainsi soit-il.

CXVe. MÉDITATION.

Parabole du Levain.

Cette parabole est susceptible de deux sens. Considérons d'abord le premier sens qu'on peut lui donner, ensuite le second qu'on peut lui appliquer, et observons en dernier lieu la Prophétie de toutes ces paraboles. *Matt.* 13. 33-35. *Marc.* 4. 33-34.

PREMIER POINT.

Du premier sens de cette Parabole.

LE Royaume des Cieux est semblable à du levain qu'une femme prend et mêle dans trois mesures de farine, jusqu'à ce que toute la pâte soit levée. Cette parabole désigne la prédication évangélique, accompagnée des dons du Saint-Esprit. La sagesse de Dieu a placé l'Evangile dans la Palestine, cette terre de promesse et de bénédiction. C'est là que ce précieux levain a commencé de fermenter ; c'est de là que la fermentation s'est répandue dans les trois parties du monde que l'on connoissoit alors, et que Notre-Seigneur a peut-être voulu désigner par ces trois mesures dont il a spécifié le nombre. Ce monde appesanti vers la terre, qui ne connoissoit d'autres biens que ceux de la terre, et n'adoroit d'autres Dieux que des idoles de métal ou de pierre, a été agité, remué, élevé au-dessus de lui-même ; il a renoncé à ses passions, il a brisé ses Dieux, il a adoré son Créateur, il a reconnu son Sauveur, il a tourné ses regards vers le Ciel, et il a travaillé à s'en rendre digne par ses vertus. Quel miracle, quel prodige éclatant de la Toute-Puissance de Dieu ! La fermentation dure encore : elle s'est répandue dans le nouveau monde, et elle durera jusqu'à ce que l'Univers entier en ait senti les salutaires effets, et que le nombre des élus soit rempli. Avancez ce grand ouvrage, Seigneur ! soutenez votre Eglise, qui a reçu de vous ce précieux levain, et qui prend soin de le répandre partout ! Donnez-lui des ouvriers fidèles, capables de seconder ses charitables soins, et à nous des cœurs dociles qui reçoivent ce levain avec empressement, qui craignent qu'il ne leur soit enlevé, et qui le laissent agir selon toute sa force et son efficace !

SECOND POINT.

D'un autre sens de cette Parabole.

On peut appliquer cette parabole au Pain Eucharistique que l'Eglise nous donne, et qu'elle met en nous comme un levain ou ferment sacré qui doit sanctifier les trois puissances de notre ame, tous les sens de notre corps, toutes les actions de notre vie; qui doit nous pénétrer, nous changer, s'incorporer avec nous, nous transformer en lui, nous faire avec lui une même chair et un même esprit, nous rendre un pain mystique et digne de la table de Dieu. Ah ! que je suis éloigné de ressentir en moi ces divins effets ! Je suis toujours courbé vers les choses de la terre, toujours tiède et languissant pour les choses de Dieu. N'y auroit-il point en moi quelque mauvais levain contraire à celui-ci, quelque passion que je n'aie pas mortifiée, quelque habitude que je n'aie pas rompue, quelque péché que je n'aie pas détesté? Otez, ô divin Sauveur! tout mauvais levain de mon cœur, afin qu'il se livre entièrement à l'opération divine de votre grâce et de votre Sacrement!

TROISIÈME POINT.

De la Prophétie de toutes ces Paraboles.

Or Jésus dit au peuple toutes ces choses en paraboles, et il ne leur parloit point sans paraboles, selon qu'ils étoient capables d'entendre, afin d'accomplir ce qui a été dit par le Prophète en ces termes : j'ouvrirai ma bouche pour parler en paraboles, j'en ferai sortir des choses qui ont été cachées depuis la création du monde. Mais en particulier Jésus expliquoit tout à ses Disciples. Les paraboles de Jésus-Christ étoient des prophéties, et par une disposition admirable de la sagesse divine, elles avoient elles-mêmes été prophétisées, afin que par un accord merveilleux des deux Testaments, on vit que la Religion étoit l'œuvre de Dieu, qu'elle embrassoit tous les temps, et s'étendoit depuis le commencement jusqu'à la fin des siècles. Jésus annonçoit sur l'établissement de son Eglise et les progrès de son Evangile, des événements incroyables, et qui paroissoient destitués de toute vraisemblance. Il parloit à un peuple qui n'étoit certainement pas en état de comprendre ces paraboles, ni disposé à croire les événements qu'elles annonçoient ; d'un autre côté, il falloit que ces événements eussent été prédits, afin qu'ils ne parussent pas l'effet du hasard. Le Sauveur étoit donc obligé, pour ne pas exposer ces vérités au mépris et au scandale de ses auditeurs, de les envelopper sous des figures et des emblêmes qu'ils ne pénétroient pas, et il se réservoit d'en développer le sens à ses Disciples, mieux disposés et plus dociles. Ce qu'il y a d'admirable, c'est que cette disposition même du peuple, ce tempérament dont le Sauveur use à son égard, sa bonté à instruire ses Apôtres, et par eux son Eglise, pour tous les siècles, tout cela se trouve prédit. Pour nous, qui sommes aujourd'hui placés dans le point de vue le plus favorable, nous voyons l'accomplissement des prophéties de Jésus-Christ, leur connexion avec les anciennes prophéties, la chaîne des événements qui se sont passés sur la terre, qui y ont signalé la puissance et la sagesse de Dieu, et nous découvrent la profondeur de ses conseils éternels. Peut-il y avoir pour l'esprit de l'homme un spectacle plus ravissant et plus divin ? Ah ! où est notre foi, notre reconnoissance et notre amour ?

Jésus parloit selon la porté du peuple, ce qui ne veut pas dire qu'il leur parlât suivant la capacité de leur esprit, mais suivant la disposition de leur cœur. C'est ainsi qu'il nous parle encore. Si nous ne comprenons rien aux mystères de Dieu et aux vérités de l'Evangile, ce n'est pas par l'esprit que nous manquons, c'est par le cœur. Travaillons à purifier ce cœur, et nous comprendrons, et Jésus-Christ lui-même nous expliquera intimement ce qu'il est nécessaire que nous comprenions.

PRIÈRE. Ah! loin de moi., Seigneur, de mêler jamais un levain étranger à celui de votre Evangile ! Préservez - moi de l'hypocrisie, de l'amour du monde, de ses maximes funestes, de ses inclinations corrompues, de ses assemblées contagieuses, qui sont un levain qui corrompt le cœur et qui empêche l'effet du levain sacré. Mêlez-le vous-même, ô mon Dieu! ce précieux levain au fond de mon cœur ; qu'il me change, qu'il me sanctifie ! Que tout se sente en moi de la sainteté de la Religion que je professe, afin que cette grâce de prédilection, que j'ai reçue de vous, tourne, non à ma condamnation, mais à votre gloire et à mon salut! Ainsi soit-il.

CXVI^e. MÉDITATION.

Parabole de l'ivraie.

DU MÉLANGE DES BONS ET DES MÉCHANTS.

D'où vient ce mélange; pourquoi Dieu souffre ce mélange; comment finira-t-il ? *Matt.* 13. 24-30, et 26-43.

PREMIER POINT.

D'où vient ce mélange.

1o IL ne vient pas de Dieu. Jésus leur proposa une autre parabole, disant : *Le royaume des*

Cieux est semblable à un homme qui sema de bon
grain dans son champ ; mais pendant qu'on dor-
moit, son ennemi vint, sema de l'ivraie parmi
le froment, et se retira. Or, l'herbe ayant poussé, et étant montée en épi, l'ivraie parut aussi.
Alors les serviteurs du père de famille vinrent la
trouver, et lui dirent : Seigneur, n'avez-vous
pas semé de bon grain dans votre champ? D'où
vient qu'il y a de l'ivraie? Il leur répondit : c'est
mon ennemi qui l'y a semée. Après cela, ayant
renvoyé le peuple, Jésus vint dans la maison ;
ses Disciples s'approchèrent de lui, et dirent :
expliquez-nous la parabole de l'ivraie semée dans
le champ. Jésus prenant la parole, dit : celui
qui sème le bon grain, c'est le Fils de l'Homme ;
le champ, c'est le monde ; le bon grain, ce sont
les enfants du royaume : et l'ivraie, ce sont les
enfants du malin esprit, l'ennemi qui l'a semée,
c'est le démon. Joignons nos prières à celles
des Apôtres, et prions Notre-Seigneur de nous
expliquer cette parabole, qui nous annonce les
vérités les plus importantes. Considérons, en
premier lieu, ce que Jésus a fait pour former
des justes sur la terre, et pour que nous, en particulier, nous fussions de ce nombre. Que de
Sacrements ! que d'instructions ! que de grâces !
Est-ce à ce divin Sauveur, à ce Dieu de toute
miséricorde qu'il faut s'en prendre, s'il y a
encore parmi nous des ames lâches, des pécheurs, des impies ? Considérons, en second lieu,
ce que c'est qu'un juste sur la terre. C'est un
enfant du royaume, un enfant de Dieu, un
membre vivant de Jésus-Christ, destiné pour le
Ciel. Ah ! l'heureux état ! Voilà ce que nous
sommes devenus par le baptême ; nous avons

été remis dans cet état par la pénitence, nous
y avons été fortifiés par l'Eucharistie ; mainte-
nons-nous y donc jusqu'à la mort ! Considérons, en troisième lieu, ce que c'est qu'un pécheur sur la terre. C'est un enfant du Démon,
exclu, pendant qu'il reste dans cet état, de tout
droit au royaume des Cieux, l'esclave, l'instrument, le jouet du Démon, complice de sa révolte, et destiné au même supplice que lui. Ah !
sortons d'un état si déplorable, et revenons à
Jésus qui nous offre encore des moyens assurés
pour nous rétablir dans nos premiers droits d'enfants de Dieu.

II° Ce mélange vient du démon comme
ennemi trompeur. Cet imposteur ne nous séduit qu'en nous flattant, il ne nous sollicite au
péché qu'en nous proposant des plaisirs, des
richesses, des honneurs et un bonheur parfait ;
et nous en croyons cet ennemi séducteur, qui
ne cherche qu'à nous dépouiller d'un royaume,
qu'à nous ravir le sceptre et la couronne pour
nous précipiter dans l'enfer. 2°. Ce mélange vient
du Démon., comme ennemi vigilant. Tandis que
les hommes dorment, le Démon veille ; il épie
les moments, et sait prendre son temps. Malheur aux Pasteurs endormis., et à tous ceux
qui sont chargés de la conduite des autres, s'ils
s'endorment au lieu de veiller ! Mais malheur à
nous-mêmes, si nous donnons prise à l'ennemi
par notre négligence à prier, à méditer, à fuir
les occasions du péché ! 3°. Ce mélange vient du
Démon, comme ennemi caché. L'ennemi vint la
nuit, et après avoir semé l'ivraie, il se retira et
ne parut plus. Qui n'auroit horreur du Démon,
si on le voyoit ? Qui ne le repousseroit avec

indignation, si l'on savoit que c'est lui qui nous suggère ces pensées de vengeance, qui nous présente ces images déshonnêtes, qui nous tient ces discours flatteurs, qui écrit ces livres empoisonnés, qui a tracé ces peintures lascives, qui a composé ces airs et ces chansons voluptueuses? Mais il se cache et ne fait paroître à sa place que ses suppôts, ceux qu'il a séduits et dont il se sert pour séduire les autres : défions-nous donc des ruses de cet ennemi caché.

SECOND POINT.

Pourquoi Dieu souffre ce mélange.

1° Pour la perfection des bons. Reprenons la parole. Lorsque le maître du champ eut appris à ses serviteurs que c'étoit son ennemi qui y avoit semé l'ivraie, *ces serviteurs lui dirent : voulez-vous que nous allions l'arracher?* Voilà les hommes : tel est leur zèle empressé et indiscret, qui voudroit tout perdre, tout exterminer. Mais Dieu n'en juge pas ainsi. Le maître *leur répondit : non, de peur qu'en arrachant l'ivraie vous n'arrachiez aussi le froment. Laissez croître l'un et l'autre jusqu'à la moisson.* Observons ici que les racines de l'ivraie s'entrelacent tellement avec celles du froment, qu'on ne peut presque point arracher l'une sans l'autre. De même, par un profond conseil de la sagesse de Dieu, qui sait tirer le bien du mal, la malice des méchants est tellement liée avec la vertu des bons, que celle-là ôtée, celle-ci perdroit beaucoup de son lustre et de son mérite. En effet., et 1°. la corruption du monde donne à la vertu une solidité et un éclat que sans cela elle n'auroit pas. Le monde est infidèle à Dieu, il n'offre partout que des ames rebelles à leur créateur, qui ont secoué le joug de son obéissance, et foulé aux pieds toutes ses lois : mais quelle gloire n'y a-t-il pas à lui demeurer fidèle au milieu d'une défection si générale, à oser se déclarer pour lui, à faire profession ouverte de lui obéir, et à marcher d'un pas ferme et égal dans la voie étroite de ses commandements ! Voilà le spectacle que nous offre la Religion ; nous voyons les exemples d'une piété solide, au milieu d'un monde corrompu, et jusque dans la profession et la licence des armes 2°. Le scandale du monde fait éclore des vertus sublimes et inconnues qui, sans cela, n'auroient jamais existé. Le monde est rempli de scandale ; il n'offre que des objets séduisants et des exemples contagieux, tout y est un piége à l'innocence et à la vertu. Mais qu'à produit ce scandale ? Il a peuplé les déserts, il a fait habiter les forêts, les antres les plus obscurs et les plus reculés ; il a fait bâtir d'abord loin des villes, et bientôt après dans les villes mêmes, des asiles à la vertu : et là, dans une heureuse liberté, quelles vertus sublimes n'a-t-on pas pratiquées ! De là sont sortis des Saints sans nombre, qui ont illustré, éclairé et gouverné l'Eglise. Sans les scandales et les dangers du monde, l'Eglise n'auroit pas été décorée de tant d'Instituts divers qui en font la gloire et l'ornement, et qui ne cessent de peupler le Ciel, en y conduisant tous les jours des ames pures qui ont mené sur la terre une vie toute céleste. 5°. La haine, la persécution du monde a porté la vertu à un point d'héroïsme où, sans cela, elle ne seroit jamais parvenue. Ce monde est un tyran, qui hait et persécute la vertu. On ne peut y vivre dans la piété, sans être en butte à ses railleries, à ses mépris, à ses fureurs. Quelle patience héroïque ne faut-il pas, pour conserver la charité et la douceur au milieu de cette vive et opiniâtre persécution! Les plus beaux siècles de l'Eglise ne sont-ils pas ceux des Martyrs? Le Ciel auroit-il des Martyrs, si la terre n'avoit point eu de tyrans? Adorons cette sagesse infinie de Dieu qui, d'un si grand mal, sait tirer un si grand bien. Entrons dans ses vues, et profitons, selon notre état, des avantages que ce mélange nous fournit. Il y a des états mixtes, où tous ces avantages semblent réunis. On est assez répandu dans le monde, pour avoir occasion de rendre à Dieu un témoignage éclatant, et pour lui donner des preuves d'une vertu incorruptible : on est assez retiré du monde, pour pouvoir pratiquer les vertus sublimes et cachées de la vie cénobitique; et enfin, on est peut-être assez haï du monde, pour pouvoir espérer quelque part à la couronne des Martyrs.

II° Dieu souffre ce mélange pour la conversion des pécheurs. *Et Jésus dit : non, de peur qu'en arrachant l'ivraie, vous n'arrachiez aussi le froment.* L'ivraie ressemble assez au froment, et avant la maturité on peut s'y tromper : mais dans le sens moral, il est encore plus aisé de s'y méprendre, parce que l'ivraie ne peut devenir froment, mais le pécheur péut se convertir, devenir un saint et un élu. C'est pour cela que Dieu le laisse vivre sur la terre; et ce qui doit l'engager lui-même à changer, c'est, en pre-

·mier lieu , la bonté de Dieu qui le souffre. *Vou-lez-vous que nous allions arracher cette ivraie·, et il dit : non.* Ah ! parabole pleine de douceur et de tendresse ! Eh ! où en serois-je, Seigneur, .si cette parabole de clémence n'étoit pas sortie de votre bouche, pour arrêter toutes les créatures soulevées contre moi ? C'est elle qui m'a sauvé de ce danger où je devois perdre la vie, qui m'a guéri de cette maladie qui pouvoit devenir mortelle, qui m'a préservé de mille acci-·dents que je n'ai pu prévoir, et qui m'a conservé jusqu'à ce moment. Vous me·donnez le temps de revenir à vous ; et pour me le donner, vous avez souffert ·dans le silence ma lâcheté et ma tiédeur à ·vous servir : vous avez souffert mes ·crimes , mes scandales , ·mes infidélités , mes rechutes, mes excès en tout genre. Ah ! c'est assez, c'est trop vous offenser, et abuser de votre bonté ; je reviens à vous, ô mon Dieu ! pénétré de la plus vive douleur, et résolu d'employer le reste de mes jours à vous servir fidèlement, et à réparer les désordres de ma vie passée ! En second lieu , l'exemple des bons qui le sollicite. Qu'est — ce qu'un pécheur ? Il est l'ivraie du champ du Seigneur, l'opprobre de la nature, la honte de la Religion, l'enfant du Démon, l'ennemi de Dieu et du Sauveur, .et un objet·d'horreur pour les Anges. Ah! si Dieu n'avoit arrêté mille fois le courroux et l'indignation de ces esprits bienheureux, il y a long temps qu'ils l'auroient arraché de la terre qu'il déshonore. Les justes au contraire sont le froment précieux, la gloire et les délices du maître du champ. Ils sont les enfants de Dieu destinés à résider éternellement avec lui dans le Ciel. Le monde lui-même ne peut leur refuser son approbation, son estime, et s'empêcher quelquefois d'envier leur sort. Et pourquoi l'envier? Nous pouvons être ce qu'ils sont; profitons de leur exemple, c'est pour cela que Dieu nous laisse encore sur la terre. En troisième lieu, la justice de Dieu qui le menace. *Laissez croître l'un et l'autre jusqu'à la moisson.* Ame lâche et dissipée, pécheur impénitent et obstiné, ne vous y trompez pas; la patience de Dieu a des bornes; vos plaisirs, vos injustices, vos blasphèmes, vos scandales en auront aussi, au-delà desquelles il ne vous sera pas permis de continuer vos désordres. Multipliez donc vos péchés autant que vous le pourrez : on vous laissera faire, mais jusqu'à la moisson et non au-delà, jusqu'à la mort, après laquelle tout sera fini pour vous; mais alors plus de pénitence, plus de conversion, plus de grâce, plus de miséricorde. Ah! plutôt, ne poussez pas la fureur jusque là, prévenez ce moment terrible, qui seroit suivi d'un désespoir éternel!

TROISIÈME POINT.

Comment finira ce mélange?

Par le châtiment des méchants et la récompense des bons. *Au temps de la moisson, je dirai aux moissonneurs : arrachez premièrement l'ivraie, et liez-la en botte pour la brûler; mais amassez le blé dans mon grenier.*

I° Du châtiment des méchants. Les termes de la parabole suffiroient pour nous faire comprendre la rigueur de ce châtiment, mais voyons comment Notre-Seigneur l'explique. *Le temps de la moisson, c'est la fin du monde : et les moissonneurs, ce sont les Anges. Comme, donc, au temps de la moisson, on amasse l'ivraie et on la brûle dans le feu, il en sera de même à la fin du monde. Le Fils de l'Homme enverra ses Anges, qui enlèveront de son Royaume tous les scandales et ceux qui commettent l'iniquité, et ils les jetteront dans la fournaise du feu. Là il y aura des pleurs et des grincements de dents.* C'est Jésus-Christ lui-même qui nous explique ainsi sa parabole ; il ne peut donc y avoir dans cette explication, ni erreur, ni exagération : ainsi examinons dans le châtiment des méchants, 1°. l'endroit du supplice : une fournaise. Est-il de retraite, de solitude, d'esclavage, d'assujettissement, qui puissent me paroître durs, pour me garantir d'être renfermé éternellement dans une prison aussi affreuse et un cachot aussi épouvantable que l'est une fournaise ? 2°. L'instrument du supplice : le feu. Est-il plaisirs, sensualité, délices auxquels je ne doive renoncer ; est-il genre de pénitence, de mortification, de crucifiement, que je ne doive embrasser volontiers, pour éviter ce feu dévorant ? 3°. L'effet du supplice : la rage et le désespoir. Crier, pleurer, grincer des dents, se désespérer, maudire Dieu, se maudire soi-même, se livrer aux transports d'une rage et d'une fureur éternelle; voilà quels seront l'état et l'occupation des réprouvés. Quel chaos ! quelle horreur, quel séjour ! Est-il rien que je ne doive souffrir ici-bas, pour l'éviter ? Contradictions, querelles injustes, humeur fâcheuse, dureté impérieuse, sévérité outrée, mauvais traitements, rien de tout cela peut-il me paroître insupportable, en comparaison de ces pleurs et de ces grincements de dents qui seront le partage des réprouvés? Or, qui sera ainsi jeté dans cette fournaise ardente? Tous les pécheurs, sans qu'un seul puisse en échapper ou résister, tous sans distinction d'état ou de rang. Rois, Monarques, grands, nobles, puissants, riches, savants, vous n'êtes plus rien. Etes-vous justes ou pécheurs? c'est un point qui, sur la terre, vous paroissoit de légère ou de nulle conséquence; mais ici, c'est le seul point qui décide de tout. Si vous êtes pécheurs, vous n'êtes que de l'ivraie condamnée au feu. Prêtres, Religieux, Solitaires, pauvres, foibles, affligés, êtes-vous justes ou pécheurs? C'est un point auquel vous n'avez peut-être pas fait sur la terre toute l'attention que vous deviez; mais si vous n'avez pas rempli les devoirs de votre état, et profité de vos souffrances, si, en un mot, vous êtes pécheurs, vous n'êtes que de l'ivraie condamnée au feu.

II° De la récompense des bons. *Alors les justes brilleront comme le soleil dans le royaume de leur Père.* Considérons leur récompense, 1°. dans leur personne. Qu'ils seront différents de ce qu'ils étoient sur la terre! Il ne se trouvera pas en eux la moindre imperfection, ni de corps ni d'esprit; il n'y aura rien en eux que d'aimable, que de ravissant. La splendeur du soleil n'est qu'une foible figure pour exprimer l'éclat dont ils brilleront, et la gloire dont chacun d'eux sera environné. 2°. Dans leur séjour; ce sera le royaume de Dieu leur Père, c'est-à-dire, le Ciel. Si la terre, quoique maudite, offre encore aux heureux du siècle tant de charmes divers, que sera-ce du Ciel, que la sagesse de Dieu a formé

à dessein pour être la demeure éternelle de ses
enfants chéris, où rien ne manque, où tout
abonde ? 3°. Dans l'objet de leur béatitude, qui
sera Dieu même, l'Être infini et la source de tous
les biens. Ils jouiront de lui, ils le verront, ils
l'aimeront, ils participeront à sa félicité dans les
délices ineffables d'un amour éternel. Mais pour
qui sera un sort si digne d'envie ? pour les
justes : à ce titre seul on peut l'obtenir. De quelque rang, de quelque condition que nous soyons,
vivons dans la justice, remplissons les devoirs
de notre état, observons la loi de Dieu, prati-
quons les vertus chrétiennes, persévérons dans
la piété, mourons dans l'amour de Dieu, et le
Ciel nous est assuré. Et quel autre intérêt ai-je
donc dans ce monde, et que m'importe tout le
reste, pourvu que je vive et que je meure dans
la grâce de mon Dieu ? Voilà donc le dénouement
de cette scène étonnante qui se passe sur la terre,
et de ce mélange des bons avec les méchants ;
scène qui a causé tant de scandale aux esprits
foibles, qui a fait proférer tant de blasphèmes
aux esprits forts, et qui a sanctifié les esprits
raisonnables et les cœurs dociles ! En voilà le
dénouement vraiment digne de la majesté, de la
grandeur, de la sagesse, de la justice et de
la magnificence de Dieu !

PRIÈRE. Vous ajoutez, Seigneur, en finissant:
*Que celui - là entende, qui a des oreilles pour
entendre.* Ah ! qui pourroit n'être pas réveillé
de son assoupissement, par l'explication que
vous nous donnez vous - même de la parabole
que vous nous proposez ! Que l'impie se bouche
les oreilles pour ne pas l'entendre, que le libertin se dissipe pour n'y pas réfléchir ; pour

moi, ô mon Dieu ! je vous demande un cœur docile, pour profiter d'une leçon si importante, d'une vérité tout à la fois et si terrible et si consolante ! Détachez mon cœur de tout ce qui passe avec le temps, afin que je comprenne et que je goûte ce qui est éternel ! Ah ! Seigneur, que votre justice m'effraie, que votre bonté me rassure, que votre loi me serve de règle, afin que marchant dans la lumière je parvienne à votre gloire. Ainsi soit-il.

CXVII^e. MÉDITATION.

Parabole du Trésor caché et de la Perle précieuse.

Après que Notre-Seigneur eut expliqué à ses Apôtres la parabole de l'ivraie, il continua de les instruire par plusieurs autres paraboles qui feront le sujet de cette Méditation et de la suivante. *Matth.* 13. 44-46.

PREMIER POINT.

Parabole du trésor caché.

JÉSUS dit à ses Apôtres : *Le royaume des Cieux est encore semblable à un trésor caché dans un champ : l'homme qui le trouve, l'y cache de nouveau : plein de joie, il va vendre tout ce qu'il a, et achète ce champ.*

I° On peut appliquer cette parabole au trésor du salut caché dans l'Église de Jésus-Christ. Qu'il en a coûté aux premiers fidèles, pour

acquérir ce champ et s'en conserver la possession, pour devenir membres de cette Eglise et
en conserver la foi, il leur a fallu renoncer
non-seulement à leurs biens, à leur repos, à
leur réputation, mais souvent à leur vie même;
et ils n'ont pas craint de sacrifier tout, pour
se maintenir dans cette foi sans laquelle on ne
peut plaire à Dieu, dans cette Eglise hors de
laquelle il n'y a point de salut. Ceux qui n'y
sont pas doivent imiter leur générosité pour y
entrer; pour nous qui y sommes nés, quelle
est notre ingratitude si nous n'en sommes pas
pénétrés de reconnoissance et si nous n'en remercions pas Dieu tous les jours de notre vie!
Mais quelle est notre stupidité, si nous négligeons ce trésor, qui est en notre possession, et
qui nous appartient; si nous ne pouvons pas
nous donner la peine de le chercher, de fouil-
ler pour le déterrer et nous l'approprier! Qu'arrive-t-il cependant? Semblables au premier
maître du champ de la parabole, et moins ex-
cusables que lui, nous n'avons pas même l'idée
de ce trésor; nous n'y pensons pas, nous sommes peu attachés au champ où il est caché, à
l'Eglise et à la foi, prêts à abandonner l'une
et l'autre, et le salut qui en dépend, dès que
le plaisir, le respect humain, la fortune ou
l'ambition l'exigeront. Combien de fois peut-
être même n'avons-nous pas vendu ce trésor à
un si vil prix.

II° On peut appliquer cette parabole à la perfection cachée dans l'état religieux, et dans
l'éloignement du monde. Celui que Dieu appelle à la perfection, soit par une vocation particulière à quelque ordre religeux, ou à l'état

ecclésiastique, soit par un attrait puissant à la
vie intérieure, et aux exercices de piété et de
la pénitence, au milieu du monde même, celui-
là comprend que c'est un trésor qu'il a trouvé.
Or, quelle est sa joie pour une si heureuse découverte ! Il évite de la manifester, de la faire
éclater ; il la cache dans son sein, ou ne la communique qu'à des personnes discrètes et éclairées,
qui peuvent l'aider, par leur crédit et par leurs
conseils, à faire l'acquisition du champ où désormais est son trésor. Quelle ardeur, quel empressement, quelle vive et sainte impatience de
terminer toutes les affaires temporelles, de voir
arriver l'heureux moment où l'on pourra se
donner à Dieu, et le servir en pleine liberté !
Rappelons-nous cet heureux temps, si jamais
nous avons eu ce bonheur ! Trouvâmes-nous
alors quelque difficulté à nous séparer de ce que
nous avions de plus cher, et à faire les sacrifices qu'exigeoit notre vocation ? Non, sans doute ;
nous aurions sacrifié mille mondes, pour obtenir
le trésor désiré depuis long-temps. Nous avions
raison ; le trésor que nous acquérions valoit plus
que mille mondes, plus que toutes les créatures
réunies. Mais avons-nous conservé ces sentiments,
cette estime de notre état, cette joie de l'avoir
obtenue, cette générosité à sacrifier tout pour en
remplir dignement les devoirs ? Le trésor n'a
pas changé : il est le même, et toujours il est
capable de nous enrichir et de rassasier tous les
désirs de notre cœur. Quel malheur, si ce trésor
étoit encore devenu pour nous un trésor caché !
Ah ! si cela est, rentrons en nous-mêmes,
n'abandonnons pas le champ que nous possédons;
le trésor y est, nous le savons ; cherchons,

fouillons, prions, méditons, travaillons; nous, le retrouverons, et une sainte joie reprendra dans notre cœur la place de l'ennui et du dégoût.

III° Nous pouvons nous appliquer cette parabole à nous - mêmes, en considérant dans cet homme de l'Evangile, 1°. son bonheur. Il trouve un trésor, et un trésor qu'il ne cherchoit point, auquel il ne pensoit même pas ; et tel est notre propre bonheur. Sans que nous l'ayons cherché, sans que nous y ayons même pensé, nous nous trouvons Chrétiens et Catholiques, nous avons la foi, et nous connoissons tous les biens qu'elle renferme. De combien de grâces Dieu ne nous prévient-il pas ! Que de saints désirs ne nous inspire-t-il pas ! Concevons notre bonheur, et pénétrons-nous de reconnoissance. 2°. La prudence de cet homme. Ayant découvert ce trésor dans un champ qui n'étoit pas à lui, il le remet à sa place, il le cache de nouveau, et le couvre de terre. C'est ce que l'humilité doit faire en nous ; elle doit cacher les grâces, les dons de Dieu et les bonnes œuvres. Celui-là s'expose à être volé, qui est assez imprudent pour ne pas cacher son trésor. 3°. Sa joie. Livrons-nous aux sentiments de joie que méritent les biens dont la foi nous fait jouir, et ceux qu'elle nous donne le droit d'espérer. 4°. Son courage. Il vend tout ce qu'il a, et il achète le champ. La connoissance du trésor ne s'achète point. La foi, la grâce nous sont données gratuitement ; mais la possession du trésor, du champ où il est, du royaume des Cieux, de la vie éternelle, de la couronne de justice, doit être achetée. Ne nous flattons pas, il doit nous en coûter. Ce seroit nous tromper grossièrement, que de nous per—

suader que le Ciel nous sera donné gratuitement. Il faut l'acheter au prix de toutes nos passions, de toutes nos inclinations vicieuses dont il faut nous défaire, au prix de tous les sentiments de notre cœur, de toutes les actions de notre vie qu'il faut consacrer à Dieu et à son amour. A ce prix, le Ciel est à nous. O l'heureux commerce! l'heureux échange! l'heureuse acquisition!

SECOND POINT.

Parabole de la Perle précieuse.

Le Royaume des Cieux est encore semblable à un Marchand qui cherche de belles perles, et qui en ayant trouvé une précieuse, s'en va, vend tout ce qu'il a, et l'achète.

I° Appliquons cette parabole à l'Eglise de Jésus-Christ, à la Religion, à la Foi chrétienne et catholique. Considérons, en premier lieu, quelle doit être la recherche de la vraie Religion. Quand on n'est pas né dans la vraie Religion, on ne peut s'empêcher de sentir bien des inquiétudes, pour peu qu'on réfléchisse sur un point qui est d'une si grande importance pour l'Eternité. Au commencement du Christianisme, plusieurs grands philosophes et beaux-esprits ayant essayé de plusieurs Sectes, et ne trouvant rien qui les satisfît, furent enchantés de la doctrine chrétienne et catholique, l'embrassèrent, s'y fixèrent, et ont été, par leurs ouvrages, la gloire et l'ornement de l'Eglise. Il en seroit de même des schismatiques, des hérétiques, et de nos philosophes impies, s'ils cherchoient la vérité avec un cœur aussi droit et des vues aussi pures que ces pre—

miers philosophes. Mais on ne cherche pas là
vérité, parce qu'on la hait et qu'on en craint
les conséquences, parce qu'on chérit l'erreur et
qu'on en aime les illusions. Considérons, en
second lieu, la vérité de la Religion chrétienne
et de la foi catholique. Dès qu'on connoît la Religion chrétienne et l'Eglise catholique, tous les
doutes cessent. La vérité s'y montre avec un éclat
qui dissipe toutes les ténèbres, et tranquillise
parfaitement le cœur et l'esprit. Tout y est
prouvé, tout y est conséquent, tout y est raisonnable; tout y est proportionné, d'un côté,
aux besoins, aux foiblesses de l'homme, et de
l'autre, à la noblesse de ses sentiments, à l'étendue de ses désirs. En fait de perles précieuses,
si on n'est pas connoisseur, on peut se tromper
sur leurs beautés respectives, tandis qu'on n'en
voit que de communes; mais que parmi celles-
là il y en ait une d'une beauté parfaite, quiconque la considèrera attentivement, la distin-
guera aussitôt de toutes les autres. Le malheur
de l'homme est de n'avoir d'attention et d'activité que pour les biens de la terre, de ne craindre
de se tromper que dans ce qui touche ses intérêts temporels, et d'être tiède et indifférent pour
tout ce qui regarde Dieu et son propre salut.
Indifférence qui va jusqu'à faire dire à tant d'impies, que toutes les religions sont bonnes, et
qu'on peut se sauver dans toutes. Ah! qui parle
ainsi, ne s'y connoît pas; qui parle ainsi n'a
pas la véritable Religion! Quand on l'a, on sent
qu'on a la vérité, et la vérité est une. *Il n'y a*
qu'un Dieu, qu'un Baptême, et qu'une Foi. Pour
nous qui y sommes nés, aimons-la, étudions-la,
et attachons-nous y de plus en plus. Considé-

rons , en troisième lieu, quel est le prix de la vraie Religion et de la vraie Foi. Si plusieurs ne connoissent pas la vérité , faute de recherches et d'attention , plusieurs aussi ne l'embrassent pas, faute de générosité et de courage. La vérité de la Religion et de la Foi est une vérité de pratique qui exige les plus grands sacrifices. Il faut soumettre les préjugés de son esprit aux décisions de l'Eglise, les penchants de son cœur aux préceptes de la morale, son orgueil à l'humble confession de ses fautes , sa chair à la pénitence , aux jeûnes et aux abstinences. Il faut vaincre le respect humain qui nous retient , rompre des liens qui nous attachent, quelquefois même renoncer à ses biens et à sa fortune. Ah ! malheur à celui qui hésite de faire à ce prix l'acquisition de cette perle précieuse qui l'enrichiroit pour l'Eternité ! Pour nous qui sommes nés dans la vraie foi , aimons-la , conservons-la ; mais surtout joignons-y les œuvres qu'elle commande : sans quoi ce seroit une foi morte , une perle perdue pour nous, et dont la perte nous rendroit encore plus coupables.

IIº Appliquons cette parabole au vrai bonheur de l'homme, qui consiste dans l'amour de Dieu et l'état de grâce. Considérons, en premier lieu, quelle doit être la recherche du vrai bonheur. Tout le monde veut être heureux. L'Evangile même nous exhorte à le devenir ; mais il nous avertit de chercher le vrai bonheur où il est. Un homme qui cherche des perles et qui en trafique, n'en cherche que de bonnes et de fines ; pourquoi donc ne rechercherions-nous qu'un bonheur que nous avons tant de fois éprouvé être faux, souillé, impur, incapable de satisfaire notre cœur, et qui ne peut que nous causer de la honte, du trouble et des remords! Rejetons, en hommes qui s'y connoissent et qui ne veulent pas être trompés, ces perles factices, ces faux brillants qui ne méritent que du mépris, et dont l'acquisition, loin de nous enrichir, ne pourroit que nous ruiner. Considérons, en second lieu, où se rencontre le vrai bonheur. Le bonheur véritable ne se trouve que dans l'amour et dans la grâce de Dieu. Ah! mille fois heureux celui qui fait la découverte de cette perle précieuse, qui en connoît là beauté et la richesse! Nos cœurs ne sont faits que pour Dieu ; c'est en Dieu, dans sa grâce et dans son amour, qu'ils trouvent le repos qu'ils cherchent en vain dans l'amour des créatures ; c'est trop peu dire : ils y trouvent des charmes, des douceurs, des délices, en un mot une félicité au-dessus de toute expression, avec là douce espérance que la mort ne la leur enlèvera pas, qu'elle la consommera au contraire, et qu'elle en rendra la durée éternelle. Considérons, en troisième lieu, le prix du vrai bonheur. L'amour de Dieu, dans lequel seul consiste le vrai bonheur, ne s'acquiert qu'au prix de tous les autres amours, qu'au prix de tout ce qu'on possède, et de tout ce dont on peut espérer la possession, qu'au prix de toutes les affections du cœur pour les choses créées. Nous cherchons en vain à composer, en vain voudrions-nous retenir quelque chose : le prix en est fixé. Nous n'aurons jamais cette perle inestimable, que nous n'ayons tout donné. Pendant que nous disputons et que nous nous tourmentons nous-mêmes, nous perdons des moments précieux, nous diminuons d'autant la durée de la possession, et peut-être le temps va-t-il finir, et perdrons-nous tous les autres biens que nous voulons obtenir sans avoir acquis celui qui seul pourroit nous rester et nous satisfaire! Ah! ne craignons rien! quand on nous demande tout, ce n'est pas pour nous appauvrir, c'est pour nous enrichir : ce n'est pas pour nous priver de quelque bonheur, c'est pour nous ôter ce qui nous empêche de jouir du bonheur parfait, souverain et infini.

PRIÈRE. Donnez-moi, ô mon Dieu, cette vraie sagesse qui fait estimer et rechercher les choses selon leur prix, cette vraie prudence qui préfère le salut à tout, cette véritable générosité qui sacrifie toutes choses à votre amour ! C'est à la foi et à la confiance, à la prière et à la fidélité, que vous accordez et la perle précieuse et le trésor caché, c'est-à-dire, votre Royaume : faites que je ne néglige aucun de ces moyens pour me le procurer ! Ainsi soit-il.

CXVIII^e. MÉDITATION.

Parabole du Filet.

Cette parabole nous présente l'état de l'Eglise dans le siècle présent ; l'état de l'Eglise à la consommation du siècle ; et l'état de l'Eglise dans le siècle futur. *Matt.* 13. 47-52.

PREMIER POINT.

De l'état de l'Eglise dans le siècle présent.

LE *Royaume des Cieux* est encore *semblable à un grand filet qu'on jette dans la mer, et qui prend toutes sortes de poissons. Lorsqu'il est plein, les pêcheurs le tirent sur le bord du rivage où, s'étant assis, ils choisissent les bons poissons pour les mettre dans des vaisseaux, et jettent dehors les mauvais.* Ce vaste filet, c'est l'Eglise qui, par la prédication de l'Evangile, rassemble dans son sein des hommes de toutes sortes, des bons et des méchants. Ici bas tout est mélangé, tout est caché ; on ne peut distinguer avec certitude qui sont les bons, et quel est le degré de leur bonté ; qui sont les méchants, et quel est le degré de leur méchanceté, et encore moins ceux qui persévèreront dans leur bonté ou dans leur méchanceté. Ce qui est dit de l'Eglise en général est vrai encore de chaque ordre et de chaque profession en particulier. De là, tirons trois conjectures.

I° Une vérité qu'il faut savoir, c'est qu'on

n'est pas hors de l'Eglise, quoiqu'on soit pécheur. L'Eglise sur la terre n'est pas composée des seuls justes ou des seuls prédestinés. Quelque pécheur que je sois, je suis encore dans l'Eglise, et je peux encore me convertir et me sauver. On ne peut se sauver hors de l'Eglise; mais quoiqu'on soit dans l'Eglise, quoique dans l'Eglise on ait embrassé un état saint, un état de perfection, on n'est pas sauvé pour cela. On peut se perdre dans tous les états.

II° Un défaut qu'il faut éviter. Le mal qui paroît dans l'Eglise, ne doit ni me surprendre ni me scandaliser, puisqu'il est prédit. L'Eglise n'en est pas moins sainte en elle-même; les différents ordres de l'Eglise n'en sont pas moins saints en eux-mêmes, pour quelques désordres et quelques scandales qui s'y trouvent. C'est le triste apanage de l'humanité, c'est un malheur inévitable parmi des créatures qui sont dans la voie et qui ont la liberté. Je ne dois pas me mêler de juger personne, ou de faire un discernement qui n'appartient qu'à Dieu, et qui n'est pas de l'état présent de l'Eglise, tandis qu'elle est encore sur la terre.

III° Un seul point important auquel il faut s'attacher. Ce qui m'importe uniquement, c'est de voir qui je suis dans l'Eglise et dans mon état, c'est de me mettre du nombre des bons, de devenir bon ou meilleur, tandis qu'il est encore temps, parce que ce qui est caché et mêlé maintenant, ne le sera pas toujours, et bientôt le filet sera tiré, c'est-à-dire le discernement des justes et des pécheurs fait sans retour.

SECOND POINT.

De l'état de l'Eglise à la consommation du siècle.

Il en sera de même à la fin du monde. Les Anges viendront, et sépareront les méchants du milieu des justes : et ils les jetteront dans la fournaise de feu. Là il y aura des pleurs et des grincements de dents. Lorsque le filet sera rempli, on le tirera. Quand Dieu aura exécuté tous ses desseins sur la terre en faveur de ses élus, le monde qui ne subsistoit que pour eux finira. Jésus-Christ assis avec ses Apôtres qui avoient jeté le filet, jugera, prononcera, et un nouvel ordre de choses commencera.

I° Ce qui étoit caché sera manifesté. Ni l'hypocrisie, ni la charité même ne pourront plus rien voiler, rien déguiser. La vérité tout entière paroîtra, et avec elle, d'un côté, que de monstres, que d'abominations, que d'horreurs paroîtront, et de l'autre que de beautés, que de merveilles, que d'objets ravissants! Que paroîtrai-je alors moi-même? Ce que je suis maintenant, et ce que je prends un si grand soin de ne pas paroître.

II° Ce qui étoit mêlé sera séparé. Les Anges viendront et sépareront les pécheurs du milieu des justes; du milieu des Prêtres saints, les Prêtres sacriléges; du milieu des Religieux mortifiés, pénitents, les Religieux sensuels; du milieu des Magistrats intègres, les Magistrats injustes; du milieu des Chrétiens fervents, les Chrétiens corrompus; du milieu des Vierges sages, les Vierges insensées; du milieu des épouses fidèles, les épouses adultères; du milieu des femmes chrétiennes, les femmes mondaines, enfin du milieu des élus, les reprouvés. Ah! qui pourra soutenir la honte d'une telle séparation? Séparons-nous maintenant des pécheurs, pour n'être pas alors séparés des justes!

III° Ce qui étoit réuni dans un centre commun, sera divisé et placé aux deux extrémités opposées. Les bons et les méchants, les biens et les maux étoient réunis sur la terre; alors la division se fera, et chaque chose sera mise à sa place dans une opposition infinie et éternelle; les pécheurs dans la fournaise ardente, dans l'Enfer, les justes dans le Ciel, dans les délices du Paradis : d'un côté, l'assemblage de tous les maux pour les pécheurs; de l'autre, l'assemblage de tous les biens pour les justes.

TROISIÈME POINT.

De l'état de l'Eglise dans le siècle futur.

I° Considérons quel sera alors le malheur des pécheurs. Les pécheurs qui auront méconnu l'Eglise, ou qui l'auront déshonorée, en seront exclus pour jamais, et livrés pour toujours aux tourments, aux pleurs, aux regrets, à la rage, au désespoir. Voilà quelle sera leur occupation éternelle.

II° Examinons quel sera le bonheur des justes. Les justes, qui alors composeront seuls l'Eglise triomphante de Jésus-Christ, vivront dans les délices de l'amour divin et d'une vie bienheureuse et glorifiée, qui n'aura jamais de fin. Voilà leur sort éternel.

III° Concluons de ces deux vérités, quel est l'intérêt de ceux qui vivent encore sur la terre. Leur intérêt, c'est de bien comprendre ces vérités. *Jésus-Christ ajouta, en parlant à ses Apôtres : avez-vous bien compris toutes ces choses? Oui, lui dirent-ils.* Notre-Seigneur nous fait encore la même demande. Or les avons-nous assez comprises ces vérités, pour voir que c'est de nous qu'il s'agit ici, que nous sommes dans le premier état de l'Église, que nous paroîtrons au second, et que nous serons éternellement dans le troisième? Les avons-nous assez comprises, pour sentir que nous n'avons pour nous préparer à ce terrible dénouement, que le temps incertain et le court espace de notre vie? Les avons-nous assez comprises, pour ne les oublier jamais, pour en tirer des conséquences de pratique, pour en faire la règle de toutes nos pensées et de toutes nos actions : assez, pour en être pénétrés ; assez pour en instruire les autres et tous ceux dont nous sommes chargés ; assez, pour rapporter à ce but tous nos soins, tout notre savoir, toute notre industrie? *Et Jésus-Christ leur dit : c'est pour cela que tout Docteur, instruit de ce qui regarde le royaume du Ciel, est semblable à un père de famille qui tire de son trésor des choses nouvelles et anciennes.* C'est-à-dire, apprenez, par mon exemple, quel est le docteur propre à enseigner dans l'Église du Christ, et à devenir un guide utile à ses frères. Il doit ressembler à un père de famille qui tire de son trésor l'ancien et le nouveau. Chargé du soin de nourrir sa maison, cet homme a toujours ses provisions ; les unes sont faites long-temps avant qu'il en ait besoin ; il y en a d'autres qu'il fait tous les jours. Voilà le modèle d'un ministre de l'Eglise, habile et zélé. Il faut qu'on ne puisse jamais le surprendre. Il doit avoir un trésor et un fonds, d'où il tire les vérités nécessaires à la subsistance de son peuple. Il doit posséder les vérités anciennes, et se remplir tous les jours des nouvelles, tantôt se servir de ce qu'il a recueilli dans l'Ancien Testament, tantôt de ce qu'il médite et apprend chaque jour dans le nouveau. Ce père tendre, après avoir puisé dans ces sources divines, doit présenter avec bonté et sans intérêt à ses enfants le lait et le vin de la sagesse, selon leur portée, selon leurs besoins, selon les diverses dispositions de leur cœur. Il doit employer à leur instruction toutes ses lumières, toutes ses études, tout ce qu'il a lu dans les livres anciens et modernes, dans les auteurs sacrés et profanes, tout son talent et toute son industrie, mettre en usage tous les styles, tout ce qu'il y a de plus fort et de plus doux, de plus sublime et de plus familier, de plus terrible, et de plus insinuant, pour inculquer les vérités importantes du salut.

PRIÈRE. O mon Dieu! que ne puis-je vous répondre comme les Apôtres : *Oui, Seigneur, je les ai comprises ces vérités que vous m'avez enseignées pour mon salut!* Mais si je les ai comprises, pourquoi donc ne les ai-je pas pratiquées? O mon ame! tu es convaincue de ces grandes vérités, et comment pourrois-tu en douter? C'est Jésus-Christ lui-même qui te les explique de la manière la plus claire et la plus précise; mais si tu n'en doutes pas, quelle est ton insensibilité de n'y pas conformer ta conduite! O divin Jésus! éclairez mon esprit, ou

plutôt échauffez mon cœur, gravez-y profondément votre parole sainte ; daignez lui en communiquer un tel amour et un tel goût, que je
me la rappelle et que je la pratique dans toutes
les occasions, afin que, vivant en véritable chrétien, je ne sois pas rejeté au jour du jugement!
Ainsi soit-il.

CXIX^e. MÉDITATION.

Jésus fait un second voyage à Nazareth.

Considérons ici l'admiration des Nazaréens, leur scandale,
et la douceur de Jésus au milieu d'eux. *Matt.* 13. 55-58.
Marc. 6. 1-6.

PREMIER POINT.

Admiration des Nazaréens.

1° ADMIRATION forcée, qui ne détruit pas la
haine. *Jésus, ayant achevé ces paraboles, partit de là, et étant venu dans son pays (à Nazareth, où il avoit été élevé), ses Disciples
le suivirent, et il instruisoit ses concitoyens dans
leurs synagogues, le jour du Sabbat. Ceux qui
l'écoutoient étoient étonnés de l'entendre. Tous
lui rendoient témoignage, et dans l'admiration où
ils étoient des paroles de grâce qui sortoient de sa
bouche, ils disoient : d'où est venu à cet homme
cette sagesse et cette puissance ? D'où lui viennent
toutes ces choses, et pourquoi tant de miracles se
font-ils par ses mains ?* Jésus, accompagné

de ses Disciples, se rendit de Capharnaüm à
Nazareth, sa patrie, non pour se délasser de ses
travaux, mais pour les continuer. Aux jours
d'assemblée, il se trouvoit à la synagogue, et
il y enseignoit le peuple avec cette sagesse,
cette autorité, cette majesté pleine de douceur,
qui partout lui gagnoient les cœurs. Les Nazaréens savoient les nouvelles qu'on publioit de
lui, ils avoient même vu opérer quelques miracles au milieu d'eux, et ils ne pouvoient lui
refuser leur admiration; mais leurs cœurs étoient
aliénés, et ils ne pouvoient voir, sans une secrète
jalousie, un de leurs concitoyens si distingué et
si élevé au-dessus d'eux. L'impie ne peut s'empêcher encore aujourd'hui d'admirer la doctrine
et la morale de Jésus-Christ; mais il la hait.
L'état où se trouvent aujourd'hui et depuis dix-
huit siècles, d'un côté le Christianisme, et de
l'autre le judaïsme; les victoires que la Religion
chrétienne a remportées sur l'idolâtrie jusqu'à
l'anéantir, sont pour l'impie même, et malgré
lui, un objet d'admiration; mais il hait cette
même Religion qu'il est forcé d'admirer. Pour
nous, admirons et aimons la sagesse de Dieu et
ses œuvres, sa loi et sa Religion, seules dignes
de notre admiration et de notre amour, hors
desquelles il n'y a que folie, foiblesse et vanité.

II° Admiration stérile, qui ne change point
les mœurs. Les Nazaréens admiroient et ne se
convertissoient pas; ils admiroient et se bor-
noient à discourir. Nous ne les imitons que
trop. Tout le monde s'entretient d'un Prédicateur célèbre, de son talent, de son érudi-
tion, de son éloquence, et personne ne songe
à profiter des vérités qu'il annonce. On loue

un livre bïen écrit, on en admire les pensées
et le style; mais on ne change, on ne réforme
rien dans sa conduite, on n'en devient pas
meilleur. Admiration vaine, qui ne fait que
nous rendre plus coupables et plus inexcusa-
bles! Est-ce avec une admiration aussi stérile
que nous écouterions un homme, ou que nous
lirions un auteur qui nous enseigneroit les
moyens de nous agrandir ou de nous enrichir?

IIIº Admiration maligne, qui dégénère en mépris. Les Nazaréens s'écrioient avec une espèce
de transport : où cet homme a-t-il pris cette
science profonde, cette sagesse extraordinaire
qui accompagne ses paroles et qui règle ses
mouvements? Tout est grand dans lui, son air,
son maintien, ses discours, ses actions. D'ailleurs il fait partout une infinité de miracles.
Et d'où lui vient, de qui a-t-il reçu cette
doctrine, cette sagesse, ce pouvoir d'opérer, à
son gré, tant et de si étonnants prodiges?
Ils savoient sans doute ce qu'en pensoient les
Scribes et les Pharisiens; ils leur avoient souvent entendu dire que tout cela venoit du démon; et s'ils n'osoient encore s'expliquer aussi
ouvertement qu'eux, peut-être n'étoient-ils pas
éloignés de penser comme eux ; du moins cet
air d'étonnement qu'ils montroient, ces excla-
mations qu'ils réitéroient, ne provenoient que
d'un fond de jalousie, de malignité, et n'avoient
d'autre but que de faire mépriser celui
dont tout un peuple, dont eux-mêmes admiroient les merveilles. N'est-ce pas par un semblable artifice que les impies exaltent quelquefois
la grandeur de nos miracles ou la sublimité
de nos mystères, uniquement dans la vue de les.

rendre incroyables.ou méprisables ? N'est-ce pas par le même artifice qu'on loue quelquefois avec exagération ceux qu'on veut détruire dans l'estime des autres, qu'on vante avec un air d'étonnement et·de surprise, la force, l'éloquence qu'un Ministre de l'Eglise fait paroître ou dans ses discours, ou.dans ses écrits, uniquement pour lui en .enlever le mérite, et pour insinuer que la gloire en appartient à un autre ? Pour·nous, admirons, adorons la doctrine de Jésus-Christ, et faisons-en la règle de notre foi et de notre conduite.

SECOND POINT.

Scandale des Nazaréens.

1º Scandale d'orgueil. *N'est-ce pas là, di-rent-ils, ce Charpentier, ce fils de Charpentier? N'est-ce pas là le fils de Joseph? Sa mère ne s'appelle-t-elle pas Marie, et ses frères, Jacques, Joseph, Simon et Jude? Ses sœurs ne sont-elles pas toutes parmi nous? D'où lui vient donc tout cela? Et ainsi ils se scandalisoient à .son sujet.* Et comment l'orgueil du monde auroit-il pu estimer celui dont la famille étoit si peu distinguée selon le monde? Mais, ô sagesse éternelle! c'étoit pour confondre cet orgueil même· du monde, que vous avez choisi une telle famille, et que vous n'avez pas rougi d'y paroître avec· vos Disciples! Cet orgueil règne encore en moi, si je règle mon estime sur l'éclat de la naissance ou sur les avantages de la fortune, si je me glorifie d'une naissance illustre, ou si je rougis d'une naissance obscure, si je méconnois mes proches, parce qu'ils sont.

pauvres; ou si je souffre impatiemment qu'on
en rappelle le souvenir ; si j'aime à rechercher
l'origine des autres pour les égaler à moi, ou
pour m'élever au-dessus d'eux, si je cherche
à me faire honneur du commerce des grands,
et si je crains de me déshonorer par celui des
petits. Que la famille de Jésus est heureuse dans
sa médiocrité ! Oui, ô Marie ! vous êtes sa Mère,
votre humilité vous a attiré cet honneur, et
cette dignité vous a élevée au-dessus des Anges !
O heureux Joseph ! qui, au milieu de vos travaux pénibles et innocents, avez mérité, par
vos vertus, d'être l'époux de Marie, et de passer
pour le père de Jésus ! O heureuse toute famille
chrétienne, où le travail entretient l'innocence,
et qui, sans distinction dans le monde, se distingue devant Dieu par sa foi et sa piété !

II° Scandale des Nazaréens, scandale d'indocilité. La doctrine de Jésus étoit sublime,
sa morale pure, sa sagesse admirable, sa mission autorisée : mais qu'il falloit peu de chose
pour scandaliser des cœurs indociles ! Le prétexte le plus frivole suffit pour secouer le joug
de l'obéissance, et résister à l'autorité la plus
légitime. Si dans ce supérieur qui nous gouverne, si dans ce prédicateur qui nous parle,
nous ne considérions que la personne de Jésus-Christ, et l'autorité de Dieu dont il est
revêtu, que nous nous épargnerions de questions, de recherches qui sont moins l'effet d'une
vaine curiosité, que d'une coupable indocilité !
Obéissons, soyons dociles, c'est à Dieu même
que nous obéissons.

III° Scandale des Nazaréens, scandale d'incrédulité. Ce scandale est le plus criminel,

parce qu'il est le plus déraisonnable. Les Na-zaréens admirent la doctrine de Jésus-Christ, ils conviennent de la grandeur de ses miracles, et ils refusent de croire en lui, parce qu'ils connoissent sa famille, et qu'ils voient ses parents au milieu d'eux dans une fortune médiocre. Mais n'étoit-ce pas cela même qui prouvoit évidemment que sa sagesse et la vertu des miracles qu'ils reconnoissoient en lui, ne pouvoit lui venir que de Dieu, et qu'il falloit croire en lui? Qui est-ce qui scandalise encore aujourd'hui les incrédules? La pauvreté de Jésus, l'humilité de sa vie, la honte de sa mort, la sévérité de sa morale qu'ils croient impraticable, la sublimité des mystères qu'il a enseignés, et qui sont incompréhensibles ; la grandeur et le nombre des miracles qu'il a opérés, et qui leur paroissent incroyables. Mais si tout cela a été cru du monde entier; si, malgré tout cela, le monde reconnoît Jésus-Christ pour son Dieu ; si avec tout cela, sa Religion a triomphé de toutes les puissances de la terre ; ce qu'on prend pour un sujet de scandale, n'est-ce pas précisément ce qui éta-blit la vérité de la foi, et ce qui en rend les fondements inébranlables ? Mais l'incrédule ne raisonne pas ; il saisit l'objet qui le scandalise, il y fixe ses regards, il ne l'abandonne pas, il y revient sans cesse, sans vouloir rien écouter, rien confronter, rien peser, et c'est ainsi, ô sagesse adorable, que vos merveilles aveuglent les orgueilleux, et remplissent les humbles de lumières et de consolation !

TROISIÈME POINT.

Douceur de Jésus au milieu des Nazaréens.

I° Dans ses paroles. *Mais Jésus leur dit : un Prophète n'est sans estime que dans sa patrie, dans sa maison, et dans sa parenté.* Jésus ne leur répondit que par ce proverbe. Le reproche étoit sans doute bien doux pour une incrédulité aussi coupable et des mépris aussi outrageants ; cependant ne semble-t-il pas que Notre-Seigneur cherche encore à l'adoucir, en le rendant général, et en évitant de le leur appliquer ? Quel exemple pour nous de patience et de douceur ! Quelle leçon importante pour les ouvriers évangéliques ! S'ils ne cherchent que la gloire de Dieu et le salut des ames, ce n'est pas dans leur patrie qu'ils doivent souhaiter d'exercer leur zèle, le succès n'est nulle part aussi incertain ; mais si la Providence les y fixe, et s'ils éprouvent, dans l'exercice de leur ministère, des persécutions, des injustices, qu'ils se consolent par la vue de ce qu'éprouva le Fils de Dieu de la part des hommes, qui en général n'ont d'empressement que pour ce qu'ils ne trouvent point chez eux.

II° Dans ses actions. *Et il ne fit pas là beaucoup de miracles, à cause de leur incrédulité. Il n'y put en faire d'autres que de guérir un petit nombre de malades en leur imposant les mains.* Si l'incrédulité des Nazaréens arrêta le cours de la puissance de Jésus-Christ, contraignit sa miséricorde, lia, pour ainsi dire, ses mains, et l'empêcha d'opérer parmi eux beaucoup de miracles et de guérisons, elle ne l'em-

pêcha point de guérir le petit nombre de ceux
qui se présentèrent à lui avec foi et docilité. Si
parmi les chrétiens il a y tant de pécheurs qui
croupissent dans leurs désordres, qui y vivent
et meurent sans obtenir du Sauveur la guérison
de leurs ames, ce n'est que leur peu de foi,
que leur incrédulité qui arrête le cours de ses
bienfaits et les opérations de sa grâce toute-
puissante. Mais que le grand nombre de ceux
qui manquent de foi ne diminue pas la nôtre,
qu'il l'augmente au contraire! Soyons de ce
petit nombre qui sait profiter de la bonté et
de la puissance du Sauveur. Plaignons le sort
de ces malades volontaires; mais pour nous,
adressons-nous au céleste Médecin de nos ames,
pour en obtenir la guérison. Que de merveilles
n'opéreroit-il pas en notre faveur, sans ce fond
d'incrédulité que nous entretenons en nous-
mêmes, et qui arrête l'effusion de son esprit
et l'abondance de ses grâces!

III° Dans ses sentiments. *Et il s'étonnoit de
leur incrédulité, et il alloit enseigner dans les
villages voisins.* Quels furent les sentiments de
Jésus en sortant de l'infidèle Nazareth? Des
sentiments d'indignation, de mépris, de vengeance? Non : mais d'étonnement, de compassion et de douleur de se voir obligé de la laisser dans son incrédulité, pour aller porter
l'Evangile ailleurs.

PRIÈRE. Hélas! Seigneur, ne suis-je pas pour
vous un sujet d'étonnement, n'en dois-je pas
être un pour moi-même? N'en serai-je pas un
pour l'Univers entier au jour de votre jugement?
Comment moi, avec tant de secours, tant d'instructions, tant de grâces, tant de Sacrements,

tant de moyens, tant de facilités, je suis encore si foible, si imparfait, si éloigné de la sainteté ! En moi encore tant de défauts ! en moi encore si peu de vertus ! Ah ! c'est la foi qui me manque ; c'est mon peu de foi qui me rend tous les remèdes inutiles, et tous les moyens de salut inefficaces ! Guérissez-moï donc, ô mon Dieu ! éclairez-moi, rompez mes liens, remplissez-moi de cette foi qui obtient de vous les guérisons les plus miraculeuses ! Rendez-moi docile en me rendant humble ; ne permettez point que j'abuse encore de vos dons, qui ne serviroient qu'à me rendre plus coupable; mais faites qu'uniquement appliqué à en faire un saint usage, j'en recueille le fruit, c'est-à-dire, mon salut et votre gloire ! Ainsi soit-il.

CXXe. MÉDITATION.

Décollation de Saint Jean-Baptiste.

De l'Impureté.

Considérons d'abord les premiers effets de l'Impureté dans Hérode, ensuite les derniers excès où ce vice le porte, et enfin le trouble et les remords que cette passion lui suscite. *Matt.* 14. 1-11. *Marc.* 6. 11-28. *Luc.* 9. 7-9.

PREMIER POINT.

Premiers effets de l'impureté dans Hérode.

1º UNE incontinence effrénée, que rien ne peut arrêter. *Hérode ayant épousé Hérodias,*

*quoiqu'elle fût femme de Philippe, son frère,
avoit envoyé prendre Jean, l'avoit fait lier et
mettre en prison à cause d'elle.* Hérode, Tétrarque de la Galilée, aime la femme de son frère Philippe, Tétrarque de l'Iturée, et il en est aimé. Il se livre à cet amour honteux ; bientôt il enlève la femme de son propre frère, il l'épouse publiquement, et on le voit tout à la fois ravisseur, adultère et incestueux, sans que la pudeur, la voix du sang, le cri public puissent mettre un frein à la passion de ce monstre d'impureté, dont le nom même est encore aujourd'hui en horreur. Ah ! redoutons les premières et les plus légères atteintes d'un feu si dangereux, dont la violence surmonte tout, et ne trouve point d'obstacle qui soit capable de l'arrêter !

II° Un endurcissement obstiné, que rien ne peut vaincre. *Parce que Jean disoit à Hérode : il ne vous est pas permis d'avoir pour femme celle de votre frère, Hérode auroit bien voulu le faire mourir ; mais il appréhendoit le peuple, parce que Jean en étoit regardé comme un Prophète.* Un Prophète, un homme au-dessus des Prophètes, le plus grand et le plus saint des hommes, Jean-Baptiste, en un mot, reprend Hérode de son impureté ; il lui fait entendre ce mot décisif : Prince, il ne vous est pas permis d'avoir la femme de votre frère. Le reproche du Prophète ne le touche point, et sa hardiesse l'irrite. Hérode forme le dessein de le faire mourir pour se délivrer de son importunité ; mais il sent qu'un attentat sur la vie de ce saint homme est capable d'exciter une sédition populaire. Il n'est point de passion plus intraitable que l'im-

pureté ; elle s'emporte, elle persécute, elle hait
et poursuit jusqu'à la mort le médecin charitable et zélé qui veut la guérir. Si encore aujour-
d'hui les pécheurs livrés à cette passion n'étoient
retenus par la crainte, ils tremperoient leurs
mains dans le sang de ceux qui s'opposent à
leurs désordres. Mais ni la haine, ni les ménaces
des pécheurs ne doivent point arrêter ceux qui,
par leur état, sont obligés de les reprendre. Le
rang, la dignité, le caractère ne peuvent les en
dispenser. Leur silence seroit une lâcheté. Hérode, dans l'excès de sa passion, eût voulu être
délivré d'un censeur si zélé; mais revenu de son
emportement, il ne pouvoit refuser son estime
à Jean-Baptiste; il respectoit sa vertu, il admi-
roit l'intrépidité de son courage, il l'écoutoit
même volontiers, et en bien des choses il suivoit
ses avis. Mais sur le point essentiel il n'écoutoit
rien, la passion détruisoit l'estime, ou suspendoit son action et sa force; l'impureté étouffoit
la voix de la conscience, et le Prince continuoit
des désordres sans lesquels il croyoit ne pouvoir
vivre heureux. Tel est l'endurcissement que produit ce vice honteux, et que n'éprouvent que
trop ceux qui ont le malheur de s'y livrer.

IIIᵒ Un aveuglement profond, que rien ne
peut dissiper. *Or Hérodias lui tendoit des embûches, et cherchoit l'occasion de le faire mourir :
mais elle n'avoit pu encore exécuter son dessein,
parce qu'Hérode craignoit Jean ; sachant qu'il étoit
un homme juste et saint, il avoit du respect pour
lui, il faisoit beaucoup de choses selon ses avis,
et il l'écoutoit volontiers.* Si les fureurs d'Hérode
contre Jean-Baptiste étoient passagères, celles
d'Hérodias ne l'étoient pas. Plus la douceur est

naturelle à une personne du sexe qui a su se
conserver dans l'innocence, plus l'emportement
est furieux et la vengeance cruelle dans celle
qui a une fois franchi les bornes de la pudeur.
Les serviteurs de Dieu n'ont point de plus dangereux ennemi qu'une femme prostituée, puissante et offensée. Hérodias n'ayant pu obtenir du
Roi qu'il fît mourir Jean-Baptiste, cette femme
audacieuse résolut d'exécuter, pour ainsi dire,
elle-même, indépendamment de l'autorité royale, et même contre son gré, le plan de vengeance qu'elle avoit projeté. Elle dressoit des
embûches au saint Précurseur. Hérode ne l'ignoroit pas, et ce prince, timide quoique entrepre-
nant, vicieux quoique équitable, ce prince effé-
miné, au lieu de chasser loin de lui cette femme qui, d'un côté, le couvroit d'opprobre, et
de l'autre lui manquoit de respect, il se conten-
toit de rompre ses mesures, d'arrêter les effets
de sa violence, et de veiller à la sûreté du Prophète. Mais enfin à quoi aboutirent ces honteux
ménagements ? A ajouter enfin le sacrilège à ses
autres crimes, à attenter à la liberté de l'homme
de Dieu, à le faire arrêter, charger de fers, et
renfermer dans une étroite prison : encore peut-
être se flattoit-il de n'en agir de la sorte qu'en
faveur même du prisonnier, pour le soustraire
aux fureurs d'Hérodias. C'est ainsi que la passion
aveugle, et que, sans s'en apercevoir, on court
à grands pas vers le précipice dont on croit
s'éloigner. Préservez-moi, Seigneur, d'un aveuglement si déplorable et de l'infâme passion qui
le produit !

SECOND POINT.

Derniers excès de l'impureté dans Hérode.

Le dernier excès où se porte Hérode, est le meurtre de Jean-Baptiste, accompagné de circonstances qu'on ne peut encore se rappeler sans horreur.

1° Quelle en fut l'occasion ? *Mais enfin il arriva un jour favorable au dessein d'Hérodias, ce fut le jour de la naissance d'Hérode, auquel il fit un festin aux grands de sa cour, aux premiers Officiers de ses Troupes, et aux principaux de la Galilée. Or la fille d'Hérodias y étant entrée, et y ayant dansé, plut à Hérode et à ceux qui étoient à table avec lui. Le Roi lui dit : demandez-moi ce qu'il vous plaira, et je vous le donnerai. Il ajouta même avec serment : oui, je vous donnerai tout ce que vous me demanderez, quand ce seroit la moitié de mon royaume.* Qui eût pu penser que ce jour de fête dût être une occasion favorable à la fureur et à la vengeance, une occasion qui entraîneroit Hérode dans le plus grand de tous les crimes, l'engageroit à verser le sang innocent, qu'il avoit respecté jusqu'alors ? Mais qui peut répondre de soi, et de quoi ne devient-on pas coupable, lorsqu'à la folle joie d'une fête mondaine, à l'abondance des mets, à la magnificence du spectacle, se joignent les pièges d'un sexe sans pudeur, qui sait relever ses attraits par des parures aussi immodestes que brillantes, et s'aider encore, pour séduire, de tout ce que la symphonie a de plus enchanteur, et la danse de plus voluptueux ? La fille d'Hérodias

entra dans la salle du festin, et y dansa avec
tant de grâces, qu'elle reçut des applaudissements
de tous les conviés. Hérode surtout en fut char-
mé. A son jugement, le mérite d'une pareille
danse est au-dessus de tout, et il ne sauroit trop
récompenser celle qui l'a exécutée. Dans le premier moment d'une folle joie, il lui laisse à elle-
même le choix de la récompense, et il lui promet,
avec serment, qu'elle obtiendra tout ce qu'elle
demandera, fût-ce la moitié de son royaume.
Hérode, où est votre raison ? Songez-vous au
personnage que vous faites, et à quoi vous vous
engagez ? Mais dans l'ivresse du plaisir et de la
passion on ne songe à rien, et la raison ne se
fait plus entendre. Mères chrétiennes, craignez
ces assemblées profanes où les promesses et les
serments ont été plus d'une fois la ruine de l'innocence, la source des larmes amères, et l'opprobre de toute une famille !

II° Quelle en fut la proposition ? Observons
d'abord comment la demande fut suggérée par
la mère et proposée par la fille. *La fille étant
sortie, dit à sa mère : que demanderai-je ? Sa
mère lui répondit : la tête de Jean - Baptiste.
Et étant rentrée aussitôt à grande hâte, elle
s'adressa au Roi : je veux, lui dit-elle, que
vous me donniez à l'heure même, dans un bassin, la tête de Jean-Baptiste.* La fille d'Hérodias, assurée par le serment du Roi d'obtenir
tout ce qu'elle demandera, ne prend que quelques moments pour délibérer sur le choix. De
la salle du festin elle passe dans l'appartement
de sa mère, pour la consulter et savoir ce
qu'elle doit demander. Celle-ci répond en deux
mots et sans hésiter : la tête de Jean-Baptiste.

Hérodias ; osez-vous faire à votre fille une pareille proposition ? votre fille aura-t-elle la hardiesse de la répéter ? Hérode aura-t-il la patience de l'entendre, et pourra-t-elle s'exécuter dans un jour destiné à des réjouissances publiques ? Quoi ! vous préférez la mort d'un homme juste et innocent, à la moitié d'un royaume ! Est-ce là le soin que vous prenez des intérêts de votre fille ? Qu'avez-vous donc à craindre de cet homme ; il est dans les fers. Mais le Roi le respecte, et ne devez-vous pas craindre de lui déplaire ? Ah ! tandis qu'Hérode veut vous combler de ses bienfaits, vous vous servez de ses engagements contre lui-même, pour l'affliger ? Ne craignez-vous point son indignation ? Ne craignez-vous pas que son amour pour vous ne se change en haine, et sa complaisance en fureur ? Et vous, ô fille de la plus cruelle des femmes ! ne frémissez-vous point d'une demande si sanguinaire ? Oserez-vous en faire au Roi l'affreuse proposition ! Ne craignez-vous point de vous déshonorer aux yeux d'une cour si nombreuse ? Laisserez-vous échapper une si belle occasion de vous élever, de vous enrichir ? Et que vous reviendra-t-il de la mort injuste d'un innocent opprimé ? Ne ferez-vous du moins à votre mère aucune représentation ? Non, la fille, déjà trop semblable à la mère, livrée aux mêmes excès et agitée des mêmes fureurs, rentre subitement dans l'assemblée, s'y présente avec effronterie, et dit au Roi avec audace : *Je veux tout à l'heure, dans un bassin, la tête de Jean-Baptiste.* Quelle expression ! quelle horreur ! quelle famille, quels monstres ! Mais suivons ce tissu d'iniquités, et voyons comment cette proposition est reçue par Hérode. *Le Roi fut fort fâché de cette demande ; néanmoins , à cause du serment qu'il avoit fait , et de ceux qui étoient à table avec lui , il ne voulut pas la contrister.* Hérode auroit dû frémir de colère et d'indignation , il fut seulement affligé. Etoit-ce donc là le sentiment que devoit exciter dans son cœur une demande si barbare , si injuste , si indécente, et si peu convenable aux circonstances du jour et du lieu ? Il auroit bien voulu , par des raisons de politique et un reste d'équité , sauver Jean − Baptiste ; mais sa passion lui ôta la force de contrister la mère et la fille. D'ailleurs la honte de se dédire après un serment public, et la crainte qu'on ne regardât son refus comme timidité, se joignirent à sa complaisance, pour triompher de sa foiblesse. Quelle idée se formoit-il donc de la Religion , pour croire, qu'un serment pût l'obliger à un crime ? Quel scrupule de craindre de violer un serment indiscret et injuste , et de ne pas craindre de faire mourir un innocent, un saint ? Il craignit les discours des assistants ; mais des courtisans qui approuvent tout dans les Princes jusqu'à leurs désordres, ne se seroient-ils pas empressés de louer sa sagesse et son équité , s'ils l'avoient vu ferme dans son refus ? Ne lui auroient-ils pas dit qu'un serment ne peut obliger à ce qui est injuste en soi, à ce que la raison, la nature et la loi défendent ; que sa promesse étoit générale, qu'il n'avoit juré de faire que ce qu'il pouvoit faire selon les lois de la justice et de la conscience ? Mais non ; la raison décisive et la vraie cause de la folle superstition d'Hérode , de sa ridicule crainte de tant de foiblesse et de tant de lâcheté, c'est l'amour impur qui règne dans son cœur. Emporté par la passion, il craint de contrister celle qui en est l'objet : ainsi ce vice honteux, qui dégrade tout cœur qui s'y abandonne, rend-il ce Prince imprudent et aveugle, lâche et méprisable, injuste et timide, inhumain et barbare ; ainsi le conduit-il à des excès dont il se croyoit incapable, et qui, peu auparavant, lui eussent fait horreur à lui-même.

III° Quelle en fut l'exécution ? *Ainsi il envoya un de ses gardes, avec ordre d'apporter la tête de Jean dans un bassin. Et ce gardé étant allé dans la prison, lui coupa la tête ; l'apporta dans un bassin, et la donna à la fille, et la fille la donna à la mère.* Voilà donc l'impudicité triomphante dans la personne d'Hérodias, si l'on peut appeler triomphe de l'impudicité, ce qui n'est propre qu'à en donner le plus d'horreur, et ce qui en donnera à Hérode lui-même. Toutes les volontés de cette femme impudique sont ponctuellement exécutées. La tête sanglante du Prophète est mise dans un bassin. Là on y voit tout à la fois la cruauté d'Hérode, la rage d'Hérodias, et l'impudence de sa fille. Hérode et ses courtisans ne peuvent en soutenir le spectacle. La tête de Jean est remise aussitôt entre les mains de cette fille, qui porte ce barbare présent à sa mère ; celle-ci en repaît ses yeux avec intrépidité et contentement. Quel objet de complaisance pour une femme ! combien d'horreurs en peu d'instants ! Ainsi meurt le Précurseur du Messie, victime de l'impureté ! Ainsi meurt l'homme de Dieu, l'envoyé du Ciel pour préparer les

voies.du Seigneur, rétablir la piété et la Religion
en Israël. O profondeur! ô abîme! ô conduite
impénétrable de la Providence! que notre bouche
se taise; que notre raison se soumette, que notre
cœur adore! Toutes les lois sont violées dans
cette mort. Le Prédicateur de la pénitence est
sacrifié à l'impureté. Un Prince, enivré de plaisirs et livré à la passion la plus honteuse, fait
périr, de la manière la plus indigne, l'ennemi
déclaré des plaisirs et du vice. Il le fait mourir
en prison, ce qui étoit contraire à la loi de
Moïse, qui ordonnoit que les coupables seroient
exécutés en présence du peuple; il le fait mourir
sans lui avoir fait son procès, sans l'avoir jugé.
Tout est barbare dans cet ordre du Prince; tout
est barbare dans ce que la passion fait faire. Le
propre jour qu'Hérode a reçu la vie, il l'ôte à
Jean-Baptiste, il célèbre l'anniversaire de sa naissance par la mort du plus innocent des hommes.
O jour à jamais mémorable que l'Univers célè-
brera jusqu'à la fin des siècles, mais en exécration du cruel Hérode et de ses complices, et en
l'honneur du glorieux et saint Précurseur.

TROISIÈME POINT.

Trouble et remords de l'impureté dans Hérode.

1º *Sa crainte que Jean ne soit ressuscité. Or
la réputation de Jésus s'étant beaucoup répandue,
le roi Hérode entendit parler de lui, ce qui lui
faisoit dire : Jean-Baptiste est ressuscité après sa
mort, et c'est pour cela qu'il se fait par lui tant
de miracles. Les uns disoient : c'est Elie ; d'autres
disoient : c'est un Prophète égal à l'un des anciens*

Prophètes. *Hérode entendant ces bruits différents,* *s'écrioit : Jean, à qui j'ai fait trancher la tête,* *est celui-là même qui est ressuscité d'entre les morts.* Hérode a voulu étouffer une voix qui lui reprochoit son inceste, et maintenant mille voix s'élèvent au fond de son cœur, et lui reprochent son parricide. Saint Jean est jour et.nuit présent à ses yeux, et il le croit voir-partout. Le bruit des miracles que Jésus opère étant.venu jusqu'à lui, il s'écrie, saisi de frayeur : c'est Jean-Baptiste que j'ai fait mourir ; c'est lui-même, dit-il à ses courtisans, qui est ressuscité d'entre les morts, et c'est pour cela qu'il opère tous ces miracles. C'est une seconde vie que Dieu lui a donnée, avec un pouvoir qu'il n'avoit pas eu dans la première. Ainsi les Saints , même après leur mort, font-ils trembler les méchants. Dieu venge l'innocence de ses serviteurs injustement opprimés. Il les justifie par la bouche même de leurs persécuteurs. Si Dieu récompense ainsi la vertu de Jean-Baptiste, reprenoit Hérode, quelle punition réserve-t-il à mes crimes ? Ses courtisans cherchoient à le rassurer. Les uns disoient que c'étoit Elie, les autres, que c'étoit un Prophète qui opéroit des merveilles comme en avoient opéré quelques-uns des anciens, et qu'en cela il n'y avoit rien qui dût surprendre ou alarmer. Mais rien ne calme les frayeurs d'Hérode. *Non,* *dit-il, Jean, à qui j'ai fait trancher la tête, est* *celui-là même qui est ressuscité.* Un cœur coupable ne sauroit être tranquille et sans remords ; il prend toujours contre lui-même le parti de la justice divine. Il peut se tromper dans l'objet de ses frayeurs, mais il ne peut se rassurer. En vain l'impudique s'arme d'impiété ; en vain l'impie désavoue son impudicité, les miracles de Jésus feront toujours le tourment de son cœur. Ce n'est plus seulement la réputation de Jésus, c'est sa Religion, son culte, sa divinité reconnue de tout l'Univers, dont le poids l'accable et trouble la tranquillité qu'il affecte. Dans la cour d'Hérode personne ne songe au Messie, l'idée en eût été encore plus effrayante que celle de Jean ressuscité. Ah! n'imitons pas ces aveugles endurcis, reconnoissons notre Sauveur aux œuvres de sa puissance. Si nous sommes dans le crime, cédons à nos remords, recourons à sa miséricorde; si sa grâce nous a préservés ou délivrés, remercions-le, et prions-le de continuer à nous soutenir dans les voies de l'innocence ou de la pénitence.

IIᵒ Son embarras de savoir qui est Jésus. Saint Luc rapporte le trait précédent d'une manière différente. Il nous dit que ce ne fut qu'en doutant, qu'Hérode dit à ses courtisans que Jean-Baptiste étoit ressuscité; mais cette version de saint Luc n'en est pas moins instructive pour nous. *Cependant, dit cet Évangéliste, Hérode le Tétrarque ayant appris tout ce que faisoit Jésus, étoit fort en peine, parce que quelques-uns disoient : Jean-Baptiste est ressuscité des morts; les autres : Élie est venu paroître au monde; et d'autres : un des anciens Prophètes est ressuscité. Et Hérode disoit : j'ai fait décapiter Jean; qui est donc celui de qui j'entends dire tant de choses?* Hérode étoit tour à tour le jouet de ses propres pensées et des différentes opinions de ses courtisans. Quelques-uns pensoient comme lui, que c'étoit Jean-Baptiste qui étoit ressuscité. D'autres disoient qu'Élie étoit attendu, et que c'étoit ap-

paremment lui qui commençoit à paroître. D'autres enfin pensoient qu'en général ce pouvoit être
quelqu'un des anciens Prophètes. Hérode, sur-
montant quelquefois la crainte qu'il avoit de
Jean-Baptiste, revenoit au systême impie des
Sadducéens, que les morts ne peuvent ressusciter, que l'ame est matérielle, et que tout
meurt avec le corps. J'ai fait décapiter Jean-
Baptiste, se disoit-il à lui-même ; j'ai vu sa tête
séparée de son corps ; il est mort ; ce ne peut
donc pas être lui. Mais après s'être ainsi rassuré
contre la résurrection de Jean, il n'en étoit pas
plus tranquille ; les miracles s'opéroient, ils sub-
sistoient, ils se publioient : qui est donc celui,
ajoutoit ce Prince, de qui j'entends dire des choses
si étonnantes ? Voilà ce qu'il désiroit savoir ; voilà
ce qui faisoit son embarras, et ce qui fera l'embarras de tous les impies jusqu'à la fin des siècles,
et les tourmentera jusqu'à la mort. Oui, impies, niez tout ce qu'il vous plaira, étouffez les
sentiments intérieurs de votre conscience, et re-
noncez aux plus pures lumières de votre raison ;
restera toujours à savoir qui est celui dont on
raconte tant de merveilles, qui est celui qui a
fondé la Religion chrétienne, qui a banni l'idolâtrie de la terre, qui a fait goûter aux hommes
une morale si pure, et qui leur a persuadé des
vérités si sublimes ? Ah, Seigneur, qui êtes-vous ?
Vous êtes mon Dieu et mon Sauveur, en qui
seul se trouvent la sainteté et la paix, la vérité
et la vie ; et hors de vous il n'y a que crime
et corruption, trouble et désespoir.

　　　III° Son envie de voir Jésus. *Et il cherchoit
à le voir.* Qu'étoit-ce que ce désir dans Hérode ?
Cette envie n'étoit pas un désir de connoître la

vérité, de s'instruire de ses devoirs, de se corriger de ses crimes, mais de satisfaire sa curiosité, d'apaiser les troubles de sa conscience, et de se rassurer dans ses désordres. Le temps vint où il vit Jésus, non tel qu'il le demandoit, étonnant les hommes par les prodiges de sa puissance, mais tel qu'il le méritoit, aveuglant les Juifs orgueilleux par le mystère caché de ses humiliations. Il le vit, et par un jugement digne de lui et une punition digne de Dieu, dans la sagesse incarnée il ne reconnut que de la folie. Hélas! qu'est-ce encore que ce désir dans les impies? Ils nous disent qu'ils voudroient voir Jésus et ses miracles. Désir hypocrite et plein d'impiété! S'ils vouloient, ils le verroient avec nous dans son Évangile, dans sa morale, dans ses promesses, dans ses menaces, dans sa Religion, dans son Église, dans le sacrement de son corps, dans la Foi, dans l'oraison, dans le recueillement, dans la pureté du cœur. C'est là que le fidèle, que l'ame pure cherche à voir Jésus, et qu'elle le voit en effet, tel que Jésus veut que nous le voyions. Là nous le voyons d'une vue proportionnée à notre état, mais pleine de lumière, de paix et de consolation; nous le voyons d'une manière qui l'honore, qui attire ses grâces et mérite ses récompenses. Un jour viendra où nous le verrons tous, non plus faisant des miracles pour prouver son Évangile, mais exerçant sa justice, pour récompenser ceux qui y auront été fidèles, et punir ceux qui n'y auront pas cru.

PRIÈRE. Ne vous vengez pas ainsi, Seigneur, de mes résistances et de mon peu de foi! Triomphez-en plutôt par votre grâce! Faites-moi goûter les vérités que l'homme charnel ne goûte point, afin que je ne sois jamais ni scandalisé des souffrances de vos serviteurs, ni intimidé, s'il faut m'exposer moi-même à souffrir pour votre nom! Et vous, ô Jean-Baptiste! le plus grand et le plus saint des hommes, l'ami de l'Epoux, le martyr de la pureté, soyez mon protecteur contre les passions qui vous ont causé la mort; obtenez-moi la grâce de me souvenir, dans les tentations, de ce mot salutaire que votre bouche sacrée a si souvent, mais si inutilement répété à Hérode : *Il n'est pas permis;* afin que, me représentant mes devoirs à moi-même, je puisse triompher de l'ennemi de mon salut et participer à la gloire qui vous couronne dans le Ciel. Ainsi soit-il.

CXXI^e. MÉDITATION.

Première multiplication des Pains.

Cette multiplication des pains peut être regardée comme une figure de la Communion Pascale. On peut y considérer la ferveur avec laquelle il faut se préparer à la Communion, la foi avec laquelle il faut la recevoir, et le fruit qu'il faut en retirer. *Matt.* 14. 12-21. *Marc.* 6. 29-44. *Luc.* 9. 10-17. *Jean.* 6. 1-13.

PREMIER POINT.

De la ferveur avec laquelle il faut se préparer à la Communion.

LES Disciples de Saint Jean ayant enseveli le corps de leur maître, vinrent trouver Jésus à

Capharnaüm, où il étoit retourné, et ils lui
firent part de ce qu'il savoit par lui-même. Ce
divin Sauveur écouta avec bonté et attendris-
sement les circonstances tragiques de la mort
de son Précurseur, et consola les Disciples affligés. Les Apôtres, de leur côté, vinrent lui
rendre compte des travaux et des succès d'une
mission qu'ils venoient de faire : il les instrui-
sit et il les encouragea. Il voulut leur procurer
quelques moyens de relâche; mais ce court intervalle ne fut pour lui qu'une continuation
de travaux. Capharnaüm n'étoit pas un lieu
propre au repos. La maison où demeuroit Jésus
étoit toujours si remplie, que ni lui ni ses Disciples n'avoient pas même le temps de prendre
quelque nourriture. *Venez*, leur dit ce divin
Maître, *venez à l'écart dans quelque lieu retiré*,
afin d'y prendre un peu de repos. Ils s'embar-
quèrent donc, et le désert que Jésus choisit,
fut celui de Bethsaïde au-delà de la mer de
Galilée ou de Tybériade, appelée aussi lac de
Génésareth. Bethsaïde étoit située à l'orient du
lac, tirant vers le septentrion, et le désert étoit
à quelque distance de la ville, à son midi. Jésus,
dans ce voyage, avoit un autre dessein plus
profond, qu'il ne découvroit pas à ses Apôtres.
La fête de Pâque étoit proche, et on peut croire
qu'il voulut, dans cette occasion, leur donner
une image de la Pâque Chrétienne, où l'Agneau
de Dieu immolé seroit mangé sous la figure du
pain. Profitons de ce qui va se passer ici pour
notre instruction, et observons d'abord la ferveur du peuple.

I^o Cette ferveur consiste à désirer et à chercher Jésus. Le peuple s'aperçut que Jésus

s'étoit embarqué, et vit la route qu'il tenoit : le bruit s'en répandit dans les villes voisines, et aussitôt une foule immense de peuple, hommes, femmes, enfants, infirmes, tous résolurent de le joindre en passant le Jourdain à la pointe du lac. Quelques-uns firent tant de diligence, qu'ils le devancèrent. Jésus vit avec joie cette multitude qui l'avoit prévenu ; il sortit de la barque, et en attendant que le reste du peuple qui accouroit se fût rassemblé, *il conduisit ses Disciples sur une montagne voisine, où il s'assit avec eux quelque temps,* et ce fut là tout le repos qu'ils prirent ; Jesus ne tarda pas à redescendre dans la plaine, où l'attendoit, avec une sorte d'impatience, cette multitude innombrable.... Avons-nous la même ferveur que ce peuple à chercher Jésus, et à nous disposer à le recevoir pour notre nourriture? Quelle négligence ! quelle lâcheté ! Combien le reçoivent sans goût, sans désir, sans préparation ? Combien, sous le moindre prétexte, se dispensent de le recevoir ! Ah ! la ferveur surmonte tous les obstacles : elle ne trouve rien de pénible, rien d'impossible.

II° Cette ferveur consiste à avoir une entière confiance en Jésus. Quand tout ce peuple fut arrivé dans la plaine du désert, il s'y trouva un nombre *d'environ cinq mille hommes, sans compter les femmes et les enfants.* Ce qui les attiroit, c'étoit la confiance qu'ils avoient en la puissance et en la bonté de Jésus, à qui ils voyoient faire tant de miracles pour le soulagement des malades. Et où pouvoient-ils mieux la placer ? La confiance en ce divin Sauveur est un sûr moyen d'en obtenir des grâces. *Jésus ayant levé les yeux sur la multitude de ceux qui l'avoient suivi, fut ému de compassion, parce qu'ils étoient comme des brebis destituées de leur Pasteur, et qui le cherchent.* Il s'en falloit bien que ces peuples eussent de Jésus - Christ toute l'idée qu'ils auroient dû en avoir, et que le motif qui les attiroit fût aussi parfait qu'il eût dû l'être ; mais que Jésus sait pardonner de choses dans ceux qui le cherchent avec soin et avec confiance !

III° Cette ferveur consiste à entendre les instructions de Jésus. Ce tendre Pasteur étant descendu vers le peuple, *il commença à l'instruire.* Il parla successivement aux différentes troupes qui s'assembloient autour de lui, les unes après les autres, afin d'être à portée d'entendre ses leçons. L'instruction fut longue, et roula sur plusieurs matières qui regardoient *le royaume de Dieu*, c'est-à-dire la pénitence, la foi au Messie, et l'établissement de l'Eglise. Avec quelle attention, avec quelle avidité écouta-t-on Jésus-Christ ? Hélas ! dans le saint temps qui précède la Pâque chrétienne, l'Eglise multiplie les instructions ; comment en profitons-nous ? Nous devons vaquer à la lecture spirituelle, à la méditation, à l'oraison avec plus de soin pendant ce saint temps : et toutes les fois que nous nous disposons à recevoir la sainte Eucharistie, comment nous en acquittons-nous ?

IV° Cette ferveur consiste à demander et à recevoir sa guérison de Jésus. A l'instruction succéda, selon la coutume, *la guérison des malades.* Tel doit être le fruit de l'instruction ; chacun doit, avant de manger le Pain céleste, s'éprouver soi-même, examiner l'état de son ame, se présenter à Jésus dans la personne de ses Ministres, lui exposer son infirmité, pour en obtenir la guérison.

SECOND POINT.

De la foi avec laquelle il faut recevoir la Communion.

I° Ses difficultés. Si aucun mystère ne demande plus de foi que celui de la divine Eucharistie, jamais aussi Notre-Seigneur ne mit la foi de ses Apôtres à plus d'épreuves, que lorsqu'il voulut leur donner une image sensible de cet adorable sacrement. Depuis le matin, qu'on étoit arrivé au désert, Jésus avoit été occupé à instruire le peuple et à guérir les malades. Ces exercices de charité et de zèle le conduisirent presque jusqu'à la nuit; le soleil baissoit déjà beaucoup, sans que le Sauveur parlât de renvoyer tout le monde, et sans que ce peuple, ravi de l'entendre et de le voir, parût songer à la retraite. Non-seulement ou étoit à jeun, mais encore on étoit assez éloigné de tout endroit où l'on pût trouver des vivres. *Les Apôtres s'approchèrent donc de Jésus, et lui dirent : nous sommes ici dans un désert, et il est déjà bien tard ; renvoyez ce peuple, afin que, se dispersant dans les bourgs et dans les villages des environs, il puisse acheter de quoi se nourrir.* Plus les représentations des Apôtres leur paroissoient raisonnables, plus la réponse de Jésus dût les étonner. *Il leur répondit : il n'est pas nécessaire qu'ils y aillent; donnez-leur vous-mêmes à manger.* Jamais les Apôtres n'avoient rien entendu de la bouche de leur maître, qui combattit plus directement les lumières de leur raison ; mais ils lui dirent : *Nous qui n'avons rien, irons-nous acheter pour deux cents deniers* (1) *de pain, pour leur donner à manger ?* Notre-Seigneur voyoit leur embarras, et il ne vouloit pas encore les en tirer. Ce fut même pour les y entretenir, qu'*élevant les yeux sur cette immense multitude, et adressant la parole à Philippe,* qui étoit de Bethsaïde ainsi que Pierre et André, il lui dit : *En quel endroit pourrions-nous acheter assez de pain, pour donner à manger à tout ce monde ? Mais il disoit ceci pour l'éprouver, car il savoit bien ce qu'il devoit faire.* Philippe lui répondit : *quand nous aurions pour deux cents deniers de pain, cela ne suffiroit pas pour en distribuer à chacun une très médiocre portion.* De cet embarras, Notre-Seigneur les jeta dans un autre encore plus grand, mais qui les rapprochoit du but où il vouloit les conduire. Laissant là le projet d'acheter des vivres, que les Apôtres avoient proposé comme l'unique moyen de pourvoir à la subsistance du peuple, Jésus leur demanda : *Combien avez-vous de pains ? Allez,* ajouta-t-il, *et voyez parmi ce peuple combien il pourra s'en trouver.* Ces paroles durent leur paroître aussi inconcevables que les premières : ils obéirent sans réplique ; et si leur recherche ne les tira pas d'embarras, elle servit à avertir le peuple du dessein que Jésus avoit de le nourrir, et à le préparer à reconnoître la grandeur du miracle qui devoit bientôt s'opérer. Les Apôtres retournèrent vers Jésus, et lui di-

_____

(1) Cent francs.

rent : *On n'a trouvé que cinq pains et deux poissons* ; et André, frère de Simon-Pierre, expliqua comment on les avoit trouvés : *C'est un
jeune homme*, dit-il, *qui a ici cinq pains d'orge et
deux poissons.* Mais, ajoûta-t-il tout de suite à
Jésus-Christ, quel usage en pourriez-vous faire ?
Le moyen de distribuer si peu de chose à tant
de monde *Qu'est-ce que cela pour tant de
personnes ?* Ainsi, plus on y réfléchissoit, plus
on trouvoit de difficultés, plus la chose paroissoit impossible. Ainsi, sur le grand mystère de
nos Autels, doit-on ne point réfléchir, mais
croire la puissance de Jésus, à qui rien n'est
impossible.

II° Les consolations de la foi. Alors Jésus dit
à ses Disciples : *Apportez-moi ici ces cinq pains
et ces deux poissons, et faites asseoir tout le
monde sur l'herbe, par troupes de cent ou de
cinquante personnes chacune.* Cet ordre étant exécuté, Jésus leva les yeux au Ciel, fit sa prière, rendit grâces à Dieu son Père du pouvoir
qu'il lui avoit accordé, et bénit les pains et les
poissons ; ensuite il rompit les pains, coupa les
poissons, et les donna à ses Apôtres, afin qu'ils
les distribuassent. C'est ainsi que Notre-Seigneur
affermissoit la foi de ses Disciples et de son Eglise ; qu'il leur donnoit l'idée de sa toute-puissance, et les préparoit, par la ressemblance des
cérémonies, au grand mystère qu'il devoit ins-
tituer pour être là nourriture du peuple chrétien. Nous qui voyons aujourd'hui l'Eglise répandue dans l'Univers, et partagée en grandes
troupes, chacune sous ses pasteurs particuliers,
de qui elle reçoit le pain céleste, pouvons-nous
ne pas voir ici avec admiration l'image et la pro-

-phétie de ce grand événement, et n'en pas ressentir une douce consolation, qui nous fasse aimer et estimer notre sainte Religion ?

III° Les assurances de la foi. Les Apôtres distribuèrent les dons de Dieu; et entre leurs mains, sans qu'ils sussent comment cela s'opéroit, cette miraculeuse nourriture se multiplia par la bénédiction du Seigneur, de telle sorte qu'ils eurent de quoi donner à cinq mille hommes, sans compter les femmes et les enfants, du pain et du poisson autant que chacun en voulut, et qu'à la fin il se trouva encore de quoi remplir *douze grands* *paniers* ; des restes que l'on ramassa. Si cette image de l'Eucharistie fut un miracle si éclatant, nous persuaderons-nous que l'Eucharistie elle-même n'en contienne aucun? Et lorsque Notre-Seigneur nous dit que ce qu'il nous donne est son corps et son sang, irons-nous, faute de foi, ou pour satisfaire notre imagination aux dépens de notre foi, éluder le sens de ses paroles, et croire qu'il ne nous donne que la figure de son corps et de son sang? Non, Seigneur ; instruit à votre école, à celle de vos Apôtres et de votre Eglise, ma foi est plus forte ; elle est au-dessus de mes sens et de ma raison, et leur impose silence. Je crois les choses telles que vous les avez dites, telles que votre Eglise me les enseigne, quelque incompréhensibles qu'elles me paroissent, et je suis prêt à signer de mon sang ces précieuses vérités.

TROISIÈME POINT.

De la réfection spirituelle, et du fruit qu'il faut retirer de la Communion.

I° *Tous mangèrent*, parce qu'ils sentoient leurs besoins et connoissoient l'excellence du pain qu'on leur présentoit. Placés dans le désert de cette vie, quelles sortes de besoins n'éprouvons-nous pas? Éloignement de Dieu, sécheresse dans la dévotion, inconstance dans la pratique du bien, chutes fréquentes dans les moindres occasions. Le pain qu'on nous présente est infiniment supérieur à celui que ce peuple mangea. Et de combien de miracles n'est-il pas l'assemblage! de combien de mystères n'est-il pas l'abrégé! de combien de grâces n'est-il pas la source! Avec quelle avidité, quelle ardeur, quel empressement ne devons-nous donc pas le désirer, le demander, le recevoir! Verrons-nous les autres s'en nourrir, sans souhaiter d'y avoir part?

II° Avec quels sentiments ils mangèrent. Si jamais une joie pure et modeste a régné dans un repas, si jamais des convives ont été pénétrés de reconnoissance et d'amour pour un hôte libéral et bienfaisant, ce fut sans doute dans cette occasion que tous ces sentiments éclatèrent; et combien plus doivent éclater les nôtres dans le Banquet Eucharistique! Quelle agréable surprise, quel sujet d'étonnement et de joie, que sur la terre nous possédions notre Dieu qui est dans le Ciel, qu'au milieu de ce désert nous recevions Notre Sauveur qui est assis à la droite de Dieu son Père; que sa Chair et son Sang de-

viennent notre nourriture, et que nos ames deviennent le sanctuaire de sa divinité! Eh! qui
suis-je, ô mon Dieu! pour que vous opériez
pour moi tant de merveilles? Vous employez
toute votre puissance, vous accumulez miracles
sur miracles, vous renversez toutes les lois de
la nature, pour franchir l'espace qui est entre
vous et moi, pour venir et vous donner tout
entier à moi. Quelle reconnoissance peut égaler
vos bienfaits, et par quel amour puis-je répondre à un tel amour?

III⁰ *Tous furent rassasiés.* Tous sortirent de
ce repas rassasiés, contents et fortifiés. Si ce
sont là les effets que produisit le pain miraculeux, combien le Pain Eucharistique a-t-il plus
de vertu! On ne se rassasie pas, on ne se nourrit pas en mangeant la divine Eucharistie, quand
on la mange avec dégoût, par contrainte, et en
se faisant violence, quand on la mange sans acquérir des forces pour faire le bien et éviter le
mal, quand on reste toujours dans la même foiblesse. dans les mêmes imperfections, dans les
mêmes habitudes; quand on la mange, et qu'on
soupire après les mets empoisonnés qu'offrent le
monde, le démon et le péché; quand on la
mange sans concevoir un ardent désir de s'en
nourrir souvent pour renouveler son bonheur,
entretenir ses forces, et augmenter ses mérites.
Dans la vie de l'ame comme dans celle du corps,
il n'est point d'état ni si triste, ni si dangereux
que celui d'une personne qui ne mange point,
qui ne mange qu'avec dégoût, à qui la nourriture répugne, et à qui elle ne profite point.

PRIÈRE. Hélas! ne suis-je pas, ô mon Dieu,
dans cet état funeste; et, ce qui seroit plus re-

doutable encore, n'y suis-je pas sans m'en apercevoir, sans y penser, sans en avoir de sollicitude? Seigneur, daignez d'abord m'instruire et
m'éclairer, ensuite me guérir, et enfin me nourrir et me rassasier tellement de vous, que je sois
dégoûté de tout ce qui est de ce monde!
Ainsi soit-il.

CXXIIᵉ. MÉDITATION.

Jésus évite qu'on le fasse Roi.

Considérons l'erreur du peuple sur la royauté de Jésus-Christ;
le danger que coururent les Apôtres, et auquel nous sommes nous-mêmes exposés de donner dans l'erreur du peuple; et le moyen de se délivrer de ce danger. *Matt.*
14. 22-23. *Marc.* 6. 45-46. *Jean.* 6. 14-15.

PREMIER POINT.

Erreur du peuple sur la Royauté de Jésus-Christ.

CE peuple ayant donc vu le miracle qu'avoit
fait Jésus, disoit : c'est là vraiment le Prophète qui doit venir dans le monde. Mais Jésus
sachant qu'ils avoient résolu de le prendre et
de l'enlever pour le faire Roi, se retira encore
seul sur la montagne pour prier. Ces hommes
nourris dans le désert d'une manière si miraculeuse, et voyant tous les miracles que Jésus
opéroit, se dirent entre eux : c'est là véritablement le Prophète qui doit venir, le Christ,
le Messie attendu. Jusque-là leur raisonnement

étoit juste; mais le Messie devoit être Roi d'Israël, et c'est sur ce point qu'ils prirent le change. C'étoit un royaume temporel, un royaume
terrestre qu'ils croyoient devoir convenir au
Messie. Pleins de cette idée, ils résolurent d'élever Jésus sur le trône, de le proclamer Roi ;
et ils l'eussent exécuté sans délai, si Jésus n'eût
su à temps déconcerter leurs mesures. Que les
idées des hommes sont foibles et bornées! ils
ne voient jamais que là terre. C'est encore un
Roi terrestre que les Juifs aveugles se promettent, et qu'ils attendent. Un tel Roi seroit encore aujourd'hui du goût du monde, et tous
s'empresseroient à le reconnoître et à le suivre.
Mais votre trône, ô mon Dieu! est à la droite
de votre Père; votre royaume est dans le Ciel,
votre règne n'aura point de fin. Voilà le royaume que je désire, et pour lequel mon cœur
soupire. Nul autre ne sauroit me contenter. Vous
ne devez porter sur la terre, ô mon divin Jésus!
qu'une couronne d'épines, n'avoir d'autre sceptre qu'un roseau, ni d'autre trône que la Croix;
c'est par cette voie d'humiliations et de souffrances, que vous devez entrer dans votre gloire.
Je veux vous suivre, ô mon glorieux Rédempteur! mille fois trop heureux de souffrir quelques instants sur la terre, pour régner éternellement avec vous dans le Ciel.

SECOND POINT.

*Danger, pour les Apôtres et pour nous, de donner
dans l'erreur du peuple.*

Les Apôtres avoient bien pu entendre les
discours du peuple; mais ils ne savoient pas,

comme Jésus, quel étoit leur projet. S'ils l'eussent su, ils n'étoient point assez spirituels pour reconnoître l'erreur, ni assez dépouillés d'eux-mêmes, pour n'être pas tentés par l'appât d'une fortune présente, et d'un rang distingué auprès du nouveau Roi. Ils se seroient infailliblement joints au peuple, et auroient augmenté le tumulte. Ce fut pour l'éviter, que, dès qu'ils eurent ramassé les restes du repas, *Jésus les obligea de se rembarquer sur-le-champ, d'aller avant lui au-delà du détroit, et de côtoyer le rivage à la hauteur de Bethsaïde pendant qu'il renverroit le peuple.* Ce ne fut pas sans répugnance que les Disciples obéirent ; ils avoient peine à se séparer de leur Maître, et il étoit déjà fort tard. Cependant l'ordre etoit absolu, ils s'y conformèrent sans retardement et sans réplique. Jésus leur ordonna de le devancer seulement jusqu'au-delà du détroit, qui étoit au bas du lac entre le désert et Bethsaïde, et d'aller à la hauteur de cette ville, où il iroit les rejoindre. Le danger que Jésus craignoit pour ses Apôtres est encore à craindre pour nous. Quoique Disciples de Jésus-Christ, quoique instruits que nous devons régner avec lui dans le Ciel, nous sommes toujours tentés d'établir notre règne sur la terre ; nous sentons que nous sommes faits pour être heureux, et notre cœur, avide de toute sorte de bonheur, n'ambitionne que richesses, plaisirs, repos, estime, élévation. La Foi nous dit que nous aurons tout cela dans le Ciel ; mais notre impatience nous précipite, les biens de ce monde nous éblouissent, l'exemple des mondains nous séduit ; ainsi chacun de nous cherche-t-il, à sa manière, à se faire sur la terre son bonheur, et, pour ainsi dire, son royaume, souvent au risque de perdre celui du Ciel. N'ai-je pas donné moi-même dans cette erreur ? Ah! Seigneur, délivrez-moi d'une illusion si funeste, arrachez-moi aux douceurs séduisantes de la terre, jetez-moi au milieu des flots, exposez-moi sur la mer des tribulations ; que ma vie soit agitée d'orages violents et de continuelles tempêtes qui me dégoûtent de ce monde, me fassent soupirer vers vous, et mettre en vous toute mon espérance et tout mon bonheur !

TROISIÈME POINT.

Moyen de se délivrer de ce danger.

Nous trouvons ce moyen dans l'exemple de Jésus-Christ. *Après avoir renvoyé le peuple, il se retira seul sur la montagne pour prier : et la nuit étant venue, il se trouva seul en ce lieu-là.* Lorsqu'il eût fait embarquer ses Apôtres, il donna ordre aux cinq mille Galiléens de se retirer. Ceux-ci ayant observé ses démarches, et ayant vu que ses Apôtres étoient partis, qu'il restoit seul, et qu'il ne pouvoit pas leur échapper, se retirèrent en, remettant l'exécution de leur projet au lendemain. Mais Jésus s'éloigna d'eux, et s'enfuit sur la montagne, où il passa seul la nuit en oraison. Admirons cette conduite de notre divin Maître, et prenons-la pour notre modèle. Ecartons de nous tout ce qui peut nous flatter, nous séduire et attacher notre cœur. Eloignons-nous du tumulte du monde et des passions ; tenons-nous dans la retraite, où seuls avec Dieu nous puissions implorer son secours.

et méditer à loisir la vanité des choses de ce monde, nous pénétrer des vérités éternelles, tourner tous nos regards et toutes nos espérances vers la céleste patrie. PRIÈRE. Inspirez-moi vous-même, Seigneur, cet amour de la retraite et celui de la prière. Détachez-moi du monde et de tout ce qui y captive mon cœur. Attirez-moi, afin que méprisant tout ce qui n'est pas vous, je n'aspire et je ne travaille qu'à m'assurer le séjour de votre gloire et du repos éternel! Ainsi soit-il.

CXXIII^e. MÉDITATION.

Jésus marche sur l'eau.

1°. Jésus permet que ses Disciples soient dans la peine, et par-là il nous annonce les contradictions auxquels nous devons nous attendre à son service; 2°. Jésus marchant sur l'eau, vient trouver ses Disciples, et par-là il nous instruit du progrès que nous devons faire dans sa connoissance; 3°. Jésus guérit les malades du pays de Génézareth, et par-là il nous propose un modèle de la foi que nous devons avoir en lui. *Matt.* 14. 24-36. *Marc.* 6. 47-56. *Jean.* 6. 16-21.

PREMIER POINT.

Jésus permet que ses Disciples soient dans la peine et par-là il nous annonce les contradictions auxquelles nous devons nous attendre à son service.

1° NÉCESSITÉ des contradictions. Qui se seroit jamais imaginé, en voyant les Apôtres s'em-

barquer par l'ordre exprès de Jésus, qu'ils al-
lassent trouver une mer orageuse et courrou-
cée, des vents impétueux et toujours contraires?'
C'est cependant ce qui arriva. Lorsque Jésus-
Christ leur avoit dit de le devancer jusqu'au-
delà du détroit, à la hauteur de Bethsaïde, ils
avoient compris qu'après avoir congédié le peuple, il feroit ce petit trajet par terre; qu'ils
le prendroient sur la côte de Bethsaïde, et qu'ils
traverseroient le lac avec lui, pour se rendre à
Capharnaüm; mais il n'en devoit pas être ainsi.
Les Disciples s'étant embarqués voulurent côtoyer le rivage, mais le vent contraire les en
empêcha, et les jeta toujours en haute mer. A
l'absence de Jésus et à l'horreur de la nuit se
joignit une violente tempête; la mer devint fu-
rieuse. Ils eussent pu trouver leur sûreté dans
le port de Bethsaïde, mais ils eurent beau ra-
mer et lutter contre les flots, ils ne purent
gagner la terre; et après un travail opiniâtre
pendant toute la nuit, ils se trouvèrent, au
point du jour, n'avoir fait qu'environ une lieue.
Jésus voyoit leur embarras, et lisoit dans leurs
cœurs; il ne tarda pas de venir à eux et de
les délivrer de leur peine. Ainsi, ô ame fidèle,
mais tentée, vous croyez-vous dans des moments d'orages et d'épreuves, ou près de périr,
ou déjà perdue : mais prenez courage, le calme
reviendra; Jésus est présent, quoique caché;
il va reparoître, et jamais vous n'aurez fait
dans les voies de Dieu une course plus rapide,
plus sûre et plus heureuse.

IIᵒ Dessein de Dieu dans les contradictions.
Qui eût pu penser, en voyant, pendant toute
la nuit, la peine des Apôtres leurs travaux,

Ieur danger, et l'inutilité de leurs efforts, que c'étoit là le moyen que Dieu avoit choisi pour l'exécution de ses volontés, pour faire éclater sa puissance et sa gloire, pour fortifier la foi de ses Disciples, augmenter leurs mérites et les combler de consolations? O mon Dieu! que vous êtes grand, que nous sommes aveugles, et que vos pensées sont au-dessus des nôtres! C'est ainsi que, sur la mer orageuse du monde, votre Eglise est exposée aux persécutions, que le juste se trouve environné de périls, que l'homme apostolique est en butte aux contradictions. C'est ainsi que notre propre cœur, enveloppé de ténèbres, agité par les tentations extérieures et par ses propres passions, s'oppose sans cesse au désir que nous avons de vous servir et d'être entièrement à vous. Mais vous le voulez ainsi pour les intérêts de votre gloire et pour l'avantage de vos serviteurs : que votre nom soit béni!

III° Devoir de l'homme dans les contradictions. Il doit redoubler ses efforts, travailler sans relâche et sans se décourager, quelque grandes, quelque longues que soient les épreuves. Il doit penser que Jésus voit ses peines, qu'il saura les faire cesser dans le temps et de la manière qu'il conviendra. Il doit reconnoitre que, par son travail, il ne fait que remplir son obligation, quoiqu'il ne puisse se procurer le succès qu'il désire. Il doit se tenir assuré que, s'il est fidèle à ce que Dieu demande de lui, Jésus, dans quelques moments, calmera tout, et couronnera ses travaux et sa patience. Est-ce avec ce courage, ô mon ame! est-ce avec ces sentiments que vous vous soutenez au milieu des flots dont vous êtes agitée, que vous luttez contre les vents qui s'opposent à votre course vers le Ciel, à votre salut, à votre sanctification ?

SECOND POINT.

Jésus, marchant sur l'eau, vient trouver ses Disciples, et par-là nous instruit du progrès que nous devons faire dans sa connoissance.

1° Le premier degré de la connoissance de Jésus, est celui de la conversion : connoissance d'abord foible et souvent remplie de frayeur. *Jésus vint trouver ses Apôtres au-delà du détroit, à la hauteur de Bethsaide*, ainsi qu'il leur avoit fait entendre, mais non à l'heure qu'ils avoient cru, et beaucoup moins de la manière dont ils l'avoient entendu. Il prit sa route par mer, comme il l'eut prise par terre ; *il marcha à pied sec sur les flots.* Maître de la nature entière, l'élément liquide et agité devint pour lui solide et immobile. Les Apôtres, à la faveur de la foible lueur du jour qui commençoit à dissiper l'ombre de la nuit, s'aperçurent de quelque chose qui paroissoit sur l'eau et qui marchoit. Tous vinrent voir ce que c'étoit ; mais ils étoient bien éloignés de penser que ce fut leur Maître, qu'ils avoient si long-temps attendu, et qu'ils désiroient si ardemment posséder. Ils jugèrent tous que *c'étoit un fantôme*, un spectre, *et la frayeur s'empara de leurs cœurs*. Il parut d'abord que le prétendu *fantôme se disposoit à passer au-delà du lieu où ils étoient ;* mais lorsqu'ils virent qu'il venoit droit à eux, *et qu'il étoit déjà proche de leur* barque, la frayeur redoubla, *et ils jetèrent un grand cri.* Jésus eut pitié de leur foiblesse : *C'est moi,* leur dit-il, *ayez confiance, ne craignez point.* On peut appliquer ceci aux frayeurs qu'éprouve une ame qui veut se convertir, qui commence à sortir des ténèbres de l'infidélité, de l'hérésie, du péché, du monde, d'une vie tiède et dissipée. A la foible lueur qui frappe ses yeux, elle distingue mal les objets, elle s'effraie de tout, et s'imagine ne voir partout que des fantômes et des illusions. Rassurez-vous, ame timide, c'est Jésus-Christ qui vient à vous.

II° Le second degré est celui des commençants, c'est le degré de la ferveur. Pierre, toujours plein d'ardeur, entendant la voix de son Maître, signala son tendre amour pour lui. *Ah, Seigneur !* s'écria-t-il, *si c'est vous, ordonnez que j'aille à vous en marchant sur les eaux.* Jésus lui dit : *Venez.* Pierre aussitôt, animé d'une foi vive, *descendit de la barque et marchoit sur l'eau pour aller à Jésus.* Heureuse ferveur, par laquelle on s'offre généreusement à tout ce que Dieu veut de nous, par laquelle, dès que le Seigneur parle, on ne voit rien d'impossible, et on entreprend tout. Pierre avançoit heureusement vers Jésus ; *mais voyant que le vent étoit grand, il eut peur ; et comme il commençoit à s'enfoncer, il s'écria en disant : Seigneur, sauvez-moi. A l'instant Jésus étendant la main, le prit, et lui dit : homme de peu de foi, pourquoi avez-vous douté ?* Ce ne fut ni la violence du vent, ni la nature de l'eau qui firent enfoncer saint Pierre ; la mer ne commença à se dérober sous ses pieds, qu'aussitôt que sa confiance se fut affoiblie, et qu'oubliant qu'il étoit auprès de Jésus, il eut peur. La ferveur n'est pas long-temps sans être éprouvée ; mais si nous venons à oublier que tout ce que nous avons vient de Dieu, si nous cessons de nous appuyer sur son bras tout-puissant qui nous soutient, à la moindre tentation nous nous décourageons, nous succombons sous le poids notre propre corruption, et nous périrons infailliblement, si par nos cris nous n'attirons promptement le secours de celui qui peut seul nous sauver.

III° Le troisième degré est celui des parfaits, c'est le degré de la jouissance et du repos. Jésus eût pu faire le reste du voyage avec saint Pierre en marchant sur la mer ; *mais, à la prière de ses autres Disciples*, il le reconduisit jusqu'au navire, où il entra avec lui. Dès que ce divin Maître fut réuni à ses Apôtres, *le vent contraire étant tombé tout-à-coup*, la mer devint parfaitement calme, et ce fut pour ses Disciples un nouveau sujet d'étonnement : comme si tous ces nouveaux miracles eussent dû les étonner, après celui de la multiplication des pains dont ils venoient d'être les témoins ; mais leur esprit étoit si borné, et leur cœur si aveuglé, qu'ils ne tiroient aucune conséquence d'un fait à l'autre, et qu'ils étoient toujours surpris de ce que Jésus-Christ faisoit d'extraordinaire. C'est le défaut de ceux qui, se laissant conduire plutôt par les sens et l'imagination, que par la foi et la raison, croient un mystère parce qu'il est révélé, et ne peuvent se résoudre à en croire un autre quoique également révélé. Les Apôtres, frappés de tant de merveilles, vinrent se prosterner aux pieds de Jésus, l'adorèrent avec le plus profond respect et la plus vive reconnoissance, en disant : *Vous êtes véritablement le Fils de Dieu.* On ne s'approche point de Jésus avec foi et avec amour, sans éprouver bientôt les effets de sa bonté. Par une nouvelle merveille, la barque, comme guidée par Jésus-Christ, et presque sans effort, avança avec une telle promptitude, *qu'en un instant elle se trouva sur la côte occidentale de Génésareth, où Jésus vouloit se rendre.* On peut voir ici les avantages que goûtent ceux qui ont soutenu avec fidélité les épreuves par lesquelles Dieu les a fait passer ; ces avantages sont la présence de Jésus-Christ, le calme et la paix, la lumière d'un jour pur et serein, des sentiments vifs de foi, de confiance, et enfin le progrès dans la vertu, prompt et facile. On avance alors non-seulement sans effort, mais sans aucune peine, et avec des consolations inexprimables. Pourquoi en est-il si peu qui arrivent à cet heureux état? C'est qu'il en est peu qui en veuillent soutenir les épreuves. On en soutient de plus rudes pour se procurer les avantages du monde ; mais on est lâche et indifférent pour les avantages qui se trouvent dans la sainteté et la perfection. Un jour, mais trop tard, on verra la différence du prix des uns et des autres.

TROISIÈME POINT.

Jésus guérit les malades du pays de Génésareth, et par-là il nous propose un modèle de la foi que nous devons avoir en lui.

1ᵉ Foi prompte et entière. Jésus aborda de grand matin, non à Capharnaüm, mais plus loin, au pays de Génésar ou Génésareth, d'où il se rendit le même jour, par terre, à Capharnaüm. Il ne lui fut pas possible de paroître sur cette plage sans y être reconnu. *Dès qu'il fut sorti de la barque*, les Génésariens *le reconnurent* pour le grand Prophète, pour l'envoyé de Dieu, et le Thaumaturge de la Galilée, et ils coururent au-devant de lui. Que notre cœur ne vole-t-il ainsi vers Jésus, dès que nous entrons dans le lieu saint où il habite, dès qu'à la voix du Prêtre il descend sur l'Autel, dès que pour nous combler de ses bénédictions, il sort de son Tabernacle et se présente à nos regards ! Animons notre foi dans ces heureux moments, reconnoissons, adorons, aimons un Dieu si grand, un Sauveur si puissant, si libéral et si bienfaisant.

IIᵒ Foi agissante et charitable. *Aussitôt que les habitants de ce lieu eurent reconnu Jésus, ils envoyèrent dans tout le pays*, pour avertir qu'il étoit arrivé à Génésareth, pour se rendre de là à Capharnaüm. Ce fut partout un mouvement général ; *tous les malades se rendoient dans tous les endroits où il devoit passer, et on portoit sur leurs lits ceux qui n'avoient pas la force de marcher.* Que cette charité pour les malades étoit louable, et qu'elle dut toucher le cœur de Jésus ! Ah ! si nous avions le même zèle pour le salut de nos frères, si nous profitions de toutes les occasions pour les faire rentrer en eux-mêmes, leur faire connoître leurs maladies, et les engager à recourir à celui qui peut les guérir, que notre charité leur seroit utile, et qu'elle seroit méritoire pour nous !

IIIᵒ Foi respectueuse et pleine de confiance,

mais de cette confiance qui obtient des miracles.
*Dans les villages, dans les bourgs, dans les
villes où passoit Jésus, les malades se tenoient
dans les places* et imploroient son secours.
Voyant qu'il ne faisoit que passer, *ils le prioient
de souffrir qu'ils pussent seulement toucher la
frange de sa robe.* Jésus-Christ le leur permettoit avec une bonté ineffable, il se laissoit approcher et presque accabler : tant sa douceur
inspiroit à tout le monde de confiance et de
liberté. Les succès des uns animoit les autres ;
et aucun n'usoit de sa condescendance, sans
obtenir l'accomplissement de ses désirs ; *et
tous furent guéris.* Telle fut la marche triomphante de Jésus retournant à Capharnaüm ;
triomphe auquel ne peuvent être comparés ceux
des plus fameux conquérants de la terre ; triomphe vraiment divin et sur la mer et sur la terre,
par lequel ce divin Sauveur affermissoit la foi
de ses Apôtres pour les mettre en état d'entendre, sans s'effrayer, les mystères sublimes et
inouis qu'il alloit annoncer à Capharnaüm. Pour
nous, qui croyons ces mystères, qui les avons,
pour ainsi dire, en notre possession, qui tou-
chons non pas la robe, mais la chair de Jésus-
Christ, et qui nous en nourrissons, combien
notre bonheur est-il plus grand, combien notre amour doit-il être plus parfait ?

PRIÈRE. O mon Dieu ! remplissez mon cœur
de ce divin amour, afin qu'il puisse obtenir de
vous son entière guérison ! *Vous êtes vraiment
le Fils de Dieu.* Oui, Seigneur, vous l'êtes, je
le confesse avec vos Apôtres, et je vous adore
avec eux ! Ayez pitié de moi, tendez-moi une
main secourable comme à saint Pierre : *Sei-*

gneur*, *sauvez-moi*, vous dirai-je sans cesse comme lui ! Faites entendre au fond de mon ame ces paroles consolantes que vous lui adressâtes : *C'est moi, ne craignez rien;* daignez me les faire entendre ces paroles dans les épreuves où vous me mettrez, dans les occasions de pratiquer la vertu que vous me fournirez, dans l'oraison, dans la Communion, et surtout à l'heure de ma mort ! Ainsi soit-il.

CXXIVᵉ. MÉDITATION.

Discours de Jésus dans la Synagogue de Capharnaüm.

Sur le futur établissement de l'Eucharistie.

Considérons la promesse que fait ici Jésus-Christ d'un pain céleste qui donne la vie éternelle, la vie requise pour recevoir ce pain céleste, et la manne des Hébreux, figure de ce pain céleste. *Jean.* 6. 22-34.

PREMIER POINT.

Promesse du Pain céleste.

1° **D**u lieu où se fit cette promesse. Ce fut dans la synagogue de Capharnaüm, à l'assemblée qui se tint aux premières Vêpres du Sabbat, c'est-à-dire, le vendredi au soir. Jésus avoit multiplié les pains le Jeudi au soir ; le Vendredi matin il guérit les malades du pays de Génésareth, et se rendit le même jour à Capharnaüm, avant le sabbat commencé. Dès qu'il fut arrivé, il alla à l'assemblée pour y enseigner. Ainsi Jésus-Christ, employant au soulagement des malheureux, ou à l'instruction des peuples, tous les instants de sa vie, apprend-il aux ouvriers évangéliques, qu'il ne doit point y avoir de vide dans leurs jours.

II° De ceux devant qui Jésus-Christ fit cette promesse. Ce fut du moins en grande partie devant ceux-là mêmes en faveur de qui il avoit multiplié les pains. Peut-être même n'avoit-il opéré ce miracle en leur présence, que pour les disposer à l'instruction qu'il alloit leur faire. Il les avoit laissés la veille *au-delà du lac* dans la disposition de le proclamer Roi; et en effet, *le lendemain,* dès qu'il fut jour, ils s'assemblèrent pour exécuter leur dessein. *Ils avoient bien vu qu'il n'y avoit point eu de ce côté-là d'autre barque, et que Jésus n'y étoit point entré avec ses Disciples, mais qu'eux seuls s'en étoient allés;* et ils conçurent que Jésus-Christ devoit être au-delà du lac. Cependant comme, malgré toutes les recherches, ils ne purent le trouver, ils se déterminèrent au retour. *Il étoit arrivé* le matin même *un grand nombre de barques qui étoient parties de Tibériade.* Plusieurs s'en servirent pour repasser le lac : les autres prirent leur route par terre, pour regagner leur demeure; et outre ceux qui étoient de Capharnaüm, plusieurs autres se *rendirent donc dans cette ville, pour voir s'ils n'y trouveroient pas leur bienfaiteur.* Jésus étoit dans la synagogue au moment de leur arrivée; et quelle fut leur surprise en le voyant ! Si Jésus-Christ n'eût parlé à ce peuple que de dépouillement, que de porter sa croix, qui d'entre eux se seroit mis en peine, de le chercher et de le suivre ?

III° D'où Jésus prit occasion de faire cette promesse. Ce fut de l'empressement que les Capharnaïtes avoient à le trouver. Ceux-ci l'ayant vu dans l'assemblée, lui dirent : *Maître, quand êtes-vous venu ici ?* Jésus, sans satisfaire leur inutile curiosité, et s'arrêtant aux dispositions de leur cœur, leur répondit : *En vérité, en vérité, je vous le dis, ce n'est pas pour avoir vu des miracles que vous me cherchez, mais à cause des pains dont vous avez mangé, et parce que vous avez été rassasiés.* C'est-à-dire, au lieu de regarder mes miracles comme les ouvrages d'un Dieu, et comme la preuve que je suis le Messie, vous n'y envisagez que le profit temporel qui peut vous en revenir ; vous ne me suivez que par des vues grossières et charnelles. Et en effet telle étoit la disposition trop humaine où étoit encore, à l'égard de Jésus-Christ, une partie de ces peuples de la Galilée, à qui, depuis si long-temps, il annonçoit l'Evangile et prodiguoit ses miracles. Ces hommes charnels ne rapportoient pas ces mêmes miracles à leur véritable fin, qui étoit de les faire croire en celui qui les opéroit comme au Fils de Dieu; en sorte que sur sa parole ils reçussent de lui les préceptes de la foi et des mœurs qu'il leur donnoit, ils n'y envisageoient au contraire que leur utilité temporelle. En les voyant, ils se promettoient dans Jésus-Christ qui les faisoit, un Roi puissant, qui les rendroit heureux sur la terre et qui relèveroit la gloire de leur nation au-dessus de toutes les nations du monde. C'étoit pour les retirer d'une erreur si dangereuse, que

Jésus leur reprochoit, d'une manière si sévère, les vues basses et intéressées qui les faisoient agir. Prenons garde nous-mêmes aux motifs qui nous font suivre Jésus-Christ, qui nous font embrasser un état de sainteté, et pratiquer les œuvres de piété.

IV° En quels termes Jésus-Christ leur fait cette promesse. Il ajouta : *Travaillez pour avoir, non la nourriture qui périt, mais celle qui demeure pour la vie éternelle, et que le Fils de l'Homme vous donnera, parce que c'est en lui que Dieu son Père a imprimé son sceau et son caractère.* C'est-à-dire, homme charnels et grossiers, peu sensibles aux avantages de vos ames, vous n'êtes touchés que de la nourriture de vos corps, de la fécondité de vos troupeaux, de la fertilité de vos campagnes, de la prospérité de vos familles, et de la splendeur de votre nation ! Mais ce n'est pas là le fruit que j'attends de mes travaux. Si vous voulez me plaire, élevez vos esprits à de plus hautes idées, travaillez à vous procurer non pas cette nourriture matérielle qui périt, mais une nourriture spirituelle dont les fruits se conservent dans l'éternité. C'est moi, le Fils de l'homme, qui vous donnerai cette excellente nourriture, moi qui suis marqué au sceau de Dieu le Père. Ce sceau de Dieu, c'est l'Esprit-Saint, c'est la voix du Père, qui a déclaré que Jésus étoit son Fils bien-aimé, à qui les hommes doivent une entière obéissance ; ce sont les Prophéties qui caractérisent le Messie : ce sont enfin les œuvres miraculeuses que le Père a donné à son Fils le pouvoir d'opérer. Sceau vraiment divin, qu'on ne peut méconnoître, et sur lequel on ne peut pas se tromper ! L'aliment permanent qui nous

conduit à la vie éternelle, et que Jésus assure ici
qu'il. donnera, c'est la divine Eucharistie, à laquelle ce divin Sauveur prépare peu à peu les
esprits, dont il développe insensiblement la nature
et les effets, et qu'il déclare, à la fin de ce discours, être sa chair et son sang. Travaillons donc
à nous procurer cet aliment céleste qui donne la
vie éternelle. Hélas! nous prenons tant de peine
à nous procurer des biens périssables, et nous ne
voulons rien faire pour des biens éternels! Qu'est-
ce que cette fortune, ce, bonheur, cette gloire
dont nous nous repaissons, et que nous recherchons avec tant de fatigues; et si l'on parle de
nous disposer à recevoir la divine Eucharistie,
source de tous les biens, nous disons n'en avoir
ni le temps ni la volonté! Quelle folie! quel
aveuglement!

SECOND POINT.

Foi requise pour recevoir le Pain céleste.

Iº Nécessité de cette foi. Les Capharnaïtes ne
voyoient point encore en quoi devoit consister
cette nourriture permanente que Jésus leur promettoit; mais ce qu'il leur en avoit dit, suffisoit
pour la leur faire désirer; il ne s'agissoit plus
que de savoir ce qu'il falloit faire pour l'obtenir.
Ils lui dirent donc : *Que ferons-nous pour opérer
les œuvres de Dieu?* c'est-à-dire, des œuvres
agréables à Dieu, par lesquelles nous puissions
mériter cette nourriture. Jésus leur répondit :
*L'œuvre de Dieu, c'est que vous croyiez en celui
qu'il a envoyé.* En effet, il n'y a point de mystère qui exige tant de foi que celui de l'Eucharistie. Les autres mystères offrent peut-être

moins de difficultés, parce qu'ils ont pour objet des choses spirituelles, parce qu'ils sont, pour ainsi dire, éloignés de nous et hors de notre portée ; mais celui-ci est entre nos mains et sous nos yeux, il s'y agit d'un corps humain contenu sous les apparences d'un peu de pain. Non-seulement il faut soumettre notre raison, faire taire notre imagination, mais encore contredire le témoignage de tous nos sens. Cependant si la foi en Jésus-Christ est nécessaire pour croire ce mystère, il faut reconnoître aussi qu'elle suffit. Dès que je crois que Jésus-Christ est le Fils de Dieu, le Verbe incarné, Dieu lui-même, il a droit de me dire tout ce qu'il voudra, je le croirai sans aucune difficulté et sans aucun doute. Mes sens, mon imagination, ma raison ne sont rien en comparaison de sa parole et de l'enseignement de son Eglise. Affermissons-nous donc, et soyons inébranlables dans cette foi ; sans elle on n'a rien, et avec elle, lorsqu'elle est vive, on a tout.

II° Motifs de cette foi. Croire à quelqu'un, croire à quelque chose sans un motif suffisant, c'est le propre de la superstition, des fausses religions, de l'hérésie, de l'incrédulité même ; mais la foi chrétienne a des motifs victorieux, auxquels un homme raisonnable ne peut se refuser. Parmi les Capharnaïtes, il y avoit beaucoup de gens incrédules, et qui cherchoient encore à justifier leur incrédulité. Leurs préjugés les portèrent même à demander à Jésus quels miracles il faisoit pour qu'ils crussent en lui. Ils lui dirent : *Quels miracles faites-vous donc, afin que nous les voyions et que nous croyions en vous ? Quelles sont vos œuvres ?* Mais, comme le miracle de

la multiplication des pains étoit trop-récent pour
le nier, ils crurent en éluder la, preuve, en y
opposant le miracle de la manne sous. Moïse.
Nos Pères, dirent-ils, *ont mangé la manne dans
le désert, comme il est écrit : il leur a donné un
Pain céleste à, manger.* La, comparaison de ces
deux miracles étoit, selon eux, décisive en faveur de Moïse. Jésus n'avoit nourri que cinq
mille hommes, et Moïse plus de soixante mille.
Jésus ne les nourrit qu'un jour, et Moïse pendant quarante ans. Jésus, ne leur donna qu'un
pain terrestre et humain, du pain d'orge, et
Moïse du pain du Ciel, du pain des Anges. Ces
incrédules, ainsi que ceux de nos jours, raison-
noient mal, et prenoient le change en deux manières. 1°. S'il eût été-question de faire comparaison des pains, il eût fallu comparer le pain
de Moïse, non avec celui que Jésus avoit multiplié, mais avec celui qu'il promettoit de donner ;
c'est ce qu'ils ne pouvoient faire, puisqu'ils ne
le connoissoient pas encore, et c'est ce que Notre-
Seigneur fait lui-même dans sa réponse, ainsi
que nous allons le voir. 2°. S'il s'agissoit, ainsi
qu'il en étoit en effet question, des miracles que
faisoit Jésus-Christ pour mériter la foi qu'il exigeoit qu'on eût de lui, il étoit inutile de comparer les miracles de Moïse avec ceux de Jésus ;
les uns et les autres étoient constants et avérés,
ils avoient également le sceau de Dieu, ils étoient
une preuve incontestable de la vérité. Leur différence consistoit, 1°. dans la fin pour laquelle
ils se faisoient. Ceux de Jésus s'opéroient en
preuve de sa divinité, afin qu'on crût qu'il étoit
le Messie promis, le Sauveur des hommes, le
Fils de Dieu ; ceux de Moïse, afin que les

Egyptiens et les Israélites sussent que c'étoit le
Seigneur qui tiroit son peuple de l'Egypte et
qui le conduisoit. 2°. Dans l'autorité avec laquelle ils se faisoient. Quel titre prenoit Moïse
au milieu des prodiges qu'il opéroit ? *Et qui
sommes - nous*, disoit - il ainsi qu'Aaron aux
Israélites , *pour que vous nous portiez vos
plaintes et vos menaces ? Nous ne sommes rien,
c'est contre le Seigneur même que vous murmurez.* Mais Jésus prend partout le titre de Fils
de Dieu, de Juge des vivants et des morts, le
titre de Fils de l'Homme, Chef de tous les hommes, réparateur des maux qu'a causés le péché du premier homme. 3°. Dans la manière
dont ces miracles se faisoient. Moïse gémissoit
devant le Seigneur, et le Seigneur l'avertissoit
des prodiges qu'il vouloit opérer par son ministère ; Moïse exécutoit les ordres du Seigneur
et le Seigneur opéroit les prodiges qu'il avoit
promis ; mais Jésus a reçu de son Père tout
pouvoir pour faire les œuvres qu'il fait ;
aussi use-t-il de ce pouvoir avec une entière
liberté en toutes sortes de rencontres, et sur
toutes sortes de matières. Un mot, un geste
lui suffisent : les malades sont guéris, les démons
fuient, les vents s'apaisent, l'eau se change en
vin, les pains se multiplient, la mer se calme
et devient solide ; et lorsqu'il ressuscite les
morts, il leur dit : levez-vous , c'est moi qui
vous l'ordonne. Non-seulement Jésus use de ce
pouvoir : il le communique encore à qui il lui
plaît ; et lorsque ses Disciples opèrent les mêmes
prodiges que lui, ils déclarent que c'est en son
nom et par sa vertu qu'ils les opèrent. Quelle
comparaison de Moïse avec Jésus, du serviteur

avec le Fils unique, de l'homme simplément dit avec l'Homme-Dieu, de la créature avec le Créateur ! Je vous adore, ô Jésus, ô Fils de Dieu, ô mon Sauveur ! je vous adore et je reconnois votre souverain pouvoir. Eh quoi ! à Capharnaüm même, on ose encore demander quels miracles vous faites ! Disons plus, hélas ! dans le Christianisme même, depuis que vous êtes ressuscité, que votre Eglise est établie sur les ruines de l'idolâtrie et du judaïsme, et qu'elle subsiste depuis plus de dix-huit siècles, il s'en trouve encore qui demandent des miracles, ou qui osent comparer ceux que vous avez faits avec ceux du paganisme, qui ne présentent rien que de fabuleux ! Ah ! si vous vouliez être Roi sur la terre, dispenser à vos sujets les richesses et les plaisirs, on ne vous disputeroit point vos miracles ; mais vous êtes le Dieu de la sainteté, le Roi du siècle à venir, vous exigez qu'on se soumette à une doctrine qui gêne le cœur ou qui humilie l'esprit : voilà ce qui cause l'incrédulité.

TROISIÈME POINT.

Manne des Hébreux, figure du Pain céleste.

Or Jésus leur répondit : *En vérité, en vérité, je vous le dis ; ce n'est point Moïse qui vous a donné le Pain céleste, mais c'est mon Père qui vous donne le vrai Pain du Ciel, car le Pain de Dieu est celui qui vient du Ciel, et qui donne la vie au monde.* La figure doit avoir quelque rapport avec la réalité, mais la réalité doit être au-desssus de la figure.

1° La manne venoit du Ciel, mais du Ciel inférieur et aérien, du Ciel des nuées, comme la pluie, mais non du Ciel suprême où Dieu réside et communique sa gloire aux Bienheureux. Or c'est de ce véritable Ciel, du sein de Dieu même que nous vient le Pain Eucharistique que Dieu nous donne et que Jésus promet ici, en nous disant qu'il est *le vrai pain du Ciel*.

II° La manne est appelée le pain des Anges, parce qu'elle n'étoit pas faite de la main des hommes. Le Pain Eucharistique est le pain de Dieu, sorti de Dieu, formé par la parole du Verbe incarné et par l'opération du Saint-Esprit, contenant Dieu lui-même, l'humanité de Jésus-Christ avec sa divinité. Il est le pain des Anges, parce que, comme Bienheureux, ils s'en nourrissent dans le Ciel par la vision intuitive et l'amour béatifique, tandis que nous nous en nourrissons sur la terre par la foi, en le recevant sous les espèces du Sacrement.

III° La manne tomboit du Ciel par son propre poids, comme un corps inanimé, comme tombe la pluie, et elle ne tomboit que le matin en même temps que la rosée ; mais le pain céleste est un pain vivant, qui est descendu du Ciel par son propre mouvement, et par sa propre volonté, dans le sein d'une Vierge, et qui descend de même tous les jours entre les mains du Prêtre.

IV° La manne entretenoit la vie, et ne la donnoit pas : elle étoit d'un goût délicieux, et on y trouvoit même tous les goûts que l'on vouloit ; mais tout cela ne regardoit que la vie du corps et le goût des sens, et par conséquent étoit périssable. Mais le pain du Ciel donne à l'ame une vie céleste et divine, et la remplit de saintes délices qui sont l'avant-goût de la bienheureuse Eternité.

V° La manne n'étoit que pour un peuple et pour un temps; le pain céleste est pour le monde entier et sera jusqu'à la fin des siècles. Depuis dix-huit siècles, ce pain adorable se distribue dans l'Eglise à tous les fidèles répandus sur la terre, et il se distribuera ainsi jusqu'à la fin du monde. Quoique les Capharnaïtes ne se fissent encore qu'une idée grossière de cette divine nourriture, ils ne laissèrent pas de s'écrier : *Seigneur, donnez-nous toujours de ce pain.* Faisons la même prière qu'eux, mais avec plus de foi et d'ardeur. Malheur à nous, si nous venions jamais à nous dégoûter de ce pain céleste, à ne le manger qu'avec ennui, ou à nous en priver pour nous nourrir des objets des sens et de nos passions ! Les Hébreux se dégoûtèrent de la manne, ils désirèrent une autre nourriture, et ils satisfirent leurs désirs ; mais une mort prompte et cruelle fut tout à la fois la punition et de leur injuste dégoût, et de leurs désirs dépravés.

PRIÈRE. O Jésus ! je vous le demande, mais dans de plus saintes dispositions que les Juifs, donnez-le moi, ce pain si excellent et si nécessaire, ce pain qui n'est autre que vous-même : donnez-le moi toujours, et que je ne mette jamais d'obstacle à votre libéralité. Accordez-moi, pour m'en rendre digne, une foi vive et agissante, ferme et éclairée, humble et respectueuse, animée de confiance et d'amour, soumise à vos volontés et zélée pour votre gloire, reconnoissante de vos bienfaits et persévérante dans l'accomplissement de votre loi. Ainsi soit-il.

CXXV^e. MÉDITATION.

Première suite du discours de Jésus-Christ sur
l'Eucharistie.

Jésus déclare qu'il est lui-même l'aliment qu'il a promis,
et le Pain de vie descendu du Ciel. Considérons l'incrédulité des Juifs, la conduite de Jésus-Christ pour vaincre
leur incrédulité, les murmures qu'ils font contre le Sauveur, et la réponse de ce divin Sauveur à leurs murmures.
Jean. 6. 35-47.

PREMIER POINT.

Incrédulité des Juifs.

1° **J**ÉSUS la leur reproche. Après que les Juifs
eurent demandé à avoir toujours ce Pain céleste
qui donne la vie, *Jésus-Christ leur dit : je suis*
le Pain de vie ; celui qui vient à moi, n'aura
point de faim ; et celui qui croit en moi, n'aura
jamais de soif. A cette déclaration du Sauveur,
les Juifs mal disposés, comme ils l'étoient, durent être étonnés ; aussi n'y ajoutèrent-ils aucune
foi. Peut-être même, par leur air et leur conte-
nance, donnèrent-ils à l'extérieur des marques
de leur incrédulité. Quoiqu'il en fût, Jésus-
Christ, qui voyoit leurs cœurs, ajouta : *Je vous*
l'ai déjà dit, vous m'avez vu, et cependant vous
ne croyez pas. Quel aveuglement plus déplorable !
Quelle incrédulité plus criminelle que d'avoir eu
si long-temps Jésus-Christ sous les yeux, que
d'avoir été témoin de tant d'œuvres miraculeuses,

et de n'avoir pas cru en lui! Pour moi, ô mon
Sauveur! je ne vous ai jamais vu, et je crois en
vous de tout mon cœur, je ne vous ai vu que
sous la forme du pain où, pour mon bonheur,
vous avez caché tout ce que vous êtes : c'en est
assez pour cette vie mortelle, assez pour mon
salut, assez pour ma consolation, pour exercer
ma foi, pour nourrir mon espérance, et pour
m'embraser de votre amour.

II° Jésus découvre aux Juifs la source de
leur incrédulité. Ce qui les éloignoit de croire en
Jésus-Christ, c'étoit le motif bas et intéressé
pour lequel ils le suivoient, et auquel ils ne
vouloient pas renoncer. Ils ne cherchoient en lui
qu'un Roi temporel qui les rendît heureux sur la
terre, et c'étoit à cette espérance qu'ils rapportoient les miracles qu'ils lui voyoient opérer. Ils
auroient dû, en voyant ses miracles, se rendre
dociles à la voix extérieure de sa personne et à
la voix intérieure de la grâce ; mais l'intérêt, la
cupidité, l'ambition étouffèrent en eux toute
docilité ; et ces mêmes Capharnaïtes qui, sur la
conviction de la multiplication miraculeuse des
pains dont ils avoient été rassasiés, cherchoient
Jésus-Christ le matin de ce jour-là même pour
lui mettre la couronne sur la tête, se montrè-
rent le soir invincibles à la persuasion, parce
qu'il ne s'agissoit plus de se donner un Roi libéral et magnifique, mais de croire à la parole
d'un homme qui, sans vouloir se faire Roi, pré-
tendoit être regardé comme le Messie et le Fils
de Dieu..... Ce ne sont cependant que ceux qui
cherchent Jésus-Christ avec une foi entière et
une docilité parfaite, que ce Dieu Sauveur appelle
donnés par son Père, conduits et amenés à lui

par son Père, et ceux-là seuls trouvent en lui ce qu'ils y cherchent. Ils croient d'une foi inébranlable tout ce qu'il leur dit; ils ne sont rebutés ni par la pureté de sa morale, ni par l'incompréhensibilité de ses mystères. Il suffit qu'il ait parlé, pour qu'ils croient, et ils trouvent dans leur foi le repos, la consolation et la vie. *Tous ceux que mon Père me donne*, ajoute Jésus-Christ, *viendront à moi, et celui qui vient à moi, je ne le rejetterai pas.* Examinons souvent ce qui nous mène à Jésus : si c'est le Père qui nous y conduit, si les motifs qui nous font professer le Christianisme, recevoir les Sacrements, pratiquer les œuvres de la Religion, écouter, lire, méditer la sainte parole, viennent de Dieu, et si ce ne sont point l'habitude, la coutume, le respect humain, la curiosité, l'esprit de critique, le soin de notre intérêt et de notre réputation.

III° Jésus suggère aux Juifs le remède à leur incrédulité. Ce remède étoit de changer d'idées, et de prier le Père des lumières de les éclairer. La foi est un don que Dieu n'accorde qu'aux esprits humbles et dociles, un don qu'il faut demander avec confiance et humilité. Les miracles et les preuves les plus incontestables de la Religion, ne font aucune impression sur un cœur superbe attaché à la terre, et qui se férme obstinément aux grâces intérieures qui le préviennent et le sollicitent.

SECOND POINT.

Jésus encourage les Juifs à sortir de leur incré-dulité.

I° Jésus les encourage à croire en lui, en les assurant de sa bonté. *Je ne rejetterai point celui qui vient à moi.* Non, Seigneur, vous ne rebutez point, vous ne rejetez point ceux qui viennent à vous présentés par votre Père, conduits par des motifs purs et dans le dessein de recevoir vos instructions et d'en profiter ; vous les recevez, au contraire, avec amour et complaisance, vous les introduisez dans le secret de vos mystères, vous leur faites goûter des vérités qui les comblent de délices, et vous leur donnez des espérances qui les transportent hors d'eux-mêmes. Ah ! que ne vais-je à vous avec confiance et docilité ! Que ne suis-je assidu auprès de vous ! Faut-il que tant d'objets et la dissipation de mon propre cœur m'éloignent si souvent de vous !

II° Jésus encourage les Juifs à croire en lui, en leur manifestant les intentions de Dieu son Père. *Je suis descendu du Ciel, non pour faire ma volonté, mais la volonté de celui qui m'a envoyé.* C'est le devoir d'un envoyé, de se conformer en tout à la volonté et aux intentions de celui qui l'envoie. La volonté humaine de Jésus-Christ ne pouvoit se soustraire à ce devoir, et n'être point entièrement conforme à la volonté divine, puisqu'en lui la volonté divine et la volonté humaine appartiennent à la même personne. *Or, la volonté de mon Père qui m'a envoyé, est que je ne perde aucun de ceux qu'il m'a donnés, mais que je les ressuscite au dernier jour.* La volonté de Dieu sur les hommes, c'est que tous reconnoissent celui qu'il leur a envoyé, qu'ils s'adressent à lui et l'écoutent comme son fils bien-aimé et leur unique médiateur. C'est pour cela qu'il a autorisé sa mission d'une manière si éclatante et si indubitable. La volonté de Dieu sur son Fils qu'il nous a envoyé, de laquelle parle ici Notre-Seigneur, c'est que tous ceux qui, convaincus par le témoignage du Père, dociles à la voix extérieure et intérieure du Père, viendront de sa part, et seront ainsi présentés au Fils par le Père, le Fils les reçoive, les instruise, les forme, les nourrisse, les conserve, n'en néglige aucun, n'en abandonne aucun, n'en laisse périr aucun, et qu'il les ressuscite au dernier jour, pour les remettre entre les mains du Père : voilà l'économie de notre salut. Ainsi la volonté de Dieu le Père, et la volonté humaine de Dieu notre Sauveur, se réunissent en ce point, de vouloir que tous les hommes soient sauvés, et parviennent à la connoissance de la vérité, qu'aucun ne périsse, mais que tous se convertissent et fassent pénitence. Si nous périssons, c'est donc par notre faute, et notre perte ne vient que de nous. L'imputer à Dieu, insinuer que même les Chrétiens, s'ils viennent à se perdre, n'ont pas eu de Dieu les moyens suffisants pour se sauver, c'est un blasphème. Si on nous propose cette erreur comme un mystère, c'est un mystère d'iniquité que l'Eglise rejette et que nous devons abhorrer. Le vrai et le grand mystère digne de nos adorations, c'est la bonté de notre Dieu et de notre Sauveur Jésus-Christ son Fils, qui nous

presse de nous sauver, et qui nous en donne
les moyens les plus abondants.

III° Jésus encourage les Juifs à croire en lui,
en leur faisant envisager les récompenses de la
foi. Jésus-Christ le repète : *Voici la volonté de
mon Père qui m'a envoyé : c'est que celui qui
voit le Fils*, c'est-à-dire, à qui le Fils a été
annoncé, qui a eu connoissance du Fils, *et
qui croit en lui, ait la vie éternelle, et je le
ressusciterai au dernier jour.* Ai-je bien compris
ces augustes paroles ? Est-ce bien à moi qu'elles
s'adressent ? Un vie éternelle, une résurrection glorieuse pour quiconque croit en Jésus-
Christ ! Réjouissez-vous, ô mon ame ! mon
corps, tressaillez d'allégresse, votre bonheur est
assuré ! O douce espérance ! vous serez ma force
et ma consolation dans toutes les tentations de
la vie, et vous ne m'abandonnerez pas lors
même que je serai entre les bras de la mort !
A ce dernier moment, j'espère encore vous recevoir, ô pain céleste ! comme le dernier gage
de l'accomplissement de vos promesses ; après
quoi, me reposant en vous, mon ame, séparée
de mon corps, se réunira en vous jusqu'à ce
que vous l'y réunissiez, et que l'un et l'autre,
après vous avoir servi sur la terre, règnent éternellement avec vous dans le Ciel.

TROISIÈME POINT.

Murmures des Juifs, caractère de l'incrédulité.

I° L'incrédulité est audacieuse dans ses discours. *Les Juifs donc murmuroient contre lui.*
L'incrédulité et l'indocilité élèvent leurs voix,

tandis que les enfants soumis gardent le silence. Les murmures, les plaintes, les cris sont les premières armes de l'erreur contre l'autorité qui la condamne. Elle voudroit, par le ton altier qu'elle prend, et par le bruit qu'elle excite, faire croire que le bon droit et le grand nombre sont de son côté ; mais la voix de l'autorité légitime, plus simple et plus majestueuse, se distingue aisément de toutes ces clameurs insensées, et on sait le respect qui lui est dû.

IIº L'incrédulité est maligne dans ses observations. Dans cet admirable discours de Notre-Seigneur, les Juifs ne s'attachèrent qu'à un mot qui leur parut susceptible de critique. *Ils murmuroient contre lui, parce qu'il avoit dit : je suis le pain vivant descendu du Ciel.* Ils ne font attention ni à ses miracles précédents qu'il leur rappeloit, ni au reproche d'incrédulité qu'il leur faisoit, ni à la volonté de Dieu qu'il leur expliquoit, ni aux grandes récompenses qu'il leur promettoit ; un seul mot les arrête : il a dit qu'il est *descendu du Ciel.* Ce mot les offense ; ils y croient voir de l'absurdité ; ce n'est qu'à ce mot qu'ils s'attachent, en voilà assez pour exciter leurs murmures, et leur faire oublier tout le reste. Ah ! ne les imitons pas ! Attachons-nous, dans l'Ecriture Sainte, dans la Religion, à ce qui nous édifie, et faisons-en notre profit. S'il s'y rencontre quelque chose que nous ne comprenions pas, ou passons-le avec humilité, ou faisons-nous-en instruire avec docilité.

IIIº L'incrédulité est fausse dans ses raisonnements. Ils disoient : *N'est-ce pas là Jésus, le fils de Joseph ? Nous connoissons son père et sa mère ; comment donc, dit-il : je suis descendu du Ciel ?* Voilà ce qui paroissoit aux Juifs une démonstration invincible ; et jamais les incrédules, les impies, les hérétiques , n'en ont fait contre nos mystères de plus plausible. Ainsi un faux supposé, un seul point qu'on ignore, renverse tout. Eh ! combien en ignorons-nous ? Quoi ! toujours des raisonnements sur des matières qui sont au-dessus de nous, tandis que des faits incontestables et à notre portée, prouvent évidemment la vérité qu'on nous annonce, et l'infaillibilité de l'autorité qui nous enseigne !

QUATRIÈME POINT.

Réponse de Jésus au murmure des Juifs.

Jésus leur répondit : *Ne murmurez point entre vous.* Jésus ne réfuta point le faux raisonnement des Juifs ; il eut fallu pour cela leur découvrir un autre mystère, qu'ils étoient encore moins capables d'entendre, et moins disposés à croire ; il se contenta d'arrêter le murmure, et il continua son discours.

Iᵒ Sur la nécessité de la grâce pour parvenir à la foi. *Personne ne peut venir à moi, si mon Père qui m'a envoyé ne l'attire, et celui-là je le ressusciterai au dernier jour.* Nous ne pouvons aller à Jésus-Christ et croire en lui, si Dieu son Père ne nous attire. Dieu nous attire à Jésus-Christ par la voix extérieure des prophéties et des miracles, et par la voix intérieure de sa grâce. Reconnoissons que nous sommes redevables à Dieu de notre foi, méditons de plus en plus les saintes Écritures, demandons de nouveaux secours de la grâce, afin de croître dans la foi, et de nous y affermir de plus en plus.

IIº Sur la nécessité de notre correspondance à la grâce, pour parvenir à la foi. Il est écrit dans les prophètes : *Ils seront tous enseignés dè Dieu ; ainsi quiconque a entendu le Père et a été enseigné de lui, vient à moi. Cè n'est pas que personne ait vu le Père, si ce n'est celui qui est né de Dieu, car c'est lui qui a vu Dieu.* La loi de Jésus-Christ, la loi Evangélique n'est pas comme la loi de Moïse, pour un seul peuple, pour un seul canton de la terre. La voix de Dieu s'adresse à tous les hommes, et les enseigne tous. C'est ce que les Prophètes ont annoncé en plus d'un endroit et en plus d'une manière ; mais tous ne se rendent pas à cette voix : les uns ne veulent pas l'entendre, les autres ne veulent pas apprendre, comprendre, retenir, suivre ce qu'elle leur dit ; mais ceux qui l'entendent et qui la suivent, viennent infailliblement à Jésus-Christ, à qui elle les conduit. Dieu n'a pas besoin de se montrer aux hommes pour leur faire entendre sa voix ; quand on a le cœur droit, on l'entend ; quand on y est docile, elle nous conduit à celui-là seul qui a vu le Père, qui en sait tous les secrets, et qui peut nous en instruire. En vain le Déiste se glorifie de connoître Dieu, et de suivre la Religion naturelle ; s'il écoutoit Dieu avec un cœur sincère, il croiroit bientôt en Jésus-Christ.

IIIº Sur la récompense de la foi. *En vérité, en vérité, je vous le dis : qui croit en moi, a la vie éternelle, je le ressusciterai au dernier jour.* La récompense de la foi est donc une résurrection glorieuse au dernier jour, et une vie éternellement bienheureuse dans le Ciel. Notre-Seigneur ne se lasse point de le répéter : pourrions-nous nous lasser de l'entendre, d'y penser, de nous en entretenir, de travailler pour/nous en rendre dignes ? Prétendus partisans de la raison et de la nature, qui osez traiter de superstition la Religion chrétienne, quelle récompense promettez – vous à vos prétendus sectateurs ? Un anéantissement total à la mort, encore cette affreuse promesse n'est-elle fondée sur aucune autre preuve que sur le désir que vous en avez. Mais ce désir est-il donc plus conforme à la nature, que le désir d'une vie éternellement heureuse ? Ah! ce désir d'être anéanti ne peut être que le désir d'un ennemi de Dieu, qui hait Dieu et qui craint ses vengeances! mais désir aussi inefficace, que la haine contre Dieu est impuissante. Rentrez en vous-mêmes; revenez à Dieu, à l'Eglise, la voie à la vie éternelle vous est encore ouverte ; si vous refusez d'y entrer, attendez-vous à être les victimes d'un supplice ou d'un désespoir éternel.

PRIÈRE. O mon Sauveur! je crois que vous êtes ce Pain descendu du Ciel, ce Pain vivant, le principe et le gage de la vie éternelle pour celui qui croit en vous, ce Pain céleste qui est tout à la fois nourriture et breuvage, et qui seul peut toujours rassasier la faim et étancher la soif de ceux qui le reçoivent dignement? Quel bonheur pour mon ame de pouvoir se nourrir de cet aliment divin! Faites – m'en goûter les fruits, ô mon Dieu! ne venez dans mon cœur que pour vous y établir, que pour en régler tous les mouvements, que pour m'attirer de plus en plus à votre suite, à votre Croix et à votre Royaume! Ainsi soit-il.

CXXVIe. MÉDITATION.

Seconde suite du Discours de Jésus-Christ sur l'Eucharistie.

Jésus découvre la manière de prendre l'aliment qu'il a promis, qui consiste à manger sa Chair et boire son Sang, et il nous instruit successivement de la réalité, de la nécessité et de l'efficacité de la Communion. *Jean.* 6. 48-49.

PREMIER POINT.

De la réalité de la Communion.

1º Réalité clairement proposée. Après que Jésus-Christ eut expliqué quelle étoit la foi qu'il exigeoit des Juifs, pour recevoir le pain qu'il leur avoit promis, et qui devoit donner la vie au monde, il reprend ce qu'il avoit ajouté, qu'il étoit lui-même ce pain vivant venu du Ciel. *Je suis le pain de vie*, et afin de les convaincre qu'il s'agissoit ici d'une manducation réelle, il leur rappelle ce qu'eux-mêmes avoient dit, que leurs pères avoient mangé la manne dans le désert. *Oui*, ajoute Jésus-Christ, *vos pères ont mangé la manne dans le désert, et ils sont morts. Mais c'est ici le pain descendu du Ciel, afin que celui qui en mange ne meure point. Je suis le pain vivant qui suis descendu du Ciel. Quiconque mangera de ce pain, vivra éternellement.* La différence qu'il met ici, n'est point que la manne se mangeoit, et que le pain qu'il promet doit se prendre par l'esprit et par la foi : au contraire, en parlant du second pain, il se sert toujours du terme de manger, et il le répète deux fois. Toute la différence donc qu'il met entre l'un et l'autre pain, c'est que ceux qui ont mangé le premier, sont morts, et que celui qui mangera le second, ne mourra point, mais vivra éternellement. Après ce préliminaire, si on peut parler de la sorte, Notre-Seigneur achève de découvrir la nature du pain qu'il doit nous donner à manger, et qui donnera la vie au monde, en ajoutant : *Et le pain que je donnerai, c'est ma Chair pour la vie du monde.* Cette Chair adorable doit être sans doute sacrifiée sur la Croix pour le salut du monde, et la divine Eucharistie est essentiellement liée avec ce sacrifice ; mais la mort du Fils de Dieu est un autre mystère dont Notre-Seigneur ne parle pas ici. Il ne s'agit maintenant que du pain qu'il doit nous donner à manger, au lieu de la manne que les Hébreux avoient mangée dans le désert ; et il nous assure que ce pain vivant est sa propre chair. Oui, ô mon Dieu ! vous l'avez dit : votre Eglise me l'enseigne ; et je le crois d'une foi ferme et que rien ne sera jamais capable d'ébranler.

II° Réalité témérairement combattue. *Sur cela les Juifs disputoient entre eux, et disoient : comment cet homme-ci peut-il donner sa Chair à manger ?* Comment peut-il ? Question téméraire, quand Dieu parle, quand son Fils enseigne, quand son Eglise décide ! Mais, hélas ! quels sont les effets de cette témérité ? Le premier, c'est l'erreur. Celui qui, au lieu de

croire, cherche dans son esprit comment le
mystère proposé à la foi peut s'accomplir, ne
rencontre qu'erreur et qu'absurdité. Eh! comment l'esprit humain peut-il pénétrer les voies
de Dieu? Les Capharnaïtes ne purent imaginer d'autre manière de manger la chair de
Jésus-Christ, que celle dont on mange la
chair des animaux, et une telle idée les révoltoit. Si nous, qui voyons comment, sous
l'espèce et la figure du pain, Jésus-Christ
nous donne sa chair à manger, nous éprouvons quelquefois, et malgré nous, des doutes
sur ce grand mystère, cela ne vient encore
que de ce que nous voulons imaginer comment
la chose s'exécute. Chassons de nous ces folles
pensées, croyons tout, et n'imaginons rien.
Le second effet de cette témérité; c'est la division dans les sentiments. *Les Juifs disputoient.*
Les uns disoient une chose, les autres une
autre. Nous avons eu cette division de sentiments entre les deux principaux chefs de la
prétendue réforme. Après quinze siècles d'une
foi unanime parmi les chrétiens sur cet auguste
mystère, Luther et Calvin se présentent pour
réformer la foi de l'Eglise; tous deux se disent envoyés de Dieu par une mission extraordinaire, et remplis de l'Esprit - Saint pour
expliquer les Ecritures, et tous deux se contredisent formellement sur ce point; Luther,
contre la foi de l'Eglise, assure que dans l'Eucharistie le pain reste, et contre Calvin, que
le corps de Jésus-Christ est réellement présent.
Calvin contre l'Eglise et Luther assure que
le pain n'est qu'une figure et une représentation du Corps de Jésus-Christ, qui en est ab-

sent et aussi éloigné que le Ciel l'est de la terre.
C'est ainsi que Calvin, d'un seul mot, pré-
tend détruire le mystère qu'il a voulu, mais
qu'il n'a pu comprendre. Comment les anathèmes dont ces deux réformateurs se sont
mutuellement chargés, les invectives et les injures dont ils se sont mutuellement déchirés,
n'ont-il pas dessillé les yeux de leurs sectateurs? Comment ces deux partis ont-ils pu
se réunir sans changer de sentiments? Comment, en se réunissant de la sorte, ont-ils
pu se flatter qu'ils avoient la foi de Jésus-
Christ, qui est une et indivisible? O aveuglement incompréhensible! incrédulité bien plus
absurde et criminelle que celle des Capharnaïtes! Le troisième effet de cette témérité,
c'est l'apostasie. La dispute des Juifs termina
par se séparer tous également de Jésus-Christ,
qu'ils suivoient auparavant avec tant d'ardeur :
ils se réunirent dans ce point. Et c'est là encore où se réunissent tous les hérétiques à
se séparer de l'Eglise leur mère, à la haïr et
la combattre de toutes leurs forces ; mais efforts
impuissants et qui confirment les droits de cette
Epouse de Jésus-Christ, seule dépositaire des
vérités et des mystères de son divin Epoux.

III° Réalité authentiquement confirmée. Si
la dispute des Capharnaïtes fût venue seulement de quelque erreur, par exemple, comme
le veut Calvin, de ce qu'ils prenoient mal la
pensée du Sauveur, de ce qu'ils pensoient
qu'il leur donneroit réellement sa chair à
manger, au lieu qu'il ne vouloit parler que
d'une manducation métaphorique qui se fait
par la foi; Notre-Seigneur, dans sa réponse,

eût dû les désabuser, et les tirer d'une erreur
à laquelle, après tout, ses expressions avoient
donné lieu : et sa charité étoit si grande, qu'on
ne peut pas douter qu'il ne l'eût fait. Mais si
la question qu'ils faisoient venoit de leur incrédulité, et de ce qu'ils ne vouloient pas
croire une manducation réelle, parce qu'ils
ne pouvoient la comprendre, il ne restoit à
Notre-Seigneur que de confirmer ce qu'il avoit
déjà dit, et d'exiger une foi soumise à sa parole ; et c'est ce qu'il fait dans toute la suite
du discours, avec une force que l'hérésie ne
peut éluder. Il emploie le serment, pour cer-
tifier ce qu'il a dit. Il met en œuvre les menaces et les promesses, pour se faire croire.
A sa chair que l'on doit manger, il ajoute
son sang que l'on doit boire, et il déclare
que sa chair est véritablement une nourriture
qui se mange, et son sang véritablement un
breuvage qui se boit. Manger sa chair, boire
son sang, sont des expressions qu'il n'abandonne plus, qu'il emploie à chaque période,
et qu'il répète jusqu'à cinq fois, rappelant
encore la manducation de la manne, comme
figure de la manducation dont il parle. Mais
Jésus leur répondit : *En vérité, en vérité, je
vous le dis, si vous ne mangez la chair du Fils
de l'homme, et si vous ne buvez son sang,
vous n'aurez point la vie en vous. Celui qui
mange ma chair et boit mon sang, a la vie
éternelle : je le ressusciterai au dernier jour.
Car ma chair est véritablement une nourriture,
et mon sang est véritablement un breuvage. Celui qui mange ma chair et boit mon sang, demeure en moi, et moi en lui. Comme mon Père*

*qui est vivant, m'a envoyé, et que je vis par
mon Père, de même celui qui me mange vivra
aussi par moi. C'est ici le pain qui est descendu du Ciel. Il n'en sera pas comme de vos
pères, qui ont mangé la manne et qui sont morts ;
celui qui mange de ce pain-ci, vivra éternellement.*
Qui peut se défendre de voir ici la communion réelle des catholiques, prouvée invinciblement par des expressions si énergiques, employées si souvent et dans une pareille cir-
constance ? Qui pourra se persuader que ces
expressions ne sont employées que pour exprimer la foi qu'on doit avoir au mystère de l'Incarnation, ou à celui de la mort de Jésus-Christ ?
Quel rapport d'expression y a-t-il entre manger la Chair de Jésus-Christ et croire son Incarnation, entre manger la manne et croire sa
mort ? Ah ! ce n'est que par un défaut de foi,
ce n'est que parce qu'on ne veut pas soumettre
son esprit à un mystère incompréhensible, que
l'on préfère une explication si forcée à des expressions si claires et si naturelles ! Je crois, ô mon
Dieu, je crois à votre parole, je crois avec toute
votre Eglise, et avec tous les siècles écoulés depuis que vous l'avez fondée, et je déteste tous
ces ménagements que l'esprit humain n'a inven-
tés que pour cacher sa foiblesse, son orgueil et
son indocilité !

SECOND POINT.

De la nécessité de la Communion.

*En vérité, en vérité, je vous le dis, si vous
ne mangez la chair du Fils de l'Homme, et si*

*vous ne buvez son sang, vous n'aurez point la
vie en vous.* Sur ces paroles de Notre-Seigneur,
on peut faire trois questions.

I° Sur qui tombe cette menace de Notre-
Seigneur? Elle tombe directement sur ceux qui,
ne croyant pas ce mystère, refuseroient d'y participer par la Communion; et telle étoit la disposition présente des Capharnaïtes; ou sur ceux
qui, ne le croyant pas, recevroient une Communion vide, stérile, qui ne contiendroit pas
la chair et le sang de Jésus-Christ; et telle est
la Communion des Calvinistes. Elle tombe encore sur ceux qui négligent de se faire instruire,
et qui diffèrent trop leur première Communion;
mais elle ne tombe pas sur ceux qui, par accident, n'auroient pu la faire; la volonté en eux
supplée à ce Sacrement, ainsi qu'au Baptême.
Elle ne tombe pas non plus sur ceux qui, ayant
reçu le Baptême, ne seroient pas parvenus à
l'âge suffisant pour communier. C'est l'Eglise qui
nous instruit de toutes ces règles; comme c'est
elle qui nous propose ces mystères qu'elle a reçus
de Jésus-Christ, c'est à elle à nous apprendre
tout ce qui regarde leur perception. Cette mé-
nace tombe encore sur ceux qui n'approchent pas
de la Communion par leur faute, au temps que
l'Eglise l'ordonne, et aussi souvent que le besoin
de leur ame l'exige. Sur ce point, il ne faut ni
paresse ni précipitation, mais se conformer en
tout aux règles et à la pratique de l'Eglise. Ah!
si nous aimions Jésus-Christ comme nous le devons, ou à proportion que nous aimons la vie,
il ne faudroit pas nous solliciter pour en approcher souvent.

II° Pourquoi Notre-Seigneur distingue-t-il ici
sa chair et son sang? C'est parce que la nour-

riture qu'il nous promet, est une nourriture
complète qui contient le manger et le boire ; et
parce qu'en même temps cette nourriture doit
être une participation au sacrifice qu'il fera de sa
vie sur la croix, par une mort violente et l'effusion de son sang. La consécration de l'Eucharistie est un vrai sacrifice, qui renouvelle
d'une manière mystique et non sanglante celui
de la croix, par la séparation des symboles, dont
l'un, qui est l'espèce du pain, contient, en vertu
des paroles, le corps de Jésus-Christ, et l'autre,
qui est l'espèce du vin, contient son sang. Cette
consécration ne se peut faire légitimement que
dans l'action même du sacrifice ; et la Communion est une participation à l'hostie immolée dans
ce sacrifice, qui n'est autre que Jésus-Christ
même ; et c'est surtout par cette participation
à l'hostie, que nous avons part au sacrifice. Ce
qui ne put se faire au sacrifice de la croix,
s'étoit fait à la sainte Cène, et se fait au sacrifice
de la Messe. Il n'est pas nécessaire, ce qui seroit cependant bien à souhaiter, que les fidèles
communient sacramentalement tous les jours
qu'ils assistent au sacrifice : ils peuvent se contenter quelquefois de communier spirituellement
par les dispositions de leur cœur ; mais toutes
les fois qu'ils communient, soit dans l'action,
soit hors de l'action du sacrifice, c'est toujours
par rapport au sacrifice ; c'est une participation
à l'hostie immolée dans le sacrifice. Oh ! que la
Religion Chrétienne est grande ! quel sacrifice
que celui d'un Dieu à un Dieu, et quel bonheur
pour un chrétien de se nourrir de cette divine
victime, d'en manger la chair et d'en boire le
sang sous des symboles simples, mais remplis
de grâce et de vérité !

III° Tous les fidèles ne sont-ils pas obligés de communier sous les deux espèces, pour manger la chair et boire le sang de Jésus-Christ? Non : les deux espèces sont établies pour une plus parfaite représentation, et du sacrifice de la croix, et de la réfection spirituelle de l'ame. La loi de recevoir les deux espèces regarde l'Eglise en général; en sorte que dans l'Eglise il doit y en avoir qui soient obligés à les recevoir toutes les deux, et ce sont les Prêtres, quand ils consacrent et offrent le saint Sacrifice. Pour les autres fidèles, en ne recevant qu'une seule espèce, ils participent également au sacrifice, et ils reçoivent une réfection aussi entière que s'ils recevoient les deux espèces. La raison est que la victime de ce sacrifice et la source de notre réfection spirituelle dans ce Sacrement, c'est Jésus-Christ vivant : or, Jésus-Christ vivant se trouve également sous chaque espèce; ainsi, celui qui ne reçoit, par exemple, que l'espèce du pain, reçoit tout Jésus-Christ, son corps, son sang, son ame et sa divinité; il mange sa chair et boit son sang, et satisfait tout à la fois à sa faim et à sa soif spirituelle. C'est pour nous faire entendre cette vérité que Notre-Seigneur dit bientôt après : *Celui qui me mange, vivra par moi.* C'est pour la même raison qu'il compare l'Eucharistie à la manne, et qu'il ajoute : *Celui qui mangera de ce pain, vivra éternellement.*

TROISIÈME POINT.

De l'efficacité de la Communion.

Iᵒ La communion nous confère l'immortalité, non une immortalité naturelle, car elle n'empêche pas nos corps de mourir, et nos ames ne peuvent mourir dans l'ordre naturel que Dieu a établi; mais une immortalité surnaturelle, par laquelle nos ames vivront heureuses, et se réuniront à leurs corps pour jouir d'une félicité éternelle. La manne, qui n'étoit qu'une nourriture corporelle, n'a point donné l'immortalité naturelle; beaucoup moins pouvoit-elle donner l'immortalité surnaturelle, qui est d'un ordre supérieur à la manne. Tous ressusciteront, à la vérité, par un effet de la toute-puissance de Dieu, les méchants pour être condamnés, les Saints pour être récompensés; mais ceux qui auront dignement communié, et qui n'auront pas perdu, par le péché, le fruit de leur communion, auront un titre spécial à la résurrection, en vertu de leur communion. Ce sera la chair de Jésus-Christ unie à leur chair; ce sera Jésus-Christ lui-même dont ils se seront nourris, qui les ressuscitera et les vivifiera. Dès-à-présent, par la communion, ils reçoivent cette vie, ils ont en eux la semence, le germe, que la mort, que la pourriture du tombeau ne sauront détruire, et qui ne fera, au dernier jour, que se développer par une résurrection glorieuse et une vie éternellement heureuse.

IIᵒ La communion nous donne la nourriture. Les effets de la nourriture sont d'apaiser les dé-

sirs et les tourments que causent la faim et la
soif, de guérir la langueur et la foiblesse pré-
sentes ; de fortifier pour l'avenir contre la langueur et les foiblesses ; de nous mettre dans un
état de santé, de vigueur, d'action et d'allégresse ; enfin de nous faire croître, et d'augmenter, pour ainsi dire, notre vie, jusqu'à ce
que nous soyons parvenus à l'âge parfait. Tels
sont les effets de la divine nourriture de l'Eucharistie pour la vie surnaturelle de l'ame, pourvu
que nous ayons soin de la prendre comme il
faut et au temps qu'il faut. Suivons en cela les
avis d'un sage Directeur ; travaillons à nous
rendre dignes de la recevoir le plus souvent que
nous pourrons, et n'attendons pas que nous
ayons acquis la perfection, pour nous en approcher. Ce seroit confondre le moyen avec la fin,
et renverser l'ordre que Jésus-Christ a établi.

IIIᵒ La communion nous unit à Jésus-Christ.
Union physique et réelle. Ce n'est pas seulement
par une union morale, par la charité, mais par
une union physique et réelle, par la nourriture.
Union ineffable, effet du plus grand amour et
de la plus grande charité. Union dont aucune
union naturelle ne peut nous donner l'idée.
L'union des créatures, l'union des cœurs, l'union
des esprits, l'union des volontés, n'approchent pas
de cette union qui se fait par la communion.
Jésus-Christ, après nous avoir aimé jusqu'à souffrir la mort pour nous, trouve encore le moyen
de nous témoigner son amour en s'unissant intimement à nous ; et il nous donne le moyen
de lui témoigner notre amour en nous unissant
intimement à lui, en s'incorporant en nous, et
nous incorporant en lui. Union continuelle, qui

n'est pas de quelques moments, et de l'instant même de la communion, mais qui est permanente, et toujours subsistante. Comme les aliments que nous convertissons en notre propre substance, demeurent en nous, subsistent en nous et deviennent nous ; de même, et infiniment plus encore, cet aliment divin qui nous change en lui, fait que nous lui restons unis, qu'il demeure en nous, et que nous demeurons en lui, pour ne faire qu'un avec lui. Si cette union est l'effet de l'amour, combien aussi doit-elle augmenter l'amour ! O chaste Epoux de nos ames ! quelles délices ne faites-vous pas sentir à celles qui, fidèles à cette sainte union, évitent tout ce qui pourroit non-seulement la rompre, mais l'altérer tant soit peu, et vous déplaire ! Enfin, union éternelle. Toute autre union se dissoudra du moins à la mort : mais celle-ci, victorieuse du trépas, subsistera avec éclat dans la gloire de l'Eternité.

IVᵒ La communion nous communique la vie de Dieu même. De toute Eternité le Verbe étoit en Dieu et il étoit Dieu, la vie étoit en lui. Vie commune aux trois adorables Personnes de la Très Sainte Trinité, vie de Dieu, vie divine, essentielle, incréée, éternelle. Le Verbe s'est fait chair, s'est fait homme, et a communiqué à la chair et à l'humanité sainte dont il s'est revêtu, la vie divine qui étoit en lui. Comme Dieu le Père a la vie en lui-même, de même il a donné à son Fils d'avoir la vie en lui-même. Pour ce qui nous regarde, Dieu nous a donné aussi la vie éternelle, cette vie qui est dans son Fils ; nous avons cette vie éternelle, parce que nous avons le Fils, que nous croyons au nom du

Fils, et que, suivant l'ordre que le Fils nous en a donné, nous le mangeons, et qu'en le mangeant avec foi, nous sommes dans le vrai Fils de Dieu, qui est vrai Dieu et la vie éternelle. C'est ainsi que Dieu nous communique sa vie par son Fils. Si cette communication que Dieu nous donne de la vie divine est au-dessus de nos sens et de notre intelligence, elle n'en est pas moins réelle, elle n'en est que plus admirable, plus estimable et plus désirable. O amateurs de la vie qui voudriez vivre éternellement, en voici le vrai et l'unique moyen ! Non; il n'est point de manne sur la terre qui puisse vous donner une vie éternelle; votre nom vécut-il sur la terre jusqu'à la fin du monde, ce ne seroit point vous qui vivriez, et cette vie imaginaire finiroit avec le monde : il n'y a que le pain descendu du Ciel qui puisse vous donner une vie qui se soutienne après votre trépas, et qui, après la chute de l'Univers, dure encore pendant toute l'Eternité.

PRIÈRE. O Mystère incompréhensible ! ô prodige d'amour, que le seul amour peut comprendre ! ô Pain céleste ! source de grâce et de vie, gage assuré du salut de l'immortalité, ô divine Communion ! que vos avantages sont précieux, que vous renfermez de bénédictions et de faveurs ! Quelle gloire, ô Jésus ! pour l'ame fidèle qui s'unit à vous ! Par votre chair adorable nous vous sommes unis, et au Père qui vous a envoyé. La divinité a vivifié votre chair sacrée, et votre chair vivifiée sanctifie, consacre, divinise notre chair et nos ames. Avec quelle ardeur ne m'approcherai-je donc pas de vous, Seigneur ! Vous serez le pain de

mon ame, vous serez la vie de mes membres.
Ah ! les grâces et les biens infinis qne vous
communiquez, seront pour moi de puissants
motifs pour m'approcher souvent et toujours
dignement de vous ! O Jésus ! ne permettez
pas que par un prodige d'insensibilité, je demeure froid et languissant en recevant le Sacrement de votre amour ! Ainsi soit-il.

CXXVIIᵉ. MÉDITATION.

*Des suites qu'eut le discours de Notre-Seigneur
sur l'Eucharistie.*

1°. Les Disciples murmurèrent, et Jésus-Christ répondit à
leurs murmures; 2°. Jésus à sa réponse ajouta des reproches
et ses Disciples l'abandonnèrent; 3°. les Apôtres lui demeurèrent fidèles, et Jésus-Christ leur annonça la trahison de Judas. *Jean. 6. 5q-72.*

PREMIER POINT.

Murmure des Disciples, et réponse de Jésus.

MURMURE des Disciples. *Jésus dit ces choses,
enseignant dans la Synagogue à apharnaüm.
Or plusieurs de ses Disciples qui l'avoient entendu, dirent : ce discours est dur, et qui peut
l'écouter ?* Si notre bouche n'a pas proféré ce
blasphème contre la divine Eucharistie, combien de fois notre cœur ne s'est-il pas rendu
coupable du même murmure, tantôt contre
un point de la Loi, tantôt contre une maxime

du Sauveur, lorsqu'il a été question de nous faire violence, de combattre une passion, de souffrir une injure !

Réponse de Jésus. Mais Jésus, connoissant par lui-même que ses Disciples murmuroient, leur dit : cela vous scandalise. Si donc vous voyiez le Fils de l'Homme monter où il étoit auparavant ? C'est l'esprit qui vivifie, la chair n'est d'aucun usage. Les paroles que je vous ai dites, sont esprit et vie. Cette réponse de Jésus-Christ a deux parties ; la première propose un nouveau mystère, qui contient une preuve, une difficulté, et une explication de ce qu'il avoit dit, qu'il étoit le pain vivant descendu du Ciel, et que ce pain étoit sa chair qu'il falloit manger. *Cela vous scandalise,* dit-il. *Si donc vous voyiez le Fils de l'Homme monter où il étoit auparavant.* Notre-Seigneur n'en dit pas davantage à ses Disciples ; mais par ces paroles, 1°. il leur présentoit une preuve de sa Divinité. Et en effet, l'Ascension de Jésus-Christ au Ciel, faite en présence des ses Apôtres et de ses Disciples, fut pour eux et pour toute l'Eglise une preuve bien solide et bien consolante qu'il étoit descendu du Ciel, qu'il étoit le Fils de Dieu et que tout ce qu'il avoit révélé et enseigné étoit d'une vérité incontestable. Ayons souvent recours à cette preuve, pour nous soutenir dans les tentations contre la foi. 2°. Jésus-Christ leur annonçoit une nouvelle difficulté. C'étoit en effet comme s'il leur eût dit : maintenant que vous me voyez présent, vous ne pouvez croire que je puisse vous donner ma chair à manger ; comment donc le croirez-vous, lorsque je serai monté

au Ciel et que j'aurai quitté le séjour de la
terre ? Pour ceux qui veulent croire, l'Ascension de Jésus-Christ est une preuve de
tous les mystères de la Religion, et par conséquent de celui de l'Eucharistie ; mais pour
ceux qui veulent raisonner, elle est une nouvelle difficulté qui accable leur foible raison.
C'est ainsi que d'un même trait la sagesse de
Dieu console l'humble fidèle, et aveugle l'orgueilleux scrutateur de ses mystères. Calvin
s'est trouvé accablé sous cette difficulté qui lui
a fait proférer ce blasphème, que Jésus-Christ
étoit aussi éloigné de l'Eucharistie, que le Ciel
l'est de la terre. Ses sectateurs ne cessent d'objecter la même difficulté, ne prenant pas garde
qu'ayant été prédite par Notre-Seigneur, elle
se tourne en preuve contre eux, et qu'ils
sont par là convaincus d'être du nombre des
Disciples murmurateurs et incrédules. 3°. Jésus-Christ leur donnoit une explication. Ses
Disciples, ainsi que les Capharnaïtes, ne pouvoient concevoir une manducation réelle telle
que Jésus l'enseignoit, sans se représenter en
même temps une manducation sanglante et
cruelle d'une chair divisée et coupée en morceaux ; et c'étoit ce qui les scandalisoit. Notre-
Seigneur, par le mystère de son Ascension, les
détourne d'une idée si grossière, et le sens de
ses paroles est : croyez sans hésiter ce que je viens
de vous dire ; si les preuves que vous avez dans
mes miracles ne vous suffisent pas encore, vous
en aurez un jour une complète dans mon Ascension. Croyez sans raisonner ; autrement, ce
qui vous paroît difficile à croire aujourd'hui,
le deviendra encore davantage pour vous après

mon Ascension. Croyez sans rien imaginer : un temps viendra, savoir, après mon Ascension, que ces imaginations grossières ne pourront plus avoir lieu. Croyons nous-mêmes de la sorte, et jouissons du bonheur que notre foi nous procure !

La seconde partie de la réponse de Notre-Seigneur, fait voir comment il faut expliquer ce qu'il a dit de la nécessité de manger sa chair. *C'est l'esprit qui vivifie, la chair ne sert de rien.* On peut donner à ces paroles deux sens qui, quoique différents, conduisent au même but. 1°. Par ces paroles, *la chair ne sert de rien*, on peut entendre que l'intelligence charnelle, la lumière des sens, et la manière heureuse et naturelle de recevoir les choses, ne servent de rien ; que dans les mystères de Dieu, la chair et le sang, la raison humaine, et les lumières naturelles ne voient rien ; que c'est l'Esprit de Dieu qui vivifie, qui fait croire ces mystères, qui en donne l'intelligence et les fait goûter. Demandons à Dieu cet esprit vivifiant, cet esprit de pureté et de foi, et ne nous conduisons que par ses lumières. 2°. Par ce mot, *la chair*, on peut entendre une vraie chair, un vrai corps. Notre-Seigneur avoit dit aux Juifs que sa chair donnoit la vie, que celui qui la mangeroit auroit la vie éternelle, et ils entendirent ces paroles d'une chair morte et coupée par morceaux, telle qu'on la mange ordinairement. Il les avertit ici, que cela ne se doit ni ne se peut entendre de la sorte. Une chair morte n'a pas la vie, comment pourroit-elle la donner ? L'homme qui jouit de la vie, ne tire pas cette vie de la chair, mais de l'esprit qui vivifie la chair. La chair ne contribue en rien à la vie ; l'esprit a en lui la vie indépendamment de la chair. Si donc nous recevons la vie en mangeant la chair de Jésus-Christ , c'est parce qu'en la mangeant nous participons à la vie dont elle est animée, et qu'elle reçoit non d'elle-même, mais de son union avec l'ame de Jésus-Christ et avec la personne du Verbe qui est la vie incréée, éternelle est essentielle. Oh ! quel bonheur pour nous, et quelle gloire ! Notre-Seigneur ajouta dans le même sens : *Les paroles que je vous ai dites, sont esprit et vie* ; c'est-à-dire, doivent s'entendre selon l'esprit de Dieu et de la Foi , et non selon la chair et le sang, et suivant les lumières trop bornées de la raison humaine : alors on y trouve la vie qu'elles promettent. C'est-à-dire encore, mes discours ne roulent que sur la vie, toutes mes paroles vous promettent la vie éternelle ; elle vous promettent donc aussi l'esprit, qui est le principe de la vie ; vous ne devez donc pas les entendre , comme vous faites, de la seule chair , d'une chair morte, coupée, d'une chair séparée de l'esprit. La réponse de Notre-Seigneur ne peut pas s'entendre de la figure de son corps, au sens des Calvinistes. 1°. Parce qu'en ce cas la réponse de Jésus-Christ ne seroit plus une explication, mais une rétractation formelle de ce qu'il avoit dit ; ce qu'on ne peut penser sans impiété. 2°. Si dans ce qui a précédé , Jésus-Christ n'eût voulu parler que de la figure de son corps, il pouvoit le dire ici clairement, puisque dans ce cas l'erreur des Disciples étant innocente, elle eût mérité de la bonté du Sauveur, une explication précise qui les auroit empêchés de l'abandonner et de se perdre. 3°. Dans le sentiment des catholiques, au contraire, la réponse de Notre-Seigneur convient parfaitement à l'erreur et aux dispositions des Disciples. Ils avoient fort bien compris qu'il parloit de sa chair réelle, qu'il falloit véritablement manger; et en cela, ils ne se trompoient pas, mais ils ne croyoient point ce qu'il leur en disoit : ils le rejetoient même avec horreur, parce qu'ils pensoient qu'on mangeroit sa chair comme celle des animaux, et en cela ils se trompoient grossièrement. Ils auroient dû croire qu'on mangeroit sa chair, puisqu'il le disoit, et suspendre du moins leur jugement sur la manière de la manger, dont il ne leur parloit pas. C'est ce que firent les Apôtres et les autres Disciples plus fidèles. L'erreur de ceux-là venoit donc d'un fonds d'incrédulité. Notre-Seigneur leur dit ce qu'il y avoit de plus propre pour les guérir de leur erreur, et pour leur ôter l'idée d'une manducation ordinaire; mais il ne pouvoit pas leur expliquer le mystère plus clairement, ni leur dire qu'il donneroit sa chair à manger sous l'espèce et l'apparence du pain. Car sous cette expression, ou ils n'eussent compris qu'une simple figure, telle que se l'imaginent les Calvinistes, et cette idée qui détruit tout le mystère, Notre-Seigneur vouloit l'éviter; ou ils eussent compris que la réalité de la chair se trouveroit sous l'apparence du pain, comme cela est en effet; mais pour des esprits aussi mal disposés, c'eût été un nouveau mystère plus difficile à croire que le premier, dont ils au-

roient été encore plus scandalisés, et contre
lequel ils auroient plus hautement murmuré.
Que vos paroles, ô Jésus, sont pleines de
sagesse et de vérité ! Que les fidèles qui les
reçoivent de votre Eglise, ainsi que l'explication qu'elle leur en donne, y trouvent de
grandeur et de force, de bonheur et de gloire,
de douceur et de consolation !

SECOND POINT.

Reproches de Jésus, et abandon des Disciples.

Les paroles que Jésus-Christ va ajouter, et la
conduite des Disciples, nous prouvent clairement que la foi est rare, qu'elle est un don de
Dieu, et qu'elle est indivisible.

Iᵒ La foi est rare. *Mais il y en a parmi vous,*
continue Jésus-Christ, *qui ne croient pas. Car il
savoit dès le commencement qui étoient ceux qui
ne croiroient pas, et qui étoit celui qui devoit le
trahir.* Quel sujet de crainte et d'examen s'offre
ici pour nous ! Nous faisons tous profession
d'être chrétiens, d'être Disciples de Jésus-Christ ;
mais combien parmi nous qui n'ont point de
foi, qui n'ont pas une foi ferme et inébranlable,
une foi vive, qui règle leur esprit, leur cœur et
leurs actions, une foi qu'ils aiment, pour laquelle ils s'intéressent, qu'ils osent défendre et
soutenir dans l'occasion, et pour laquelle ils
soient prêts à souffrir et à mourir ? Suis-je du
nombre de ceux qui croient ? Ne suis-je pas du
nombre de ceux qui ne croient point ? Vous le
savez, ô mon Dieu ! vous savez tout, le présent,
le passé et l'avenir. Vous savez qui sont ceux

qui persévèrent, et ceux qui ne persévèreront pas. Vous connoissez celui qui vous restera fidèle, et celui qui vous trahira ; celui qui reviendra à vous après son égarement, et celui qui sera surpris dans le péché, ou qui y mourra obstiné ; mais votre divine science ne nuit en rien à la liberté de l'homme : elle ne vous empêche pas de lui fournir tous les moyens de croire et de se sauver, comme elle ne l'empêche pas de se servir de ces moyens. Ce n'est donc pas ce que vous savez, qui doit m'alarmer ; mais ce que je suis et ce que je fais. Je dois savoir que vous savez tout, qu'avec votre grâce je puis tout, que vous la donnez avec abondance, et que vous ne la refusez jamais à qui vous la demande. Oui, Seigneur, ce n'est pas votre grâce qui nous manque, c'est nous qui manquons à votre grâce ; c'est sur votre grâce seule qu'est fondée notre espérance ; c'est notre malice seule qui fait notre frayeur. Triomphez de l'une par l'autre ; donnez-nous la foi, la persévérance dans l'observation de vos commandements, et la pratique de votre saint amour.

II° La foi est un don de Dieu. Notre-Seigneur l'avoit déjà dit, et il le répète ici. Et il ajouta : *C'est pour cela que je vous ai dit que personne ne peut venir à moi, s'il ne lui a été donné par mon Père.* Don précieux de la foi, don qui n'est dû à personne, don offert à tous, et reçu d'un petit nombre. Plusieurs suivent Jésus-Christ comme ses Disciples infidèles, par l'espérance des avantages temporels qui se trouvent à son service ; mais peu par le don du Père, et dans l'esprit d'une vraie foi, qui nous fasse envisager Jésus-Christ comme le Fils de Dieu, envoyé pour nous délivrer de nos péchés, pour nous révéler la conduite et les desseins de Dieu, pour nous apprendre ce que nous devons faire et éviter, aimer et haïr, espérer et craindre. O Père céleste! donnez-moi ce don inestimable de la foi, qui me conduise à votre Fils bien-aimé, qui lui soumette mon esprit, mon cœur, et qui m'attache à lui pour n'en être jamais séparé!

III° La foi est indivisible. *Depuis ce moment-là, plusieurs de ses Disciples se retirèrent et ne le suivirent plus.* Un seul point dans la doctrine de Jésus-Christ et de son Eglise; qui nous scandalise, qui excite nos murmures, et que nous refusons de croire, suffit pour nous faire perdre la Foi. En vain alors on se dit Chrétien, en vain même on se dit catholique; ce n'est plus Jésus-Christ qu'on suit; c'est un chef qu'on s'est donné à soi-même, conformément à ses inclinations ou à ses préjugés, un chef que Jésus-Christ n'a point établi son Vicaire sur la terre pour nous gouverner, et sur lequel il n'a point bâti son Eglise à laquelle il nous a ordonné d'obéir.

TROISIÈME POINT.

Fidélité des Apôtres, et prédiction de la trahison de Judas.

Ce qui va suivre nous instruira des motifs qui doivent nous empêcher d'abandonner Jésus-Christ.

I° Le grand nombre de ceux qui l'abandonnent. *Sur cela, Jésus dit aux douze Apôtres: et vous, ne voulez-vous pas aussi me quitter?*

Jésus-Christ nous adresse aussi les mêmes paroles. Pensons avec douleur combien il y en a tous les jours qui l'abandonnent. Sans parler de la multitude de ceux qui ne l'ont jamais voulu ni suivre ni connoître, combien de chrétiens se sont séparés de lui par le schisme ou l'hérésie; combien de catholiques, par le péché et le libertinage; combien dans tous les états, parmi le peuple et les Disciples ! Combien, après l'avoir suivi avec ferveur, abandonnent lâchement son service?' Mais Jésus n'a besoin de personne. Le nombre des déserteurs fût-il encore plus grand, il ne changera rien à sa doctrine, à sa morale, à ses mystères, parce que tout cet édifice est fondé sur la vérité immuable, sur la sainteté incorruptible, sur la sagesse essentielle de Dieu même. Mais ce grand nombre de déserteurs doit nous rendre plus fervents, et nous attacher davantage à notre divin Maître. Leur désertion doit rendre notre fidélité plus glorieuse et plus méritoire. Voudrions-nous nous confondre avec cette multitude d'ames lâches, d'hommes corrompus, plongés dans le crime, esclaves honteux de leurs passions, sans foi, sans loi, sans espérance? Non, Seigneur, plus le nombre de ceux qui vous abandonnent est grand, plus leur perte est assurée, et plus leur parti me fait horreur. Ah! loin de les suivre, que ne puis-je, par ma fidélité et ma ferveur, réparer les outrages qu'ils vous font? Que ne puis-je les ramener à vous, ou empêcher du moins que d'autres à leur suite ne vous abandonnent ?

IIº Second motif : la comparaison des maîtres que l'on peut suivre.... Simon Pierre répondit au nom de tous; *Seigneur : à qui irions-nous ? Vous avez les paroles de la vie éternelle.* Dans les affaires temporelles, on ne se détermine point sans réflexion : on compare les profits, on suppute, on calcule, et l'on choisit ce qui paroît le plus avantageux. N'y aura-t-il donc que dans l'affaire du salut où l'on fera en aveugle les démarches les plus décisives, s'en s'embarrasser des suites qu'elles peuvent avoir? Mais quels sont ces maîtres que nous pouvons suivre? Le démon, le monde, la chair, l'intérêt, l'ambition, nos passions, le péché, ce libertin, cet athée, ce débauché. Or, que nous promettent-ils, et quelle promesse sont-ils en état de nous tenir? Si nous ne l'avons pas éprouvé nous-mêmes, demandons-le à ceux qui les suivent. Mais Jésus nous promet une vie éternelle ; lui seul a pu faire une promesse si magnifique, et lui seul peut l'exécuter. Disons donc avec saint Pierre, et sans jamais nous separer de la chaire et de la foi de ce Prince des Apôtres : *Seigneur, à qui irions-nous? Vous avez les paroles de la vie éternelle. Pour nous, nous croyons, et nous reconnoissons que vous êtes le Christ, le Fils de Dieu.* Oui, nous sommes nés dans cette foi de l'Eglise catholique, apostolique et romaine; nous y avons été élevés et instruits. Tout ce que nous avons vu, lu et entendu, nous y a confirmés, et nous attendons l'accomplissement des promesses faites à cette foi, après avoir été fidèles à pratiquer les saintes lois qu'elle nous impose.

III° Troisième motif : les grâces particulières que nous avons reçues de Dieu. *Jésus lui répondit : ne vous ai-je pas choisis vous douze ?* Ce choix d'une prédilection gratuite méritoit bien que les Apôtres lui demeurassent fidèlement attachés. Mais ce motif de reconnoissance nous manque-t-il à nous-mêmes? Ah! songeons à toutes les grâces spéciales que Dieu nous a faites, en commençant par notre naissance et notre baptême dans l'Eglise catholique! Combien de fois, depuis ces premiers bienfaits, nous a-t-il encore choisis parmi les autres, pour nous prodiguer des faveurs qu'il ne leur a pas accordées? Il nous a choisis pour vivre, tandis que plusieurs ont été enlevés de ce monde; il nous a choisis pour recevoir dans la retraite une éducation plus chrétienne et des instructions plus particulières, tandis que d'autres sont restés exposés à l'ignorance et aux erreurs du monde : il nous a choisis pour le servir d'une manière distinguée; d'une manière plus parfaite, plus intime, plus unie à lui, tandis que tant d'autres ont été laissés dans l'ordre d'une vie commune. Ah! que tant de grâces si singulières doivent exciter notre reconnoissance et ranimer notre ferveur! Mais prenons bien garde de nous en faire un motif de vanité ou de relâchement. Quelque grâce de choix que nous ayons reçue, nous pouvons en abuser, y être infidèles; et si nous le sommes, notre crime en sera plus grand et notre condamnation plus terrible. Et en effet, écoutons ce que Jésus-Christ ajoute : *N'est-ce pas moi qui vous ai choisis vous douze? et l'un de vous est un démon.* Qui ne tremblera à cette parole ? *Or, il parloit de Judas Iscariote, fils de Simon : car c'étoit lui qui devoit le trahir, quoiqu'il fût un des douze.* Judas, vous reconnoissez-vous à ce trait? Vous, un Apôtre, vous, un des douze que Jésus a choisis, vous, vous le trahirez, vous serez la honte du Collége apostolique, l'opprobre de l'Eglise et une victime de l'Enfer ! Vous vous croyez bien éloigné de cet excès : mais déjà votre foi chancelle, votre ferveur diminue, vos vues se portent vers les biens de la terre. Ah, l'année ne sera pas révolue, que votre crime sera consommé ! Le jour où Jésus promet le pain du Ciel, il prédit votre trahison ; et le jour où il accomplira sa promesse, vous accomplirez sa prédiction.

PRIÈRE. Hélas ! ô mon Dieu ! ne voyez-vous point en moi des dispositions aussi funestes ? Je vis avec de saintes ames ; vous m'avez choisi et appelé comme elles ; je me trouve avec elles à votre table ; je mange avec elles le pain du Ciel ; mais parmi elles ne suis-je point un démon ? Détournez de moi ce malheur, ô mon Dieu ! et faites que je meure plutôt que de vous être jamais infidèle ! Ainsi soit-il.

CXXVIIIᵉ. MÉDITATION.

Superstition pharisaïque.

L'Evangile nous offre ici à considérer, la malice des Pharisiens ; la réponse que Jésus-Christ leur fit ; l'avertissement qu'il donna au peuple, et son instruction à ses Disciples. *Matt.* 15. 1-20. *Marc.* 7. 1-23.

PREMIER POINT.

Malice des Pharisiens.

1° **I**LS cherchent à critiquer. *Alors des Scribes et des Pharisiens, venus de Jérusalem, abordèrent*

Jésus. Jésus n'avoit point été cette année à Jérusalem pour la fête de Pâque; mais sa réputation s'y étoit augmentée : sur le rapport des Galiléens qui y avoient été, quelques Pharisiens et quelques Scribes de Jérusalem, peut-être députés par les autres, se détachèrent et se rendirent en Galilée pour examiner de près sa doctrine et sa conduite, et pour tâcher du moins de le décrier auprès du peuple. Ne sommes-nous point du nombre de ces Pharisiens? Le bien qu'on dit d'autrui ne devient-il pas pour nous un motif d'examiner sa conduite avec un œil malin et jaloux.

II° D'une bagatelle ils en font un grand crime. *Et ayant vu quelques-uns des Disciples de Jésus prenant leurs repas avec les mains immondes, c'est-à-dire, sans les avoir lavées, ils les blâmèrent, car les Pharisiens et les Juifs ne mangent point sans avoir lavé plusieurs fois leurs mains, observant en cela la tradition des anciens et lorsqu'ils reviennent des places publiques, ils ne mangent point qu'ils ne se lavent. Il y a encore beaucoup d'autres pratiques qu'ils observent selon l'usage reçu, comme de laver les coupes, les pots, les vaisseaux d'airain et les lits.* Voilà donc tout ce que les Pharisiens et les Scribes de Jérusalem, après avoir bien examiné, aperçurent dans les Disciples de Jésus; c'en fut assez pour se déchaîner contre eux, contre leur maître, et pour faire retomber sur le Sauveur une accusation grave. Quelles couleurs ne surent-ils pas donner à une omission aussi innocente! A qui n'en parlèrent-ils pas, comme du renversement de l'ancienne discipline et de toute la tradition? N'est-ce pas ainsi qu'on exagère les défauts d'autrui, réels ou imaginaires, surtout quand il s'agit de personnes qui font une profession particulière de suivre Jésus-Christ? III° Ils font en public leurs reproches et leur accusation. Et ils lui dirent : *Pourquoi vos Disciples transgressent-ils la tradition des anciens? Pourquoi mangent-ils avec des mains impures?* Les Pharisiens et les Scribes, non contents d'avoir, dans des discours particuliers, blâmé la conduite des Disciples, et décrié le Maître, voulurent rendre leur accusation publique, jeter Jésus dans l'embarras, et le couvrir de confusion en présence de toute l'assemblée. Ce fut donc un jour qu'il instruisoit publiquement le peuple, qu'ils s'approchèrent de lui, et lui firent cette question avec un air et un ton d'autorité usurpée, qu'ils croyoient tenir de leur réputation, et qu'ils exerçoient sur tous les Disciples de Moïse. N'entend-on pas faire tous les jours des questions aussi téméraires et des interrogations aussi déplacées? Si on n'interrogeoit que pour s'instruire, rien de mieux : mais on n'interroge le plus souvent que pour insulter, pour décrier.

SECOND POINT.

Réponse de Jésus-Christ aux Pharisiens.

I° Jésus-Christ leur reproche la transgression et l'anéantissement de la loi de Dieu. *Mais Jésus leur répondit : et vous, pourquoi violez-vous les commandements de Dieu pour suivre votre tradition? Car Dieu a fait ce commandement : honorez votre père et votre mère. Et cet autre : celui qui outragera de paroles son père ou sa mère, sera puni de mort. Cependant vous dites : quiconque aura dit à son père ou à sa mère : quelque offrande que je fasse à Dieu, elle sera pour vous comme pour moi, il satisfera à la loi, quand même il n'honoreroit pas son père et sa mère. Vous ne lui permettez pas de rien faire davantage pour son père et sa mère ; ainsi vous rendez inutile le commandement de Dieu par la tradition que vous - mêmes avez établie, et vous faites beaucoup d'autres choses semblables.* Une des lois que Dieu avoit portées par la bouche de Moïse, loi écrite dans les cœurs par le doigt de la Nature, prescrivoit aux enfants d'honorer leur père et leur mère, de les respecter, de leur obéir, de les nourrir, s'il étoit nécessaire, et de les assister dans leurs besoins. La loi même ajoutoit, que celui qui maudiroit son père ou sa mère, qui les outrageroit de paroles, qui leur donneroit des signes de mépris, qui les abandonneroit avec insulte dans leurs nécessités, seroient mis à mort. Mais ces faux Docteurs au contraire enseignoient qu'on satisfaisoit à la loi en donnant au Temple, et qu'on en étoit quitte ensuite, en souhaitant à son père ou à sa mère que ce don leur profitât, qu'il leur rendît le Seigneur propice et favorable. Ainsi ces Docteurs, au lieu d'animer le peuple à l'observance de la loi, l'en détournoient par l'interprétation qu'ils en faisoient. Ce n'étoit-là qu'un exemple que Notre-Seigneur citoit de leur fausse doctrine ; car, ajoute-t-il, *vous faites beaucoup d'autres choses semblables.* Combien, parmi les Chrétiens, tombent dans ce défaut des Pharisiens ; combien s'occupent tel-

.lement de certaines pratiques de dévotion, qu'ils
négligent la loi de Dieu dans les points essentiels, qui règlent leurs devoirs et leurs obligations ! On est modeste au-dehors, mais on
est au-dedans plein d'orgueil ; on traite du-
rement son corps, mais on accorde tout à son
humeur ; on a des heures réglées pour la prière,
mais on n'a ni douceur, ni charité, ni obéis-
·sance ; on s'assujettit régulièrement aux pratiques extérieures de dévotion qu'on s'est prescrites, et on viole dans le principe cette même
loi dont on veut passer pour le rigide observa-
teur : piété fausse et pharisaïque !

II° Jésus-Christ leur reproche leur hypocrisie. *Hypocrites, qu'Isaïe a bien prophétisé· de
vous, lorsqu'il a dit : ce peuple m'honore des
lèvres, mais leur cœur est loin de moi !* Lorsque je me considère moi-même, hélas ! ne
puis-je pas bien dire que c'est de moi que le
Prophète a parlé ! Quel extérieur ! quelle apparence ! que de belles paroles ! que de beaux
dehors ! Mais le cœur, ah ! qu'il est loin de
Dieu ! Que je me demande cent fois le jour :
mon cœur, où est-il ? Cent fois je trouverai
mon cœur loin de Dieu. Que je me le demande
dans mes prières, dans mes dévotions, dans
tout ce que je fais, et toujours je trouverai
mon cœur loin de Dieu. Ah ! que d'œuvres
dénuées de l'esprit intérieur qui devroit les animer ! Hypocrite que je suis, ne penserai-je
jamais que Dieu voit mon cœur, et que sans
l'hommage de ce cœur, rien ne sauroit lui
plaire ?

III° Jésus-Christ leur reproche leur superstition. Notre - Seigneur ajoute avec le même

Prophète : *C'est en vain qu'ils m'honorent, puisqu'ils enseignent des maximes et des ordonnances humaines. Car abandonnant le commandement de Dieu, vous observez avec soin la tradition des hommes; vous lavez les pots et les coupes, et vous faites beaucoup d'autres choses semblables. N'êtes-vous donc pas, leur* ajoutoit-il, *des gens bien religieux, de détruire le commandement de Dieu pour garder votre tradition ?* Le culte des Pharisiens se réduisoit à de fréquentes ablutions de leurs vases, de leurs coupes, et autres semblables pratiques ; ils préféroient ces œuvres de surérogation aux préceptes de Dieu; ou plutôt, en enchérissant sur les unes, ils dégradoient et anéantissoient les autres. L'Evangile nous a délivrés des superstitions judaïques comme des superstitions païennes. L'Eglise offre à Dieu un culte pur, sans souffrir aucune altération dans ce qui regarde la foi ou les mœurs. Si quelques Docteurs veulent innover dans l'un ou dans l'autre point, elle réprime aussitôt leur audace, elle condamne leur témérité; et s'ils n'acquiescent pas à ses décisions, elle les rejette de son sein. Mais au milieu d'un culte si pur, examinons si nous n'avons pas nos superstitions particulières à peu près semblables à celles des Pharisiens, si nous ne nous faisons pas des scrupules de rien, et si nous ne violons pas sans remords les préceptes de la loi, les devoirs du Christianisme, les obligations de notre état, les règles de la subordination, de la charité et de l'humilité. Prenons-y garde cependant ; nos dévotions particulières sont de nous, mais la loi est de Dieu.

TROISIÈME POINT.

Avertissement de Jésus-Christ au peuple.

Ayant ensuite appelé le peuple de nouvau , il leur dit : écoutez-moi tous , et comprenez ce que je vous dis : ce n'est pas ce qui entre dans la bouche qui souille l'homme , mais ce qui sort de la bouche , c'est-là ce qui le souille. Si quelqu'un a des oreilles pour entendre , qu'il entende. Lorsque Jésus eut humilié l'orgueil des Pharisiens et des Scribes de Jérusalem, et qu'il les eut réduits au silence, il rappela le peuple auprès de lui, et il dit , en présence de leurs Maîtres : rien de ce qui est hors de l'homme, et de ce qui entre dans l'homme par la bouche, ne souille sa conscience; ce qui la souille , c'est ce qui est en lui, ce qui en sort, ce qui étant conçu dans son cœur corrompu, s'exprime au dehors. Après ce court avertissement, Jésus congédia ses auditeurs, laissant à méditer le sens de ces paroles à ceux qui, comme il le disoit souvent, avoient des oreilles pour entendre. Il ne nous est pas difficile de comprendre aujourd'hui que les choses que nous mangeons ne sauroient par elles-mêmes nous souiller ; mais , comme le Sauveur ajoute , que ce qui souille l'homme est ce qui sort de son cœur, tels que sont les mauvais désirs, et tous les excès dont l'intempérance est un des plus condamnables; il s'ensuit que les choses que nous mangeons peuvent nous souiller. 1°. Si nous les prenons sans reconnoissance pour celui qui nous les donne , sans amour pour lui, et sans respect pour sa présence. 2°. Si nous les prenons, non pour

soulager notre besoin et réparer nos forces, mais
pour satisfaire notre sensualité, surtout si cette
sensualité nous jette dans des dépenses et des
profusions scandaleuses et au-dessus de nos forces ; si, lorsque cette sensualité n'est pas sa-
tisfaite, elle nous cause des mouvements d'impatience et de colère, et nous fait éclater en plaintes. et en murmures; si cette sensualité nous
rend durs pour les pauvres, en sorte que nous
refusions même de les soulager du reste de ces
biens dont Dieu nous a rassasiés. 3°. Si nous
les prenons avec excès, contre l'ordre de Dieu.
4°. Si nous les prenons sans nécessité, contre
le commandement de l'Eglise, dans les jours où
elle nous impose le jeûne ou l'abstinence, comme une légère pénitence de nos péchés. En vain
l'hérésie a-t-elle abusé de ce passage de l'évangile, pour attaquer l'abstinence qui s'observe
dans l'Eglise catholique : ce n'est pas à la vérité l'usage des viandes indifférentes par elles-
mêmes, qui souille le corps, mais c'est la désobéissance à une autorité légitime, qui souille
l'ame.

QUATRIÈME POINT.

Instruction de Jésus-Christ à ses Disciples.

I° Sur le scandale des Pharisiens. 1°. Scandale
hypocrite et injuste, auquel on ne doit avoir
aucun égard. *Jésus étant entré dans la maison,
après s'être retiré de la foule, ses Disciples s'approchèrent, et lui dirent : savez-vous bien que
les Pharisiens ayant entendu ce que vous venez
de dire, s'en sont scandalisés ?* Il n'en est pas
qui se scandalisent plus facilement, et qui écla-

.tent en plaintes plus amères, que les hérétiques que l'on reprend des erreurs qu'ils débitent. Démasquer leur hypocrisie, c'est, selon eux, violer la charité : combattre leur doctrine, c'est contredire l'Écriture et détruire la tradition. Vaines clameurs ! scandale pharisaïque, qui ne doit pas ralentir le zèle de ceux qui sont chargés du soin de conduire les peuples et de veiller au dépôt de la foi. 2°. Scandale vain, et que l'on ne doit pas craindre. *Mais il leur répondit : toute plante que mon Père céleste n'a point plantée, sera arrachée.* Quelque irrités que puissent être les ennemis de la foi, et à quelque excès de vengeance qu'ils soient capables de se porter, il ne faut pas les craindre. Ils peuvent calomnier, déchirer, persécuter, ôter la vie. Ils ont mis à mort le Fils de Dieu, ses Apôtres et leurs successeurs ; mais l'Église du Fils de Dieu, fondée par les Apôtres, continuée par leurs successeurs, est cette plante que le Père céleste a lui-même plantée, et qui durera autant que le monde subsistera. Pour ces plantes que Dieu n'a point plantées, elles seront arrachées et déracinées, elles disparoîtront de dessus la terre, où elles ne subsisteront que hors du champ du Seigneur. Où sont maintenant les Scribes et les Pharisiens, avec toutes leurs traditions ? Où sont tant de sectes hérétiques qui ont autrefois régné et qui ont troublé l'Église ? Elles ne sont plus, et celles qui troublent aujourd'hui, ou qui troubleront peut-être un jour cette Église sainte, auront le même sort. 3°. Scandale aveugle, et qu'il faut abandonner à son aveuglement volontaire. *Laissez-les faire, ce sont des aveugles qui conduisent des aveugles : si un aveugle en conduit*

un autre, ils tomberont tous deux dans la fosse.
Il faut que les hérétiques veuillent bien s'aveugler pour ne pas reconnoître la voix de l'Eglise
qui les condamne; mais il faut que ceux qui les
écoutent veuillent bien s'aveugler aussi, pour
préférer la voix des hérétiques, à celle des Pasteurs légitimes, et à l'enseignement universel
de l'Eglise catholique. Que faire à un si grand
mal? Après que l'on a discuté les matières,
qu'on a répondu à tout, qu'on a parlé, ex-
horté, écrit, il ne reste plus qu'à se soumettre
à la providence de Dieu qui permet le scandale,
et laisser périr ces aveugles, puisqu'ils le veulent.

II° Instruction de Jésus-Christ sur l'intelligence des paraboles. Ses Disciples lui demandèrent le sens de cette parabole. *Pierre prenant
la parole, lui dit : expliquez-nous cette parabole.* Jésus lui répondit : *Etes-vous encore aussi
vous autres sans intelligence?* Hélas! ce reproche
ne nous convient-il pas à nous-mêmes? Depuis
le temps que nous sommes à l'école de Jésus-
Christ, ne sommes-nous pas encore dans l'ignorance et sans intelligence? Nous comprenons dans
la spéculation la signification des mots; mais
nous n'avons pas une science pratique du sens
qu'ils renferment. Ce que nous en savons est
superficiel, ne va pas jusqu'à pénétrer notre
cœur, et à bannir de notre esprit les fausses
maximes du monde et les illusions de l'amour-
propre. Reconnoissons du moins notre ignorance,
et demandons avec saint Pierre la lumière qui
nous est nécessaire.

III° Instruction de Jésus-Christ sur ce qui
souille l'homme. *Ne comprenez-vous pas que*

tout ce qui entre du dehors dans l'homme, ne peut pas le souiller, parce que cela n'entre pas dans son cœur, mais descend dans le ventre, d'où ce qui est impur dans les aliments est jeté dans le lieu secret? Mais ce qui souille l'homme, leur disoit-il, c'est ce qui sort de l'homme même; car c'est du cœur des hommes que sortent les mauvaises pensées, les adultères, les fornications, les homicides, les faux témoignages, les larcins, l'avarice, les méchancetés, les fourberies, les impudicités, les jalousies, les médisances, les blasphèmes, l'orgueil, et les différents égarements de l'esprit. Tous ces maux viennent du dedans, et souillent l'homme; mais manger sans avoir lavé ses mains ne rend pas l'homme impur. Nous comprenons bien que la nourriture que prend l'homme ne le souille pas, qu'elle n'entre pas dans son cœur et ne pénètre pas dans la substance de son ame; mais il nous importe extrêmement de considérer le détail que fait ici Notre-Seigneur, de ce qui souille l'homme, et le rend impur aux yeux de Dieu. *Les mauvaises pensées,* elles souillent l'homme; si elles ne sont désavouées aussitôt que conçues, rejetées avec horreur, et chassées par la prière et par des pensées contraires. *L'œil malin,* les mauvais regards; regards de colère et d'indignation, d'envie et de jalousie, de dédain et de mépris, de curiosité et de dissipation, de sensualité et d'impureté. *Les blasphèmes,* les paroles injurieuses à Dieu, nuisibles au prochain. *L'orgueil* et ses suites qui sont la présomption, la vanité, la désobéissance, l'indépendance. *La folie,* c'est-à-dire, l'impiété, l'idolâtrie, l'incrédulité, l'hérésie, et tous les autres déréglements de l'esprit humain. Voilà quelques exemples de ce qui sort du cœur de l'homme, et de ce qui le souille.

PRIÈRE. O mon Dieu ! qu'est-ce que le cœur de l'homme, et quel est le mien en particulier ? De combien d'impuretés n'est-il pas souillé à vos yeux ? Qui pourra le laver de tant d'iniquités, sinon votre sang adorable répandu pour moi ? Qui pourra le purifier, sinon le feu de votre Esprit-Saint et de votre divin amour ! O cœur de Jésus ! purifiez mon cœur ! O Père céleste ! détournez vos yeux de dessus mon cœur, pour ne voir en moi que le cœur de Jésus, votre Fils bien-aimé, auquel je m'unis et je m'attache pour ne m'en séparer jamais ! Ainsi soit-il.

CXXIXᵉ. MÉDITATION.

De la Foi de la Chananéenne.

Admirons sa ferveur, sa constance et sa récompense.
Jean. 15. 21-28. *Marc.* 7. 24-30.

PREMIER POINT.

Ferveur de sa Foi.

1º **F**OI généreuse, qui adore le vrai Dieu au milieu de la Gentilité. *Jésus étant parti de ce lieu, s'en alla du côté de Tyr et de Sidon, et, étant entré dans une maison, il ne vouloit pas que personne le sût ; mais il ne put demeurer caché. Car une femme Chananéenne, dont la fille étoit possédée d'un esprit impur, n'eut* *pas plutôt entendu dire qu'il étoit là, qu'elle se mit à crier; et elle le prioit de chasser le démon du corps de sa fille.* Cette femme étoit une païenne, originaire de Syrophénicie. Jésus n'avoit plus qu'un an environ à rester sur la terre. Il voulut, avant d'aller consommer son sacrifice à Jérusalem, parcourir plusieurs cantons où il ne s'étoit pas encore montré. Nous supposons que ce fut de Naïm que Jésus partit, et que remontant vers le nord, il vint dans la tribu d'Azer, jusqu'aux confins de la Phénicie. Tyr et Sidon étoient les deux principales villes de cette province ; et leurs habitants, qui étoient Gentils et idolâtres, s'appeloient tantôt Chananéens, parce qu'ils descendoient des nations Chananéennes, et tantôt Phéniciens ou Syrophéniciens, parce que la Phénicie qu'ils habitoient étoit une province de l'ancien royaume de Syrie. La femme dont il s'agit ici, étoit de ce pays, et par conséquent Chananéenne, originaire de Phénicie ou Syrophénicie, et issue de parents païens et idolâtres. Il est à présumer que cette femme adoroit le vrai Dieu, qu'elle avoit renoncé au culte des idoles, et qu'elle attendoit le Sauveur promis à Israël. Qu'une pareille foi, au milieu de la Gentilité et de l'idolâtrie est estimable ! qu'elle est héroïque ! qu'elle est précieuse aux yeux du Seigneur ! C'est ainsi, ô mon Dieu ! que vous savez vous ménager partout des ames fidèles. Au milieu, de la plus grande corruption du monde, au milieu de la licence des armes, vous avez des cœurs droits et sincères, que la contagion du mauvais exemple n'a point gagnés et qui vous, servent avec ferveur. Quelle gloire et quel bonheur pour eux ! Mais quelle honte pour moi, si au milieu du Christianisme, de la sainteté et de la ferveur, je vis en païen, ou si je vous y sers avec lâcheté !

II° Foi solide, qui se soutient dans les afflictions. Cette femme avoit une fille, l'objet de sa tendresse, qui étoit possédée du Démon. Quel spectacle renaissant tous les jours, et aussi affreux que douloureux pour cette tendre mère, de voir sa fille cruellement tourmentée par cet esprit impur ! Hélas ! cette mère affligée n'ignoroit pas que le Fils de David étoit dans la Galilée, qu'il y guérissoit les malades et chassoit les démons : elle eût désiré y pouvoir transporter sa fille, ou y aller elle-même, pour solliciter sa guérison ; mais l'éloignement ne· lui permettoit pas d'y conduire la malade, et le mal étoit trop violent pour qu'elle pût l'abandonner si long-temps. A quelle dure extrémité n'est-elle donc pas réduite ! Mais que vos voies sont profondes et adorables, ô mon Dieu ! Qui eût jamais pensé qu'une affliction si cruelle et si humiliante, qu'une situation si pénible et si désespérante dussent être pour elle la source du bonheur, qu'elles dussent la rendre une des femmes les plus célèbres de l'Univers, et dont l'Eglise ne cessera de célébrer la· gloire jusqu'à la fin des siècles ?

III° Foi attentive, qui reconnoît Jésus lorsqu'il veut être caché. Le Sauveur ne voulut pas sans doute qu'on publiât son arrivée, ni qu'on sût qu'il étoit en ce lieu habité par des Gentils, parce qu'il ne se manifestoit pas encore à eux, et qu'il ne communiquoit pas aux étrangers des soins que sa miséricorde ne de-

voit qu'aux enfants d'Israël. Mais si les ordres
qu'il a reçus de son père ne lui permettent pas
d'aller chercher les Gentils, sa bonté ne lui
permet pas non plus de les rebuter. Courant
après ceux qui le fuient, comment fuiroit - il
ceux qui viennent à lui ! O Jésus ! ce n'étoit
point votre intention que tout le monde ignorât
votre passage ; vous saviez qu'il y avoit là une
ame fidèle qui avoit besoin de votre secours,
et qui vous découvriroit ! Peut-être,. hélas !
n'y veniez-vous que pour elle , et régliez-vous
vos pas en sa faveur ! Ainsi vous cachez-vous
souvent aux ames tièdes, lâches et indifférentes; mais vous allez au-devant des ames at-
tentives et ferventes , afin que leur foi vous
découvre et les conduise à vous. O Jésus !
vous êtes encore dans votre tabernacle un Dieu
caché ; mais la foi qui vous y découvre , vous
y reconnoît, et se prosternant à vos pieds,
les embrasse , et obtient tout de vous.

IV° Foi agissante , qui trouve Jésus lorsqu'il
ne fait que passer. Avec quel empressement
cette femme court - elle à Jésus - Christ, dès
qu'elle entend parler de son arrivée ! Ah ! que
notre foi est indifférente ! Qu'elle est languissante ! Un pas pour sortir de notre maison nous
coûte, et souvent on ne le fait pas. Les occasions de salut se présentent , on sent le besoin
qu'on en a , et on les laisse échapper ; on attend des conjonctures plus favorables ; mais pendant ce délai, les moments de la grâce dispa-
roissent , le temps des visites du Seigneur fuit,
nos projets de conversion s'évanouissent , notre
guérison ne s'opère point , et nous restons jusqu'à la mort esclaves du démon , pour devenir
éternellement ses victimes dans l'Enfer.

SECOND POINT.

Constance de sa Foi.

Jamais personne ne trouva auprès de Jésus tant de rigueur et tant d'obstacles à vaincre que la Chananéenne.

I° Premier obstacle, la difficulté d'aborder Jésus : elle surmonta cet obstacle par ses cris. *Elle se mit à crier en disant : Seigneur, Fils de David, ayez pitié de moi : ma fille est fort tourmentée du Démon.* Prière bien touchante, et que nous devons souvent nous-mêmes répéter : ayez pitié de moi, Seigneur, Fils de David, mon ame est cruellement tourmentée.

II° Second obstacle, la rigueur du silence de Jésus : elle le surmonta par sa persévérance. *Mais Jésus ne lui répondit pas un seul mot, et ses Disciples s'approchant de lui, lui dirent en le priant : accordez-lui ce qu'elle demande, afin qu'elle se retire, parce qu'elle crie après nous.* Jésus paroît insensible à une prière si touchante; il n'y répond pas, il ne tourne pas même les yeux vers celle qui l'invoque à grands cris, il oppose à sa ferveur une indifférence apparente, plus capable de rebuter qu'un refus. Cependant cette mère affligée ne se décourage pas, elle continue de crier, elle répète sans cesse : Seigneur, Fils de David, ayez pitié de ma fille et de moi. Les Apôtres fatigués des cris de cette femme, ou touchés de sa constance et de son malheur, se font ses intercesseurs, et s'approchant de Jésus, ils le prient de se rendre à ses instances, d'exaucer

ses vœux, de céder du moins à ses importu-
nités, parce qu'elle ne cesse, disent-ils, de
crier après nous. En effet, ses cris, d'un côté,
marquoient la grandeur de sa peine, la vivacité de sa foi, signaloient sa constance; et
de l'autre, ils pouvoient décéler l'arrivée du
Sauveur dans ce lieu, où il vouloit passer
sans qu'on le sût : il falloit arrêter les cris de
cette femme, ce qui ne pouvoit se faire qu'en
l'exauçant.

III° Troisième obstacle pris de la mission
de Jésus : elle le surmonta par de nouvelles
instances. Mais il leur répondit : *Je ne suis
envoyé que pour les brebis perdues de la Maison
d'Israël.* Lorsque la Chananéenne vit que les Apôtres se faisoient ses protecteurs auprès de Jésus,
quelle heureuse espérance n'en conçut-elle pas.
Avec quelle attention écouta-t-elle la réponse
du Sauveur! Mais quelles dûrent être sa surprise et sa douleur, lorsqu'elle lui entendit
prononcer ces foudroyantes paroles : *Je ne suis
envoyé qu'aux brebis perdues de la Maison d'Israël!* Mère infortunée, avez-vous bien entendu
Jésus-Christ ? Ce n'est plus par son silence
qu'il s'explique, ses paroles sont claires et pré-
cises; quel espoir peut-il vous rester? Reti-
rez-vous, allez pleurer sur votre sort et sur
celui de votre fille ; il ne vous reste plus d'autre consolation que vos larmes et votre désespoir. Ah! il n'en faudroit pas tant pour nous
faire prendre ce funeste parti. Mais la Chananéenne n'en juge pas ainsi. La vivacité de ses
désirs et de sa foi se ranime par les obstacles :
elle écarte ce qui l'empêche de pénétrer jusqu'à
Jésus, elle se précipite à ses pieds, elle ne les

quittera pas qu'elle n'ait obtenu l'effet de sa demande. Elle lui renouvelle sa prière avec plus d'instances que jamais, et lui dit : Seigneur, vous connoissez ma peine, vous voyez ma confiance, *ne refusez pas de me secourir.* Ah! si nous savions prier de la sorte, avec cette foi, cette ferveur, cette confiance, cette persévérance, pourrions-nous ne pas tout obtenir !

IV° Quatrième obstacle, les paroles dures et rebutantes que lui dit Jésus : elle les surmonta par son humilité. *Jésus lui répondit : laissez premièrement rassasier les enfants, car il n'est pas juste de prendre le pain des enfants, pour le jeter aux chiens.* Quelle réponse dans la bouche du meilleur de tous les Maîtres, du plus tendre de tous les Pères! Cependant Notre-Seigneur, en la proférant, ne laissoit pas de souffrir la Chananéenne à ses pieds : c'étoit pour elle une faveur inestimable, qu'elle regardoit comme le gage assuré du miracle qu'elle sollicitoit. Les termes de Jésus-Christ ne l'offensèrent point, la vraie humilité ne s'offense de rien : elle ne les trouva point trop forts, elle reconnut qu'ils lui convenoient, et elle y aperçut même un motif pour être exaucée. Dans les voies de Dieu, il n'y a rien de si aveugle que l'orgueil, rien de si clairvoyant que l'humilité. Peut-être même comprit-elle dès-lors que Notre-Seigneur, sous ces expressions si dures en apparence, lui fournissoit exprès une ouverture, et lui suggéroit lui-même un moyen sûr de le désarmer. Et en effet, la grâce de ce Dieu Sauveur, en portant l'onction dans le cœur qu'il sembloit vou-

loir blesser, lui fournissoit une occasion favorable, l'humble Chananéenne la saisit : *Vous
avez raison, Seigneur, lui dit-elle, il n'est pas
juste de donner aux chiens le pain des enfants;
mais les petits chiens se nourrissent de ce qui
tombe de la table de leur maître;* on ne leur
envie point *quelques miettes qui échappent aux
enfants.* Or voilà mon état, voilà ma situation, voilà tout l'objet de ma demande; répan-
dez avec profusion vos faveurs sur les descen-
dants d'Abraham, pour moi je n'aspire qu'à la
plus petite des grâces que vous leur prodiguez.
Qu'une telle réponse sut plaire au cœur de
Jésus ! Ah ! si nous le connoissions bien ce
divin cœur, que nous l'aimerions ! qu' nous
aurions de confiance en lui ! C'est à l'humilité à nous le faire connoître. Je me tiendrai
donc aux pieds de mon Sauveur dans sa sainte
maison, et là je lui demanderai le salut de
mon ame. S'il ne m'écoute pas, j'élèverai la
voix; s'il me rebute, je persévèrerai ; s'il me reproche mes crimes et mes perfidies, j'en con-
viendrai; s'il me dit que le Paradis n'est pas
pour un pécheur comme moi, je répondrai :
vous avez raison, Seigneur, mais vous êtes venu
appeler les pécheurs; vous êtes venu guérir les
malades, délivrer les possédés, sanctifier et sauver ceux qui croient en vous; qui reconnoissent
le besoin qu'ils ont de vous; qui mettent leur
confiance en vous, qui implorent votre secours,
et qui l'espèrent. Voilà mon état, voilà ma
situation et l'unique objet de ma demande. Prodiguez vos faveurs à ces ames fidèles qui le méritent, je ne prétends pas à de tels bienfaits;
mais quand vous aurez rassasié ces enfants de la

maison, ne restera-t-il point quelques miettes
dont vous daignerez me faire part?

TROISIÈME POINT.

Récompense de sa foi.

I° Jésus en fait l'éloge. Alors Jésus lui dit :
O femme, que votre foi est grande! O divin
Sauveur! que ce fut pour votre cœur divin une
grande satisfaction de pouvoir louer la foi de
cette femme que vous aviez mise vous-même à
de si rudes épreuves! O femme! que votre bonheur est grand d'entendre louer votre foi par
celui qui l'a éprouvée, et qui connoît le fond
des cœurs! Vous aviez bien jugé de lui, lorsque
vous ne vous laissiez rebuter de rien, et que
vous ne craigniez ni d'être importune, ni d'être
indiscrète! Ah! il n'en est pas ainsi de moi : tout
me rebute, je cède à la moindre difficulté,
je me décourage à la moindre sécheresse que
j'éprouve; aussi, au lieu de l'éloge que vous avez
mérité, je ne mérite que des reproches sur mon
peu de foi. Ah! que ma foi est timide, foible et
languissante!

II° Jésus abandonne à sa volonté la grâce
qu'elle demande. *Qu'il vous soit fait selon que
vous souhaitez; et sa fille fut guérie à l'heure
même.* Elle vouloit la délivrance de sa fille, et
dans ce même moment sa fille fut délivrée. Notre
volonté est ordinairement la mesure des grâces
que le Seigneur nous fait pour le salut de notre
ame, nous demandons l'acquisition des vertus
et la victoire des nos passions; mais nous ne
voulons ni l'une ni l'autre, et il nous est fait

selon que nous le voulons. La première condition d'une sainte prière, et qui nous manque le plus souvent, c'est de vouloir obtenir ce que nous demandons. III° Jésus l'assure de la délivrance de sa fille. *Allez, et à cause de cette parole*, parce que vous avez prié avec humilité et persévéré avec constance, vous êtes exaucée, *le démon est sorti du corps de votre fille*. Le démon, cet esprit d'orgueil, pouvoit-il lutter contre une réponse si humble ? C'est l'humilité qui commence, qui soutient et qui couronne la prière ; sans elle on commence mal, on ne persévère point, et on n'obtient rien.

IV° Jésus la congédie, et elle trouva chez elle sa fille délivrée. *Allez ; et s'en étant retournée dans sa maison, elle trouva sa fille couchée sur son lit ; et le démon l'avoit quittée.* Souvent l'impatience ou l'ennui nous fait quitter brusquement la prière, sans que l'obéissance, la charité envers le prochain, ou l'esprit intérieur nous aient, pour ainsi dire, congédiés ; c'est-à dire, nous en aient retirés, aussi ne trouvons-nous aucun changement, aucune guérison opérée dans nous, et le démon y domine-t-il toujours ? La Chananéenne, en rentrant chez elle, trouva sa fille tranquillement couchée sur son lit, et jouissant du plus grand calme. Tel est l'heureux état d'une ame délivrée du démon par une conversion et une confession sincère. Quelle fut la joie de la mère et de la fille ! Avec quels sentiments de reconnoissance la mère raconta-t-elle et la fille entendit-elle tout ce qui s'étoit passé à ce sujet ! Quelles actions de grâces ! quelle nouvelle ferveur ! quels transports d'allégresse ! Oublierontelles jamais une faveur si signalée ! Et nous, ingrats, si souvent délivrés du péché et du démon, rien ne nous touche, rien n'excite notre reconnoissance et notre ferveur, rien ne peut nous retirer de l'oubli de Dieu et de la langueur avec laquelle nous le servons.

PRIÈRE. O Jésus ! faites que ma reconnoissance soit plus grande, ma foi plus vive, mes désirs plus légitimes, plus saints, plus ardents, plus constants, afin que je reçoive de vous les bienfaits précieux de votre miséricorde dans le temps et dans l'Eternité ! Ainsi soit-il.

CXXX^e. MÉDITATION.

Jésus guérit un homme sourd et muet, et plusieurs autres infirmes.

Considérons la guérison de cet homme sourd et muet ; la guérison de plusieurs autres infirmes, et les applaudissements donnés à Jésus. *Matt.* 15. 29-31. *Marc.* 7. 31-37.

PREMIER POINT.

Guérison du sourd et muet.

I° QUELLE étoit l'infirmité de cet homme ? *Jésus s'en retournant du pays du Tyr, alla par Sidon vers la mer de Galilée, au travers du pays de la Décapole. Et on lui amena un homme qui étoit sourd et muet.* Considérons dans cet homme trois infirmités, et dans ces infirmités, considérons les nôtres. 1°. Il étoit sourd,

et nous, ne le sommes-nous pas à tout ce qui
regarde notre salut? sourds à la loi de Dieu et
aux maximes de l'Evangile; sourds à la voix de
la conscience et aux inspirations divines; sourds
aux instructions et aux remontrances, aux reproches des hommes et aux menaces de Dieu?
Hélas! n'avons-nous pas souvent les oreilles ouvertes au vice et à l'erreur? N'écoutons-nous pas
avec plaisir ce qui blesse la charité, offense la
pudeur; attaque la Religion, flatte notre amour-
propre et notre vanité! 2°. Il étoit muet. Et
nous, quel usage faisons-nous de la parole? Ne
sommes-nous pas muets, quand il s'agit de découvrir nos péchés et le fond de notre conscience au Ministre de la pénitence? muets quand
il s'agit de parler de Dieu, de le prier, de le
bénir, de le remercier, de chanter ses louanges?
muets pour soutenir les intérêts de la vertu, de
la piété, de la foi, de la charité, lorsqu'on les
attaque devant nous; en un mot, ne sommes-
nous pas muets partout où nous devrions parler, et ne nous répandons-nous pas en paroles
dans les occasions où nous devrions être muets?
3°. On peut bien supposer que cet homme sourd
et muet étoit livré à l'ennui que lui causoit son
état, et que sa famille en concevoit un chagrin
amer. Pour nous, nous ne pouvons nier l'ennui
que nous cause l'état de tiédeur où nous vivons;
mais si nous connoissions combien l'Eglise, que
nous pourrions servir et édifier, souffre de notre état; si nous savions la douleur que nous
causons à tous ceux qui prennent intérêt à ce
qui nous regarde, nous nous jetterions aux pieds
de Jésus pour le prier d'avoir compassion de
nous.

II° Que fait Jésus pour guérir cet homme ? *Et il le prioit de lui imposer les mains.* Cette imposition des mains eût suffi sans doute pour la guérison de l'affligé, mais non pour l'instruction que vouloit donner ici le Sauveur. *Jésus le prenant à l'écart hors de la foule, lui mit ses doigts dans les oreilles, et de sa salive sur la langue. Et levant les yeux au Ciel, il poussa un soupir; et dit : Ephpheta,* c'est-à-dire, *ouvrez-vous.* Notre-Seigneur ne fit pas toutes ces choses sans raison et sans mystère, et on peut penser qu'il en agit ainsi, 1°. pour l'instruction des spectateurs. Les Juifs se familiarisoient peut-être trop avec les miracles qu'ils lui voyoient faire : ils n'envisageoient en lui que l'humanité, et ils ne s'élevoient point jusqu'à Dieu. Jésus-Christ voulut peut-être tempérer l'éclat de sa puissance, et faire comprendre aux spectateurs qu'il ne la tenoit que de Dieu son Père, et qu'elle lui coûtoit à lni-même des gémissements et des soupirs, sans parler de ce qu'il devoit lui en coûter bientôt. Ne nous familiarisons-nous pas trop nous-mêmes avec les sacrements et les saints mystères ? N'oublions-nous pas trop aisément ce qu'ils ont coûté à Jésus-Christ, et qu'ils sont le prix de tout son sang ? 2°. Pour l'instruction de son Eglise. Jésus voulut qu'elle comprît que tout ce qui étoit de lui étoit divin, et d'une vertu efficace pour le salut de nos ames. Il voulut qu'un jour elle l'imitât, et qu'elle usât, dans l'administration des choses saintes, de cérémonies propres à instruire les peuples, à signifier les effets de sa grâce, et que dans ces augustes cérémonies on respectât les actions de ses Ministres comme les siennes propres. C'est ainsi que le Ministre

du baptême touche de sa salive les oreilles et
les narines de celui qu'on va baptiser, et qu'il
se sert du même terme syriaque dont Notre-
Seigneur se servit en cette occasion. Quel est
notre respect pour les cérémonies de l'Eglise,
et dans quel esprit y assistons-nous? 3°. Pour
notre propre instruction, et pour nous faire
comprendre que celui qui, pour les choses du
salut, est sourd et muet, est plus difficile à
guérir qu'on ne pense; qu'il faut qu'il s'écarte
de la foule, qu'il recherche la retraite, et qu'il
se recueille profondément en lui-même; qu'il
faut qu'il bouche ses oreilles aux suggestions
de la chair, du monde et du démon, pour se
les remplir de Jésus-Christ, de sa doctrine, de
ses maximes, et des vérités du salut; qu'il
faut qu'il change de goût, qu'il n'en ait plus
pour les choses de la terre, mais uniquement
pour celles de Dieu; qu'il faut qu'il élève ses
yeux vers le Ciel, d'où il doit attendre son secours; qu'il pleure, qu'il gémisse, qu'il soupire avec Jésus-Christ pour pouvoir être
exaucé; qu'il faut enfin que Jésus-Christ parle,
commande, et lui applique la vertu de ses mérites.

IIIᵒ Quelles furent les preuves de la guérison
de cet homme? *Aussitôt ses oreilles s'ouvrirent,
sa langue se délia, et il parla librement.* On vit
revenir cet homme; il entendoit, il répondoit
et il parloit avec une entière facilité; il étoit parfaitement guéri. On nous voit revenir du tribunal de la pénitence, de la Table de la communion, d'une retraite ou d'une mission : mais
quel changement s'est opéré en nous? sommes-
nous guéris, ou ne sommes-nous pas les mêmes?

Ce n'est que par nos paroles, nos discours, qu'on en peut juger. Si nous ne parlons pas mieux qu'auparavant, dès-là nous n'entendons pas mieux; si nous ne parlons encore que le langage de la frivolité et de la bagatelle, de la critique et de la médisance, de la mauvaise humeur et de la colère, du monde et des passions, et jamais le langage de la piété, de la vertu, de l'édification, nous ne sommes pas guéris, nous sommes sourds et muets, aussi infirmes qu'auparavant : l'inutilité du remède que nous avons pris, semble donner sujet de craindre que notre mal soit désormais incurable, et que nous n'en guérissions jamais.

SECOND POINT.

Guérison de plusieurs autres infirmes.

Jésus, après la guérison du sourd et du muet, rejoignit le peuple. *Et étant monté sur un lieu fort élevé, il s'y assit, et de grandes troupes de peuples vinrent à lui, ayant avec eux des muets, des aveugles, des boiteux, des gens perclus de leurs membres, et quantité d'autres malades qu'ils mirent à ses pieds, et il les guérit.* Trois objets exigent ici notre admiration.

I° Jésus-Christ assis à terre sur cette montagne, comme sur un trône de sa miséricorde, plein de charmes et de douceur, plein de puissance et de bonté. Là il invite tous les hommes, il leur permet d'approcher de lui, il leur offre le remède à tous leurs maux. Tel il est encore parmi nous sur l'Autel; profitons du séjour qu'il y fait, et recourons à lui avec ardeur et confiance. .Un jour viendra qu'il se montrera sur le trône de sa justice, assis sur les nuées du Ciel, plein de majesté et de gloire, armé pour punir les méchants qui auront refusé de le reconnoître ou abusé de ses faveurs : préparonsnous à ce grand jour, par le saint usage de ceux qui nous restent à passer sur la terre.

IIᵒ Admirons cette multitude d'infirmes qui l'environnent. O digne cortège du Sauveur des hommes! Les Rois de la terre n'en sauroient soutenir un pareil; ils en seroient déshonorés, parce qu'il feroit connoître leur foiblesse et leur impuissance : il n'y a que Jésus qui en puisse être honoré, parce qu'il n'y a que lui dont il puisse. faire éclater la gloire. Que ces malades qu'il guérit en foule augmentent notre confiance, et nous pressent de recourir à lui afin qu'il fasse sur nous les miracles qu'il a faits sur tant de pécheurs !

IIIᵒ Admirons cette même multitude d'infirmes parfaitement guéris. *En sorte que tout le monde étoit étonné de voir que les muets parloient, que les boiteux marchoient, que les aveugles voyoient.* Quel spectacle en effet : jamais la terre n'en vit de si magnifique. Tous ces aveugles voient, ces boiteux marchent, ces muets parlent, ces malades sont pleins de santé et ne se ressentent plus d'aucune foiblesse ni d'aucune langueur. O Roi de gloire! ô Sauveur des hommes! qui n'admirera l'étendue de votre charité et de votre pouvoir! Donnez souvent à votre Eglise de semblables spectacles, ou même encore de plus touchants, par la guérison des ames et la conversion des pécheurs ! Faites-moi la grâce de le donner moi-même ce spectacle, et que ma conversion édifie autant l'Église, que mes péchés l'ont scandalisée !

TROISIÈME POINT.

Applaudissements donnés à Jésus.

I° Applaudissements refusés. *Et il leur défendit d'en parler à qui que ce fût ; mais plus il leur défendoit, plus ils en parloient hautement.* Jésus refuse les applaudissements, et nous, nous les recherchons. Le refus qu'en fait Jésus les augmente, et devient un nouveau sujet d'admiration et de louanges ; la recherche que nous en faisons les diminue, et souvent cause qu'on nous les refuse ; elle tourne à notre confusion, découvre notre vanité, et suffit même, aux yeux des hommes, pour effacer le mérite de nos meilleures actions. Le refus de Jésus étoit sincère, et les nôtres ne sont souvent qu'artifice et hypocrisie.

II° Applaudissements mérités. Et plus il le leur défendoit, *plus ils étoient dans l'admiration. Il a bien fait toutes choses, disoient-ils ; il a fait entendre les sourds et parler les muets.* Ce n'est qu'en faisant bien, qu'on peut mériter des applaudissements et des louanges. Dieu n'en donnera au dernier jour qu'aux bonnes œuvres. On ne les mérite donc pas par la beauté, la noblesse et les richesses ; on ne les mérite pas par l'esprit, la science et les talents ; on les mérite encore bien moins en faisant le mal, en médisant du prochain avec esprit, en le mortifiant, en le décriant par

quelque bon mot ou par quelque ouvrage bien
écrit, en désobéissant avec hauteur, en répondant avec mépris, en se montrant plus
hardi que les autres à commettre le péché et
à violer la loi. D'après ces principes, que de
mensonges, que de bassesse et de flatterie, que
d'injustice et de folie dans les applaudissements
que nous donnons et dans ceux que nous
recevons?

IIIº Applaudissements glorieux à Dieu. Les
peuples, en admirant et en publiant les merveilles que Jésus opéroit, *glorifioient le Dieu d'Israël.* La louange qui se donne aux actions de
vertu, est un acte de Religion agréable à Dieu,
lorsque celui qui la donne et celui qui la reçoit
la rapportent entièrement à sa gloire. Mais hélas!
trop souvent le défaut de celui qui loue, c'est
de s'arrêter à la créature sans s'élever au Créateur; c'est d'admirer les dons de Dieu, et de ne
pas penser à celui qui en est l'auteur; et le défaut de celui qui est loué, c'est de se complaire
en soi-même, comme si ce qu'on loue lui appartenoit; c'est d'usurper la gloire de Dieu, ou
du moins de s'en approprier une partie, au lieu
de la renvoyer tout entière au Seigneur. Ah!
n'ayons que Dieu en vue, louons-le de tout,
glorions-le en tout, remercions-le de tout,
et reconnoissons qu'à lui seul appartiennent tout
honneur et toute gloire!

PRIÈRE. Faites, Seigneur, que je ne sois point
muet quand il s'agit de vous prier, de vous
remercier, de vous louer, de confesser en votre
présence mes misères et mes péchés, d'édifier
mes frères, de les reprendre avec douceur, et
de les consoler avec bonté! O Jésus! dites for-

tement à toutes les puissances de mon ame : *Ou-vrez-vous* : afin qu'uniquement ouvertes pour vous, elles se remplissent de vous, et demeurent pour toujours fermées à tout ce qui est terrestre. Ainsi soit-il.

CXXXIe. MÉDITATION.

Seconde multiplication des Pains.

De la confiance en Dieu.

La science, la bonté et la puissance de Dieu, tels sont les fondements de notre confiance en lui. *Matt.* 15. 32-39. *Marc.* 8. 1-10.

PREMIER POINT.

De la science de Dieu, premier fondement de notre confiance en lui.

En ces jours-là comme le peuple étoit encore en grand nombre et n'avoit pas de quoi manger, Jésus appela ses Disciples, et leur dit : j'ai pitié de ce peuple, car il y a déjà trois jours qu'ils me suivent, et ils n'ont rien à manger. Je ne veux pas les renvoyer sans rien prendre. Si je les renvoie chez eux sans avoir mangé, ils tomberont en défaillance dans le chemin ; car quelques-uns d'eux sont venus de loin. Depuis trois jours que Jésus étoit de retour des confins de Tyr et de Si-don, et qu'il se tenoit aux environs du lac de Génésareth, le peuple qui l'y avoit été trouver, ne l'avoit point abandonné. Ce fut sans doute vers la fin du troisième jour que Jésus rassembla autour de lui ses Disciples , et leur exposa l'état où se trouvoit ce peuple, état qu'il connoissoit parfaitement. Le passé, le présent, l'avenir, rien ne pouvoit échapper à sa divine connoissance.

I° Pour le passé. Jésus rappelle à ses Disciples qu'*il y a déjà trois jours* que ce peuple le suit. Il sait combien il y a de temps que nous le servons, et les moments en sont comptés. Ce divin Sauveur ajouta : *Quelques-uns d'entre eux sont venus de loin.* Non seulement il compte le temps, mais il connoît encore le mérite de nos services, il sait tout ce qu'il nous en a coûté pour venir à lui, les tentations auxquelles nous avons résisté, les obstacles que nous avons surmontés , les sacrifices que nous lui avons faits. Pas une démarche faite pour lui, qu'il ne l'ait vue et qu'il n'en conserve le souvenir! Ah! qu'il est doux de servir un tel Maître ! et que le monde est un Maître bien différent ! Cependant nous nous confions au monde, et nous n'avons dans le Seigneur notre Dieu qu'une confiance timide !

II° Pour le présent. Jésus avertit ses Disciples que ce peuple est dans un besoin extrême et qu'il n'a pas de quoi manger. Dans quelque situation que nous nous trouvions, Dieu nous voit et connoît tous nos besoins; il connoît notre misère et notre indigence, nos pertes et nos malheurs , nos afflictions et nos peines, nos maladies et nos douleurs, nos tentations et notre foiblesse , nos besoins temporels et spirituels. Les hommes ne les connoissent pas, ils ne peuvent en voir toute l'étendue; souvent même ils ne les veulent pas croire. Pourquoi donc mettre toujours notre confiance dans les hommes, et non pas en Dieu seul, puisque lui seul connoît toute la rigueur de notre état? Pourquoi ne pas chercher notre consolation auprès de lui? Pourquoi ne pas la trouver dans notre confiance même, et dans cette pensée, que Dieu sait tout, et voit tout?

III° Pour l'avenir. Jésus fait remarquer à ses Apôtres le danger qu'il y auroit à renvoyer ce Peuple sans lui avoir donné à manger. C'est ordinairement l'avenir qui nous cause le plus d'inquiétude; c'est de l'avenir que le démon se sert le plus souvent pour nous troubler et nous décourager : mais pourquoi nous inquiéter d'un avenir que nous ignorons? Dieu seul le connoît, laissons-lui en le soin. Non-seulement il voit l'avenir, mais il le voit, par rapport à nous; il voit ce qui peut nous y arriver d'heureux ou de malheureux, et il sait le moyen d'éloigner de nous ce qui peut nous être nuisible, pour nous procurer ce qui peut nous être avantageux. Mettons donc en lui toute notre confiance ; par-là nous l'honorerons, et nous trouverons le calme. La confiance en Dieu est le culte le plus glorieux que nous puissions lui rendre, est dont il est le plus jaloux, et elle est pour nous la source du bonheur le plus solide, par la paix qu'elle nous procure et les biens qu'elle nous attire.

SECOND POINT.

De la bonté de Dieu, second fondement de notre confiance en lui.

I° Bonté compatissante, qui est touchée de nos besoins. Les hommes voient souvent nos besoins,

et ils y sont insensibles ; il n'en est pas ainsi du
cœur de Dieu. Jésus ayant appelé auprès de lui
ses Disciples, il leur dit : *J'ai pitié de ce peuple*,
son état me touche de compassion. O aimable
Sauveur ! dont le cœur est sensible à toutes les
misères, verrez-vous les miennes sans en être
touché !

II° Bonté judicieuse, qui discerne nos besoins.
Qu'est-ce qui touche le cœur de Jésus et attire
sa compassion ? C'est le besoin, et non la cupidité, l'avarice ou l'ambition. En vain implorons-
nous son secours, pour satisfaire notre luxe,
notre sensualité, nos projets de fortune et d'élévation ; cette disposition de notre cœur peut
bien plutôt allumer sa colère contre nous, qu'exciter sa compassion pour nous. Mais lorsque,
selon notre état, nous serons véritablement dans
le besoin et dans la peine, ne doutons pas qu'il
n'y soit sensible. Qu'est-ce encore qui touche le
cœur de Jésus ? Le besoin souffert pour son
amour, pour avoir voulu rester avec lui, et demeurer fidèle à sa sainte loi. Car si pour éviter de
tomber dans le besoin, nous violons sa loi, si
nous travaillons les jours défendus, ou avec tant
de cupidité que nous ne prenions pas le temps
de vaquer à la prière, au sacrifice, aux bonnes
œuvres, à la fréquentation des Sacrements ; si
nous nous permettons des gains sordides et il-
licites, et si nous employons le vol, la fraude et
semblables artifices, si nous venons à nous soustraire à la conduite de Dieu, en préférant notre
volonté à celle de ceux qu'il a établis pour nous
conduire, dès-lors nous ne sommes plus avec
lui, et si nous souffrons, nous ne souffrons plus
pour lui. Si le besoin où nous nous trouvons,

vient de notre négligence et de notre paresse, de notre jeu, de notre luxe, de nos débauches, de nos passions, nous ne devons nous en prendre qu'à nous-mêmes, et nous ne pouvons espérer d'exciter la compassion de notre Dieu, qu'en revenant à lui par une sincère pénitence. Enfin, qu'est-ce qui touche le cœur de Jésus? Le besoin souffert avec constance et persévérance. Car si nous nous inquiétons pour des besoins qui ne sont pas encore venus, si nous murmurons dès les premiers moments de la tribulation, nous ne sommes pas dignes des miséricordes de notre Dieu. C'est une constance et une persévérance sans bornes, qui toucheront son cœur, et attireront sur nous les tendres sentiments de sa commisération.

III° Bonté efficace, qui veut absolument nous secourir dans nos besoins. Jésus ayant représenté à ses Apôtres, que les peuples qui le suivoient depuis trois jours, n'avoient rien à manger, après leur avoir dit qu'il en étoit touché, il ajouta : Or, les envoyer à jeûn, *c'est ce que je ne veux pas*, de peur que les forces ne leur manquent en chemin. Entendez cette parole, vous tous qui suivez Jésus, et qui lui êtes fidèlement attachés! Oui, à son service, vous aurez à souffrir, il éprouvera jusqu'à un certain point votre ferveur et votre constance; mais il sait jusqu'où vont vos forces; et permettre que vous soyez tentés au-delà, c'est ce qu'il ne veut point. Tout parût-il vous manquer, votre état vous semblât-il désespéré, parents, amis, protecteurs, tout vous eût-il abandonné, votre Dieu ne vous abandonnera pas, et il veut que vous soyez secourus. Mais d'où viendra ce secours? C'est la réplique que firent les apôtres à Jésus. Dans le désert où nous sommes, d'où tirer assez de pain pour tant de monde ? D'où viendra le secours, vous ne le savez pas, vous ne pouvez le prévoir ; mais ne vous suffit-il pas que vous sachiez que Dieu veut qu'il vous vienne, que Dieu ne veut pas que vous soyez abandonné dans votre besoin ? Reposez-vous donc tranquillement dans le sein de sa bonté infinie, persévérez dans les sentiments d'une entière confiance, et vous ne serez pas trompé.

TROISIÈME POINT.

De la puissance de Dieu, troisième fondement de notre confiance en lui.

Ses Disciples lui répondirent : *comment pourroit-on trouver dans ce désert assez de pain pour les rassasier ? Jésus leur demanda : Combien avez-vous de pains ? Ils lui répondirent, sept. Alors il commanda au peuple de s'asseoir sur la terre, et prenant les sept pains, et rendant grâces à Dieu, il les rompit, les donna à ses Disciples, et ils les distribuèrent au peuple. Ils avoient encore quelques petits poissons, qu'il bénit aussi, et il commanda qu'on les leur distribuât de même. Tous en mangèrent, et ils furent rassasiés, et on emporta sept corbeilles pleines de morceaux qui étoient restés. Or ceux qui en mangèrent étoient au nombre de quarante mille hommes, sans compter les petits enfants et les femmes ; ensuite Jésus les congédia.* Quel prodige ! quelle libéralité ! quelle abondance ! Mais ce prodige de puissance, Dieu le renouvelle encore tous les jours en trois manières.

1° Dans l'ordre général de la nature. Tous les ans la terre se couvre de nouvelles productions pour fournir à tous nos besoins, les plantes se renouvellent, les animaux se reproduisent, es grains se multiplient. Prodige d'autant plus admirable, qu'il est plus constant ; prodige qui devroit nous pénétrer de la plus haute idée de la puissance de Dieu, et nous remplir de la plus tendre reconnoissance. Mais ingrats et infidèles que nous sommes, nous n'envisageons dans ce prodige que notre intérêt, et comblés des biens du Seigneur, nous oublions la main puissante qui nous les prodigue. Dans l'attente de ce bienfait annuel, nous sommes inquiets, défiants, murmurateurs; dans la jouissance, nous sommes ingrats envers Dieu, durs envers les pauvres, injustes envers ceux qui ont droit à une portion des biens que nous recueillons. Croyons-nous donc par-là attirer les bénédictions de Dieu sur nos travaux et nos moissons ? N'avons-nous pas, au contraire, sujet de craindre que notre cupidité et notre ingratitude n'attirent sur nous sa malédiction ?

II° Ce prodige de puissance se renouvelle tous les Jours dans l'ordre particulier de la Providence. Dieu a des ressources secrètes en faveur de ceux qui se confient en lui. Il n'emploie pas toujours les miracles pour nous secourir, ou plutôt les miracles qu'il emploie n'ont pas toujours cet éclat qui frappe les yeux, ce sont des miracles d'une Providence attentive, et d'autant plus admirable, qu'elle est plus cachée. On trouve encore de ces ames droites et charitables qui donnent aux pauvres, soulagent les malheureux, contribuent à la décoration des Temples, se prêtent à toutes les bonnes œuvres, et qui cependant ne manquent jamais. Plus elles donnent, plus elles ont, sans savoir ni comment ni par où ; tout leur prospère, les biens semblent se multiplier entre leurs mains. Ce qu'elles donnent est comme une semence qui produit au centuple ; c'est l'effet de la confiance qu'elles ont en celui qui est tout-puissant, et dont la Providence gouverne tout, pourvoit à tout.

III° Ce prodige de puissance se renouvelle tous les jours dans l'ordre de la grâce. Le miracle de la multiplication des pains étoit la figure du pain de l'Eucharistie. Avec quelle profusion le Seigneur a-t-il pourvu à la nourriture de notre ame ? Non-seulement il nous donne sa grâce, mais il se donne lui-même, qui est l'auteur de toute grâce. Si nous manquons, si nous sommes foibles et languissants, c'est notre propre faute ; le pain céleste nous manque-t-il, ou ce pain des forts manque-t-il de force ? C'est nous qui lui manquons, qui nous manquons à nous-mêmes, qui nous laissons mourir de faim au milieu de l'abondance, soit parce que nous refusons de manger ce pain qu'on nous offre, soit parce que nous ne le mangeons pas avec les dispositions nécessaires.

PRIÈRE. O mon Dieu ! vous voyez tous mes besoins temporels et spirituels, votre bonté en est touchée et veut me soulager ; votre puissance est infinie, et rien ne peut vous résister. En qui espérerai-je donc, sinon en vous ? Ah ! Seigneur, plus mes besoins seront pressants, plus mon ame sera languissante, et plus j'établirai en vous ma confiance !

Ainsi soit-il.

CXXXII^e. MÉDITATION.

Les Pharisiens demandent un signe.

Jésus ayant renvoyé le peuple, monta sur une barque avec ses Disciples, et s'avança vers le nord du lac au pays de Magedan et de Dalmanutha, deux villes voisines, situées sur le même lac. A peine fut-il arrivé à bord, que les Pharisiens vinrent le trouver. Considérons la conduite de ces Pharisiens à l'égard de Jésus, et celle de Jésus a leur égard. *Matt.* 16. 1-4. *Marc.* 8. 10-13.

PREMIER POINT.

Conduite des Pharisiens à l'égard de Jésus.

1º LEUR acharnement à le poursuivre. Dès que Jésus fut arrivé au pays de Magedan, *les Pharisiens vinrent à lui, et commencèrent à disputer avec lui.* Pourquoi cet empressement des Pharisiens à se rendre partout où est Jésus-Christ, si ce n'est pour le contredire et chercher à le surprendre ? Ils ne craignent pas pour cela de s'associer avec *les Sadducéens ;* ils s'accordent en ce point avec ceux qui ont les sentiments les plus opposés aux leurs, et qu'ils détestent le plus. Dans cette réunion de l'hypocrite avec l'impie, pour combattre Jésus-Christ, n'est-il pas aisé de reconnoître la conduite des libertins et des hérétiques de tous les temps, leur liaison, leur cabale et leur acharnement pour combattre sans relâche l'Eglise de Jésus-Christ et sa morale, la vertu et la

piété? Ainsi arrive-t-il sans cesse qu'une passion commune réunit contre un homme de bien
les méchants, quelque divisés qu'ils soient entre eux, et que, pour prendre un rival, on
mendie le secours d'un scélerat qu'on déteste.

IIᵒ La folie de leur demande. *Et ils le priè-
rent de leur faire voir quelque prodige dans le
Ciel.* Pour quelle fin demandent-ils un signe
dans le Ciel? Quelle utilité, quelle sagesse,
quelle vertu y auroit-il dans ce signe! Ah! que
la sagesse de Dieu est au-dessus de celle des
hommes! Que les moyens qu'elle emploie sont
au-dessus de ce que notre témérité ose lui sug-
gérer ou lui demander! *Cette génération perverse et infidèle*, dit Jésus-Christ, *demande un
signe; mais il ne lui en sera point donné d'autre que celui du prophète Jonas.* Le signe placé
dans la personne de Jonas, Jésus-Christ mort
et ressuscité, voilà le signe digne de la sagesse de Dieu, qui mérite toute notre foi, qui
ravit tout notre amour, qui remédie à tous
nos maux et pourvoit à tous nos besoins. Je l'ac-
cepte, ô mon Sauveur! ce signe sacré, ce signe adorable de votre croix, ce signe de votre
ignominie et de votre gloire, de ma rédemption et de mon salut. Que ce signe soit em-
preint sur mon front et gravé dans mon cœur;
qu'il soit à la tête de toutes mes entreprises, au commencement et à la fin de toutes
mes actions!

IIIᵒ La malignité de leur intention. Pourquoi abordent-ils Jésus, disputent-ils avec lui,
lui demandent-ils un signe? *Pour le tenter*,
pour contredire ce signe, s'il l'accorde, pour
le décrier lui-même, s'il le refuse. En effet:

n'auroient-ils pas dit en voyant ce prodige, ce qu'ils disoient en voyant les autres miracles de Jésus-Christ, qu'il n'agissoit qu'au nom du Prince des Démons ? C'étoit pour la seconde fois qu'ils demandoient un prodige dans le Ciel. Ils savoient bien qu'ils seroient refusés, et ils n'avoient pas oublié la réponse que Jésus avoit déjà faite à une pareille demande. Mais les ennemis de Jésus et de son Eglise ne se lassent point de répéter les mêmes objections, les mêmes calomnies, les mêmes blasphèmes. Malheur à ceux qui ne lisent, qui n'étudient, qui ne parlent de la Religion que pour se scandaliser et s'aveugler ! Pour nous, ne cherchons qu'à nous affermir dans la foi, et nous trouverons de quoi nous rendre inébranlables.

IV° Leur ignorance volontaire. *Jésus leur répondit : le soir vous dites : le temps sera beau, car le Ciel est rouge ; et le matin, il y aura aujourd'hui de l'orage, car le Ciel est rouge et chargé. Ainsi vous savez juger de ce qui paroît au Ciel, et vous ne sauriez connoître quels sont les signes des temps.* C'est-à-dire, il est bien surprenant que vous sachiez juger du temps qu'il doit faire par certaines marques que vous voyez dans le Ciel, et que vous ne puissiez connoître que le temps du Messie est arrivé, par les marques certaines que vous en avez dans la prédication de Jean-Baptiste, par les miracles dont je vous ai faits les témoins, par le détail des prophéties qui s'accomplissent en moi, et singulièrement par le calcul exact des temps marqués par le Prophète Daniel. Voilà ce que les Juifs et les impies ne peuvent encore apercevoir. On sait toutes les sciences, excepté la science de Dieu, la science de Jésus-Christ et de son Eglise, la science du salut et de la félicité éternelle. O génération maudite et adultère! Combien n'ai-je pas moi-même de part à ces reproches! Combien de choses inutiles que je me glorifie de savoir! Combien de choses nécessaires que je refuse d'apprendre!

SECOND POINT.

Conduite de Jésus à l'égard des Pharisiens.

I° Il gémit sur leur état. *Mais Jésus poussant un soupir du fond du cœur, leur dit : pourquoi cette génération demande-t-elle un signe?* La demande des Pharisiens est pleine d'injustice et de malignité. Jésus-Christ, en la rejettant, ne peut s'empêcher de les plaindre et de gémir sur eux. Telle est, ô mon Sauveur! la bonté de votre cœur; vous êtes fâché de trouver dans vos ennemis même des obstacles à vos bienfaits. Combien de fois, ô Jésus! vous ai-je donné occasion de gémir! Que du moins à présent je gémisse avec vous, et sur moi, et sur ceux qui vous offensent!

II° Jésus leur refuse le signe qu'ils demandent. *Je vous le dis en vérité : il ne sera point fait de prodige pour cette nation.* Elle demande un signe dans le Ciel; elle veut le choisir à son gré, et m'assujettir à ses caprices ; mais elle aura beau demander et se plaindre, elle n'aura point de signe. Quelle différence entre un peuple qui cherche Jésus-Christ par estime et par attachement, et les Pharisiens qui le cherchent pour le tenter et confondre! Aussi accorde-t-il aux besoins de ce peuple un miracle qu'il ne lui demande pas, et il refuse à l'incrédulité des Pharisiens le prodige qu'ils lui demandent. L'incrédule désire de nouvelles preuves pour croire ; c'est un nouveau cœur qu'il devroit demander, et il seroit exaucé. Dieu ne change par l'ordre de ses décrets, suivant les désirs des méchants, et selon le caprice des hommes ; c'est à nous à nous conformer à ses vues et à entrer dans ses desseins qui, si nous voulons, tourneront tous à notre avantage ; mais ne nous attendons pas qu'il les plie au gré de notre orgueil et de nos passions.

IIIº Jésus leur fait de vifs reproches. *Génération maudite et adultère !* Heureux encore dans son malheur, celui qui entend les reproches que sa conscience lui fait, qui ne s'en irrite pas et ne cherche point à les étouffer ! Le remords est la dernière ressource du pécheur, et le dernier trait de la miséricorde de Dieu sur lui.

IVº Jésus les quitte et se retire. *Les ayant laissés là, il se retira, il remonta dans la barque, et passa à l'autre bord.* Ce divin Sauveur ayant fait parmi ces Pharisiens ce qui convenoit à son ministère, les quitta avec précipitation. Funeste sort d'un pécheur aveugle et endurci qui, par ses mépris et ses résistances, force Jésus-Christ à l'abandonner !

PRIÈRE. Où en serois-je, ô mon Dieu, si vous m'aviez abandonné aussitôt que je l'ai mérité ? Ah ! mon divin Rédempteur, ne me punissez pas d'une manière si terrible ! Restez avec moi, ou ordonnez que j'aille à vous ; mais ne permettez pas que j'aie jamais le malheur de vous perdre ! Faites que je gémisse avec vous sur la dureté de mon cœur, que je profite des signes,

des prodiges, des miracles éclatants de votre
Divinité, et que j'accomplisse avec fidélité tout
ce que vous demandez de moi!
Ainsi soit-il.

CXXXIIIᵉ. MÉDITATION.

Jésus passe le détroit de Magedan à Bethsaide.

Considérons ici la méprise des Apôtres; les reproches que
Jésus-Christ leur fait; l'avertissement qu'il leur donne.
Matt. 16. 5-12. *Marc.* 8. 14-21.

PREMIER POINT.

Méprise des Apôtres.

1º CETTE méprise les jette dans la crainte. *Les
Disciples passant au-delà du détroit, oublièrent
de prendre des pains. Et ils n'en avoient qu'un
avec eux dans la barque. Jésus leur dit : ayez
soin de vous garder du levain des Pharisiens et
du levain d'Hérode. Et ils pensoient en eux-
mêmes et se disoient entre eux : c'est parce que
nous n'avons pas de pain qu'il parle ainsi.* A ce
mot de levain, les Apôtres furent consternés,
ils se souvinrent qu'ils avoient oublié de prendre
du pain; et sans faire attention à l'instruction
que Jésus leur donnoit, ils ne s'arrêtèrent qu'aux
reproches qu'ils s'imaginoient leur être faits par
ce divin Maître. Ne tombe-t-on pas à-peu-près
dans la même faute, lorsqu'au lieu de se pré-

parer à .la communion par des actes ·fervents ,
on .de goûter délicieusement la présence de Jésus
après la communion., on ne .s'occupe qu'à examiner, qu'à se rappeler les péchés qu'on craint
d'avoir oubliés, on s'imagine que Notre–Seigneur
nous en fait des reproches, on se trouble, et
on perd par-là une partie des fruits qu'on auroit
retirés des Sacrements.

IIº Cette méprise les jette dans l'embarras.
Prenant toujours le mot de·levain dans :le sens
naturel, ils s'imaginèrent que Jésus leur défendoit d'acheter du pain ·de ,quelqu'un qui
fût de la secte des Pharisiens, des ·Sadducéens
ou des Hérodiens, et ils ne savoient comment
ils pourroient faire ce discernement. Tels sont
assez souvent les scrupules de certaines ames
qui, ne découvrant pas leur peine , ou n'acquies-
çant pas avec docilité aux décisions qu'on leur
donne, s'imaginent voir.des préceptes partout,
et des péchés où il n'y en a pas l'ombre.

·IIIº Cette méprise les jette dans la ·défiance.
Ils craignirent que, restreints par la défense
qu'ils croyoient avoir reçue, ils ne pussent trouver du pain à acheter, et qu'ils n'en manquas-
sent. Voilà la source ordinaire de nos distrac-
tions, les besoins de la vie, le soin des .affai-
res, la crainte de manquer. Ah! que nous sommes encore grossiers et peu spirituels ! Nos dé-
fiances et nos craintes ·ne nous procurent .pas
le succès de nos affaires, et elles nous ôtent
l'esprit de dévotion avec lequel tout le reste
réussiroit.

SECOND POINT.

Reproches que Jésus fait aux Apôtres.

I° Il leur reproche leur peu de pénétration et d'intelligence. *Mais Jésus connoissant leur pensée, leur dit : hommes de peu foi, pourquoi vous entretenir entre vous de ce que vous n'avez point pris de pain? Pourquoi êtes-vous sans discernement et sans intelligence? Pourquoi votre cœur est-il encore dans l'aveuglement? Aurez-vous toujours des yeux sans voir, et des oreilles sans entendre.?* Les objets se présentent à vous, et vous les voyez sans y faire aucune réflexion. Mes paroles frappent vos oreilles, et vous les prenez toujours dans un sens grossier et matériel. Vous ne vous élevez jamais jusqu'au sens spirituel qu'elles renferment. Nous comprenons, il est vrai, le sens métaphorique des expressions de Notre-Seigneur; mais le pénétrons-nous bien ce sens que nous comprenons, nous l'appliquons-nous, y réfléchissons-nous, le goûtons-nous? Notre cœur ne demeure-t-il pas toujours dans l'aveuglement, pour que notre esprit soit éclairé? N'avons-nous pas encore des yeux sans voir, et des oreilles sans entendre?

II° Jésus-Christ leur reproche leur peu de foi et de confiance. *Homme de peu de foi !* Il est aisé de voir que tous les reproches que Notre-Seigneur fait ici à ses Apôtres, tombent principalement sur leur manque de foi et de confiance. C'est presque toujours par-là que nous manquons. Nous perdons de vue sans cesse la bonté et la puissance de notre Sauveur, et nous

nous laissons aller au dégoût, à l'ennui, au découragement. Que ces sentiments lui déplaisent et qu'ils blessent son amour !

III° Jésus leur reproche leur peu de mémoire et leur prompt oubli du passé. *Avez-vous perdu la mémoire? Ne vous souvient-il plus des cinq pains qui ont suffi à cinq mille hommes? Combien avez-vous remporté de paniers pleins de morceaux? Douze, lui dirent-ils. Ne vous souvient-il plus des sept pains dont j'ai nourri quatre mille hommes? Combien de corbeilles en avez-vous remportées? Ils lui répondirent, sept. Comment donc, ajouta Jésus, êtes-vous encore sans intelligence? Comment ne comprenez-vous pas que je ne veux pas vous parler de pain, lorsque je vous dis : gardez-vous du levain des Pharisiens et des Sadducéens?* Le souvenir du passé, si nous ne le perdions pas, ou que nous eussions soin de le rappeler souvent, seroit pour nous une source de lumière, et un motif pressant d'éviter le mal et de pratiquer le bien. Si nous nous souvenions du nombre et de la grièveté de nos péchés, nous n'aurions pas de peine à souffrir en esprit de pénitence. Si nous nous souvenions du trouble et des remords que nous a causés le péché, et de tout ce qu'il nous en a coûté pour en sortir, nous ne nous y rengagerions jamais. Si nous nous souvenions des dangers que nous avons courus ; des accidents qui nous sont arrivés, ou qui, arrivés à d'autres, nous ont frappés et effrayés ; si nous nous souvenions des vérités dont nous avons été pénétrés, de la paix et de la douceur que nous avons goûtées au service de Dieu, de tous les bienfaits dont il nous a comblés, jamais rien ne seroit capable de ralentir notre ferveur, et ce souvenir suffiroit seul pour la ranimer. Les reproches.de Jésus furent efficaces, parce que, quoique animés de zèle, ils étoient justes, pleins de charité et d'instruction. Si ceux que nous faisons aux autres n'ont pas le même succès, c'est qu'ils n'ont pas les mêmes qualités.

TROISIÈME POINT.

Avertissement que Jésus donne à ses Apôtres.

Alors ils comprirent que Jésus ne leur avoit pas dit de se garder du levain qui se met dans le pain, mais de la doctrine des Pharisiens et des Sadducéens. Profitons nous-mêmes de cette instruction, qui est pour tout le monde et pour tous les siècles. Soyons attentifs, précautionnons-nous, et tenons-nous sur nos gardes.

Iᵒ. Contre la doctrine des Pharisiens, c'est-à-dire, de ces hypocrites qui pour se faire honneur, outrent la morale de l'Évangile, qui font une profession extérieure de sévérité, tandis qu'ils osent ouvertement combattre les décisions de l'Eglise, outrager ses Pasteurs, et décrier ses défenseurs; de ces hommes qui n'ont qu'une piété fausse, superstitieuse, et dépourvue de cet esprit de charité, qui est la base de la Religion.

IIᵒ Contre la doctrine des Sadducéens, c'est-à-dire, de ces hommes impies, qui donnent dans un excès opposé à celui des Pharisiens, qui ne distinguent point la vertu du vice, ne reconnoissent d'autre substance que le corps, d'autre vie que la vie présente, d'autre bonheur que la volupté, d'autre fin qu'eux-mêmes.

III°· Contre la doctrine des Hérodiens qui, peu différents des Sadducéens, ne reconnoissent d'autre Dieu que la fortune, d'autre Messie que le Souverain, d'autre loi que le respect humain, d'autres maximes que celles du monde, d'autre mérite que la faveur. Les noms de ces hommes que désigne ici le Sauveur, sont changés, mais leurs mœurs ne le sont pas. Ces acteurs sont passés, mais les personnages restent; et leurs passions sous des noms différents, jouent les mêmes rôles. Le monde est rempli de personnes semblables à celles dont Notre-Seigneur nous avertit ici de nous défier. Que deviendrions-nous, si nous vivions sans précaution, si nous lisions, si nous écoutions tout sans discernement et sans défiance! Chacune de ces trois sectes est dangereuse; mais toutes trois sont toujours prêtes à se réunir contre Jésus-Christ et son Eglise, contre la piété et les gens de bien.

PRIÈRE. Inspirez-moi, Seigneur, cette piété véritable et solide, qui ne peut venir que de vous et ne conduire qu'à vous! Préservez-moi du levain des Pharisiens, des Sadducéens et des Hérodiens, en mettant dans mon esprit votre vérité, et dans mon cœur votre divine charité! Que votre doctrine soit en moi comme un levain sacré, qui me change entièrement, et qui, élevant mon esprit et mon cœur au-dessus des choses de la terre, les rende dignes de votre grâce dans le temps, et de votre gloire dans l'Eternité.

Ainsi soit-il.

CXXXIVe. MÉDITATION.

Guérison d'un Aveugle à Béthsaïde.

De la Vie spirituelle.

La guérison de cet Aveugle et les circonstances qui l'accompagnent nous fournissent les traits, les caractères et les conditions que doivent avoir la vie purgative, la vie illuminative, et la vie unitive. *Marc*. 8. 22-26.

PREMIER POINT.

De la Vie purgative.

Trois choses sont nécessaires dans la vie purgative.

I° Il faut la prière pour y entrer. *Etant arrivé à Béthsaïde, on amena à Jésus un aveugle, qu'on le pria de toucher.* On est aveugle dans le péché, on l'est dans une vie lâche et tiède, on l'est dans une vie dissipée et mondaine; on ne connoît comme il faut, dans ces états, ni Dieu, ni Jésus-Christ, ni la fin pour laquelle on est créé, ni les devoirs de chrétien qu'on a à remplir. Jésus-Christ peut seul guérir cet aveuglement; mais comment l'aveugle ira-t-il à lui? Il faut qu'on l'y conduise, il faut qu'on prie pour lui. Priez donc, pères et mères pour vos enfants; priez, parents, amis; priez, ames ferventes et zélées; parlez même, exhortez, conduisez à Jésus-Christ ces ames aveugles, et engagez-les à prier elles-mêmes. Ah ! que les prières des ames justes et ferventes ont converti de pécheurs et ont fait de Saints ! On a prié pour nous, prions pour les autres.

II° Il faut la séparation du monde, pour y persévérer. *Jésus ayant pris l'aveugle par la main, le mena hors du bourg* ou de la ville, ainsi que l'appelle saint Jean. Quiconque est vraiment touché du désir de revenir à Dieu, de se purifier de ses péchés, d'être éclairé et de se sanctifier, doit commencer par sortir de la ville, c'est-à-dire, qu'il doit se séparer du monde, et renoncer aux joies, aux plaisirs, au tumulte du siècle. On est hors de la ville et séparé du monde, lorsque, retiré dans l'état religieux pour y finir ses jours, on a fait un entier divorce avec le monde, avec les usages et les lois du monde. Heureux sont ceux que Dieu conduit dans ce port tranquille, où ils peuvent sans peine pratiquer la pénitence et travailler à leur perfection ! On est hors de la ville et séparé du monde, lorsque, retiré dans sa maison, occupé des devoirs de son état, on n'a de communication avec le monde, que par charité ou par nécessité, demeurant toujours de cœur séparé de lui, séparé de ses plaisirs, de ses pompes, de ses maximes et de ses vices. On est hors de la ville et séparé du monde, lorsque, retiré dans son cœur, éloigné du bruit des affaires et des passions, on gémit sur ses désordres passés, on en demande pardon à Dieu, et on se dispose au compte qu'il faudra lui rendre de toutes les actions de sa vie.

III° Il faut la main du Sauveur pour y avancer. *Jésus ayant pris l'aveugle par la main.* Si Jésus lui-même ne nous prend par la main et ne nous conduit, où irons-nous, et quel progrès pourrons-nous faire dans la vertu? Comment viendrons-nous à bout de vaincre nos propres répugnances, et de surmonter les obstacles que le monde et le démon opposent sans cesse à notre bonheur? Que de grâces puissantes, que d'événements singuliers, que de traits d'une aimable Providence concourent à détacher une ame du monde, et à l'attacher uniquement à Jésus-Christ! Rappelons-nous avec reconnoissance et confusion tout ce que Dieu a fait en ce genre. Heureux ceux qui se laissent ainsi conduire! Qu'ils goûtent de délices, qu'ils acquièrent de vertus, qu'ils font de progrès dans la vie de l'esprit! Ah! quand pourrai-je jouir d'un si doux repos dans le silence et l'éloignement du monde?

SECOND POINT.

De la Vie illuminative.

Trois vertus sont surtout recommandées dans la vie illuminative.

Iᵒ L'observance exacte des pratiques de piété. Jésus étant sorti de la ville, et se trouvant seul dans la campagne avec ses Disciples et l'aveugle qu'il conduisoit par la main, *il lui mit de la salive sur les yeux, et le toucha de ses mains.* Jésus applique sa vertu aux signes qu'il juge à propos d'établir; c'est à nous de les respecter, d'admirer sa puissance, et de le remercier de sa bonté. Il y a pour l'acquisition de la perfection, de pieuses pratiques établies et usitées parmi les Saints, mais qui paroissent aux yeux de la chair petites et méprisables, gardons-nous d'en juger d'après les Mondains ;. soumettons-nous-y, pratiquons-les avec fidélité, si nous voulons être éclairés. Elles sont plus efficaces qu'on ne pense pour soumettre la chair, pour dompter les sens et humilier l'esprit. Si cet aveugle n'eût voulu souffrir sur les yeux ni la salive ni les mains du Sauveur, que penserions-nous de lui, sinon qu'il eût été un insensé, et qu'il seroit toujours demeuré aveugle? Il n'y a que trop de ces insensés qui, méprisant les pieuses pratiques des Saints, et négligeant de les remplir, restent dans leur aveuglement, en punition de leur orgueil.

II° La candeur dans la reddition de compte de sa conscience. *Jésus ayant retiré ses mains de dessus les yeux de l'aveugle, lui demanda s'il voyoit quelque chose. L'aveugle regardant, lui dit : je vois marcher des hommes qui me paroissent comme des arbres.* Jésus ne voulut pas guérir cet aveugle tout d'un coup, comme il en avoit guéri tant d'autres, pour nous faire connoître qu'il est le Maître de ses grâces, et qu'il les communique dans la proportion qu'il lui plaît. Peut-être aussi se conformoit-il en cela à la foiblesse de la foi du malade, qui n'avoit pas demandé lui-même sa guérison; et nous l'avons dit souvent, la foi est la mesure des dons de Dieu. Quoi qu'il en soit, Notre-Seigneur voulut qu'il déclarât lui-même jusqu'à quel point il voyoit, afin qu'il comprît d'un côté ce qu'il avoit déjà reçu, et de l'autre, ce qui lui manquoit encore, afin que la reconnoissance animant sa foi, et rallumant ses désirs, il se rendît capable d'une guérison entière. C'est le fruit que l'on tire de la candeur avec

laquelle on découvre ses pensées et tout son intérieur à celui qui nous conduit. On est encou-
ragé, parce qu'on commence à connoître bien
des vérités auparavant inconnues, et que l'on
commence à les goûter. On est humilié de ce
qu'on ne voit encore ces vérités que d'une manière confuse, dans l'ombre, dans le lointain,
et mêlées avec les chimères que notre esprit produit, et que notre ignorance ne peut dissiper.
Alors on prie pour les mieux connoître, on
désire, on espère, on se met en état d'être
éclairé sur ses fausses idées, et d'être rassuré
contres les fantômes qui fatiguent encore l'imagination.

III° La persévérance dans les exercices de
piété. Après la réponse de l'aveugle, Notre-Seigneur lui mit une seconde fois les mains sur
les yeux; et les ayant ôtées, l'aveugle *commença à mieux voir, et sa vue fut rétablie de
manière qu'il voyoit distinctement toutes choses.*
Il y a cette différence entre les yeux du corps
et ceux de l'ame, que les premiers ont une sphère
d'activité naturelle et bornée, au-delà de laquelle ils ne peuvent plus agir ni acquérir aucun degré de perfection; mais les yeux de
l'ame peuvent se perfectionner à l'infini, et acquérir tous les jours de nouveaux degrés de
clarté et de pénétration. Les mêmes vérités du
salut et de la foi sont vues par un homme intérieur, par un Saint, d'une manière bien
plus élevée et plus parfaite qu'elles ne le sont
par le commun des Fidèles. Le moyen d'acquérir cette augmentation des lumières, c'est
de bien profiter de celles que l'on a, de reconnoître que Jésus-Christ seul est la source et

de celles qu'on possède, et de celles qu'on espère, c'est de penser que celles que nous avons,
sont peu de chose en comparaison de celles
qui nous manquent, de celles que nous aurions,
si nous avions eu plus de fidélité ; en comparaison de celles dont jouissent une infinité
d'ames peut-être moins favorisées que nous, mais
plus fidèles. Enfin le moyen d'acquérir cette
augmentation de lumières, c'est de persévérer
avec ferveur dans les exercices de piété, de continuer à nous appliquer les Sacrements et les
mérites de Jésus-Christ dans le seul désir de
lui plaire, et de parvenir avant notre mort
au degré de perfection qu'il nous a donné.

TROISIÈME POINT.

De la Vie unitive.

Trois points sont à observer dans la vie
unitive.

1º L'amour de la retraite. Après que Jésus eut
guéri l'aveugle, *il le renvoya chez lui. Allez-
vous-en chez vous*, lui dit-il, *et si vous entrez
dans le bourg, ne parlez de ceci à personne.* Quiconque veut s'unir à Dieu et y demeurer uni,
doit se retirer chez lui, dans sa maison, dans
son oratoire, dans son cœur; là il doit s'occuper de la présence de Dieu, de la prière, de la
méditation, de la lecture, et de tous les devoirs
de son état. Ah! combien de fois aurions-nous
besoin qu'on nous répétât ces paroles : *Allez
dans votre maison!* Mais nous la haïssons, peut-
être nous y ennuyons-nous, et ne savons-nous
à quoi nous occuper; peut être aussi n'y sommes-

nous que pour en faire le malheur et le désa-
grément, pour y mettre le désordre et en troubler la paix! Hélas! si nous aimions notre ame,
si nous cherchions à plaire à Dieu, notre maison
feroit nos délices, et nous ferions les délices de
notre maison.

IIº La fréquentation rare du monde. *Si vous
entrez dans le bourg.* Notre-Seigneur ne nous
interdit pas tout commerce avec le monde. Quelque retiré qu'on en soit, on ne peut se dispenser
de communiquer quelquefois avec lui, soit qu'on
aille à lui, soit qu'il vienne à nous. On y est
quelquefois obligé par nécessité, porté par la charité, engagé par des devoirs de bienséance, auxquels la piété même nous défend de manquer;
mais hors de ces occasions, tenons-nous chez
nous occupés de Dieu et de nos devoirs. Quiconque aime à fréquenter le monde pour le voir
et pour en être vu, pour briguer son amitié ou
son estime, pour participer à ses plaisirs et à sa
dissipation, ne sauroit être uni à Dieu, ni éviter
un grand nombre de fautes: il court même un
danger évident de penser bientôt comme le monde, de prendre les vices du monde, et de se perdre
avec le monde.

IIIº La discrétion dans les paroles en fréquentant le monde. *Ne dites rien de ceci à personne.*
Notre-Seigneur ordonne à l'aveugle guéri, s'il
rentre à Bethsaïde, de ne dire rien de ce qui
s'est passé. Mais, Seigneur, sans qu'il le dise, ne
suffit-il pas qu'il entre dans le bourg, pour qu'on
voie qui n'est plus aveugle, et que c'est vous
qui l'avez guéri? Sans doute, mais votre intention est qu'il ne dise pas comment il a été guéri.
Et c'est en cela qu'il doit être notre modèle.

Laissons, à la bonne heure, apercevoir dans nos œuvres le changement que la grâce a fait en nous; mais il y auroit communément de l'orgueil ou de l'imprudence à le publier. Si nous sommes obligés de rentrer dans le monde, que toute notre conduite lui apprenne que nous sommes guéris de l'ambition, de la vaine gloire, de l'amour de nous-mêmes et des plaisirs ; que nous voyons les écueils dont il est rempli, le danger des objets qu'il nous présente, et que nous les évitons; qu'il comprenne que ce n'est point la crainte ou l'hypocrisie, l'affectation ou l'humeur, mais la grâce de Jésus-Christ qui nous a changés et guéris. Pour ce qui regarde la manière dont nous avons été guéris, nous n'en devons point parler devant le monde, qui n'est que trop porté à se moquer de tout ce qui n'est pas conforme à ses idées. Les personnes pieuses ou consacrées à Dieu, ne doivent découvrir qu'avec une discrétion infinie les saints exercices qui les sanctifient. Les Mondains n'en sont curieux que pour les mépriser, et les tourner en ridicule. Il suffit donc de les édifier, et de les porter à la vertu par de saints discours, et encore plus par de bons exemples. Mais quel scandale ne seroit-ce pas ; si on paroissoit parmi eux aussi aveugle qu'eux, et sujet aux mêmes foiblesses ! Quelque aveugles qu'ils soient pour eux-mêmes, ils sont très clairvoyants sur les personnes de qui ils ont droit d'attendre de l'édification.

Prière. Rendez-moi docile à ces vérités saintes, ô mon Dieu ! dissipez toutes mes ténèbres par l'opération de votre grâce, afin que je marche avec joie dans la voie des préceptes que vous me donnez ici ! Prenez-moi vous-même par la main, ô Jésus, et me conduisez hors de la ville ! Hélas ! malheureux que je suis, combien de fois avez-vous voulu m'y conduire, et ne l'ai-je pas voulu ! Combien de fois m'avez-vous voulu prendre par la main, et l'ai-je retirée pour me dérober à vos tendres poursuites, ô mon Sauveur ! et l'ai-je tendue vers un monde trompeur ! Aujourd'hui je la tends vers vous, ô Médecin charitable et puissant ! Conduisez-moi, éclairez-moi, afin que je vous voie, que je vous connoisse, et que je n'aime que vous ! Ainsi soit-il.

CXXXVᵉ. MÉDITATION.

Confession de Saint Pierre.

Examinons comment elle se fait ; quelle en est la récompense, pourquoi Jésus-Christ défend qu'on la rende publique. *Matt.* 16. 13-20. *Marc.* 8. 17-30. *Luc,* 9. 18-21.

PREMIER POINT.

Comment elle se fait.

Iᵒ Cᴇ qui la précède c'est la prière. *Jésus partit ensuite de Bethsaïde avec ses Disciples, pour aller dans les villages voisins de Césarée de Philippe ; et dans le chemin, comme il prioit en particulier, ayant ses Disciples avec lui, il les interrogea.* Après que Jésus eut renvoyé l'aveugle guéri, il continua son chemin avec ses Apôtres, parcourant les bourgs et les villages jusqu'aux environs de Césarée de Philippe, ville située au nord de la Palestine, vers la source du Jourdain, et différente de Césarée de Palestine, située sur la mer Méditerranée. A l'approche de ce lieu, il se retira dans un lieu écarté, où il ne conduisit avec lui que ses seuls Apôtres; il se sépara même d'eux, pour se mettre en oraison. Le peuple qui l'avoit joint sur la route, l'attendoit dans la campagne, et les Disciples, plus près de lui, l'observoient dans le silence, pendant qu'il prioit. Lorsque Jésus-Christ voulut choisir ses Apôtres, il commença par prier. Dans cette circonstance-ci, où il veut désigner le chef de ses Apôtres et son Vicaire sur la terre, il commence encore par prier. C'est dans la prière que Jésus a formé le plan de son Eglise, et de tout l'ordre hiérarchique qu'il y a établi; c'étoit de quoi il s'entretenoit avec son Père, c'étoit pour cette Eglise chérie qu'il prioit et dont il s'occupoit jusqu'à ce qu'il l'eût acquise par l'effusion de son sang; c'est aussi par la prière que cette épouse sainte s'unit à son céleste Epoux; c'est par la prière qu'elle devient féconde, qu'elle nous donne la vie et la nourriture, et qu'elle nous enrichit de tous ses trésors. Enfants de la prière, quelle ardeur avons-nous pour prier?

IIº Ce qui y donne occasion, c'est une conférence particulière. Sa prière finie, Jésus vint retrouver ses Disciples, et en marchant avec eux, le peuple ne les suivant que d'un peu loin, il commença à s'entretenir avec eux, et à les interroger, en leur disant : *Qui dit-on que soit le Fils de l'Homme ? Qui dit-on que je suis ?* Que

nos conversations séroient utiles et touchantes,
si nous ne nous entretenions que de Jésus-Christ,
de ses mystères, de sa doctrine, et des intérêts
de sa gloire! Les Apôtres lui répondirent : *Les
uns disent que vous êtes Jean-Baptiste, les autres
Elie, d'autres Jérémie, et d'autres un des anciens Prophètes qui est ressuscité.* Hélas! que
l'esprit de l'homme est enclin à l'erreur, et naturellement opposé aux vérités du salut! Comment se peut-il que parmi ce peuple assidu à
entendre Jésus-Christ, et spectateur de ses miracles, l'opinion la plus commune ne soit pas
qu'il est le Messie qu'on attend? Quelques-uns,
en bien petit nombre, l'ont reconnu; mais le
grand nombre aima mieux donner dans toutes
sortes de chimères et d'extravagances, que de
reconnoître un Messie qui n'est pas selon ses
désirs. L'humilité et la sainteté de Jésus-Christ,
voilà ce qui, encore aujourd'hui, empêche le
monde de le reconnoître; mais laissons le monde
s'égarer dans ses systèmes et dans ses chimères,
cherchons la vérité dans le corps Apostolique,
écoutons son chef, et ne nous séparons jamais
de la foi des premiers Pasteurs; elle seule peut
dissiper nos erreurs et fixer nos inquiétudes.

IIIº Ce qui l'accompagne, c'est une foi vive
et réfléchie. Jésus demande ensuite à ses Apôtres : *Et vous qui croyez-vous que je suis? Simon Pierre prenant la parole, dit : vous êtes le
Christ, le Fils du Dieu vivant,* c'est-à-dire le
Messie. Cette confession de Saint Pierre fut remarquable par la foi qui l'accompagna, et qui
mérita d'être louée et récompensée par le Sauveur. Ce n'étoit pas la première fois que Jésus
avoit été appelé Fils de Dieu. Outre que les dé-

mons l'appeloient communément ainsi, Natha-
naël lui avoit donné ce nom dans un premier
mouvement d'admiration. Les Apôtres tous ensemble, à peine revenus de leur frayeur sur
la mer de Tibériade, le lui avoient aussi donné.
Le lendemain de la première multiplication des
pains, après les merveilles de la mer de Tibériade et du pays de Génésar, Saint Pierre, encore pénétré des événements qui avoient précédé, fit, au nom de tous, la même confession
qu'il fait ici. Mais peut-être que les mouvements de surprise, de joie, d'admiration, de
crainte, qui, dans ces différentes occasions,
avoient comme arraché cette confession, en
avoient aussi diminué le prix. Ici, il n'y a rien
de semblable, les esprits sont tranquilles, et la
foi seule agit. Je me joins à ces bienheureux
Apôtres, ô Jésus! et prosterné à vos pieds, je
vous reconnois pour le Messie, le Christ, l'Oint
de Dieu, pour le Fils de Dieu, non par adoption, mais par nature. Je reconnois en vous le
Verbe incarné, la Nature divine et la Nature
humaine, subsistantes en une seule personne,
la seconde de la Très Sainte Trinité. Je reconnois que, selon votre Nature humaine, vous
êtes vraiment Homme semblable à moi, et selon votre Nature divine, vraiment Dieu égal au
Père, et un seul Dieu avec le père et le Saint-
Esprit. Je vous reconnois pour mon Roi, pour
mon Sauveur, pour mon Médiateur et pour
mon Dieu, en qui je mets toute mon espérance, et à qui je consacre tout mon amour!

SECOND POINT.

Quelle en est la récompense.

La récompense de la confession de Saint Pierre fut la déclaration que Jésus lui fit de toute l'économie de l'Eglise, et de la part honorable et singulière qu'il y devoit avoir.

1º Jésus lui apprend quelle est la source de la foi et de la doctrine de l'Eglise, et que cette source vient de lui être ouverte. Jésus lui répondit : *Vous êtes bienheureux, Simon, fils de Jonas, parce que ce n'est ni le sang ni la chair qui vous ont révélé ceci, mais mon Père qui est dans les Cieux.* La foi chrétienne a sa source dans la Divinité : ce qu'elle nous enseigne a été révélé par Dieu même. Le Fils de Dieu, envoyé du Père, nous a annoncé les vérités de la révélation ; le Saint-Esprit, envoyé du Père et du Fils, nous a développé et confirmé ces vérités, et en conserve dans l'Eglise le précieux dépôt. Les dogmes de la foi ne doivent rien à l'industrie humaine ; ce ne sont point des systèmes de Philosophes, ou les productions informes et timides de la méditation des Savants ; c'est un corps de vérités essentielles, qui nous font connoître Jésus-Christ, et par lui, Dieu son Père, qui nous découvre nos devoirs et le bonheur de notre destinée éternelle, avec les moyens d'y parvenir. O divine science ! en comparaison de laquelle toutes les autres sciences ne sont que ténèbres ! O bienheureux Apôtre ! à qui le Père céleste a fait une révélation si importante, et qui avez été le premier à confesser le Fils de Dieu d'une manière qui a mérité ses éloges, et qui vous a procuré les illustres prérogatives dont il veut vous honorer, et qu'il va vous annoncer ! O heureux les autres Apôtres, d'avoir pensé comme vous, et de ne s'être jamais séparés de vous ! Heureux nous-mêmes, qui tenons encore aujourd'hui la même doctrine, la même foi, le même langage que vous !

11° Jésus lui annonce quelle sera la stabilité de son Eglise, et que lui-même en sera le fondement. Dès la première fois que Jésus avoit vu Simon, il avoit changé son nom en celui de Pierre; depuis ce temps, on l'appeloit indistinctement Simon ou Pierre, et quelquefois Simon Pierre ; mais personne, ni lui-même ne savoit encore le mystère de ce nom. C'est ce que Jésus-Christ lui développe ici. Simon avoit dit à Jésus : vous êtes le Christ, Fils du Dieu vivant, et Jésus lui répondit : *Et moi je vous dis que vous êtes Pierre, et que sur cette pierre je bâtirai mon Eglise, et les portes de l'Enfer ne prévaudront point contre elle.* Les hérétiques ont beau employer tout leur art et leurs savantes recherches pour éluder la force de ces divines paroles; elles feront toujours la consolation et le triomphe des Catholiques Romains. Le nom de pierre fondamentale ou de fondement, est une expression métaphorique qui a diverses significations, selon les personnes auxquelles on l'applique. Jésus-Christ est la pierre angulaire et le fondement de l'Eglise ; les Apôtres et les Prophètes sont le fondement de l'Eglise. Jésus-Christ dit à Pierre, parlant à lui seul, en présence des autres Apôtres, qu'il sera le fondement de l'Eglise. Un catholique conçoit sans effort, qu'en conservant toutes ces expressions,

Pierre est infinimen moins que Jésus-Christ, et
quelque chose de plus que les Apôtres et les Prophètes. L'Eglise, cette société de fidèles, repré-
sentée ici sous la figure d'un édifice qui appartient à Jésus-Christ, et dont il est l'architecte,
ne devoit donc proprement commencer à se
former qu'après la descente du Saint-Esprit, et
lorsque Jésus-Christ ne seroit plus sur la terre.
Il falloit donc qu'il laissât à cette Société un
chef visible, qui tînt sa place, et qui fût son Vicaire sur la terre, sur qui, pour ainsi dire, portât
tout ce grand édifice ; et c'est à quoi il déclare
ici qu'il destine Saint Pierre. Cette société devoit
durer toujours, et Saint Pierre devoit mourir :
il faut donc, avec Saint Pierre, entendre aussi
ses successeurs, les Pontifes Romains ; et c'est
ainsi que l'a toujours entendu l'Eglise, et que
l'ont compris les hérésiarques mêmes, avant leur
apostasie. L'Eglise bâtie sur cette pierre, cette
Eglise qui reconnoît le Pontife Romain pour son
chef visible, et l'Eglise Romaine pour le centre
de sa foi, subsiste depuis dix-huit siècles. Contre
cette pierre se sont brisés tous les efforts de
l'enfer. Cette pierre a résisté à tout, et elle
écrase tout ; elle a mis en poudre les Dieux factices de l'idolâtrie, et renversé les tyrans qui la
protégeoient ; elle a dissipé et écarté les hérésies,
qui ne restent éparses sur la terre, et comme
resserrées chacune dans quelque lieu particulier,
que pour servir de monuments aux victoires de
l'Eglise bâtie sur cette pierre. Cette Eglise est la
seule catholique, la seule qui est répandue, et
ne formant qu'un corps dont tous les membres
sont unis ensemble sous l'autorité d'un même
chef visible. Quel malheur d'être hors de cette

Eglise! Quelle folie de l'attaquer! Quel aveuglement de ne la pas reconnoître, et de la chercher où elle n'est pas! Mais quel bonheur pour nous d'en être membres! Remercions-en Dieu! Attachons-nous de plus en plus à cette pierre inébranlable! Ne nous écartons jamais de la foi de Pierre, et vivons d'une manière digne de notre foi!

III° Jésus lui déclare quelle sera la forme de son Eglise, et quelle autorité il y exercera. Jésus-Christ a toujours appelé son Eglise le royaume des Cieux, et c'est ainsi qu'il l'appelle encore ici. C'est un royaume que Dieu son Père lui a donné, et qu'il a acquis au prix de son sang; lui seul en est le Roi et le Monarque absolu. C'est le royaume des Cieux essentiellement lié avec ce royaume éternel préparé pour les justes dans le Ciel, et entièrement séparé et indépendant des royaumes de ce monde, dont Dieu a donné l'administration aux Rois de la terre. Ce royaume des Cieux ne regarde l'homme que comme destiné à servir Dieu, à se sanctifier, et à mériter de jouir de Dieu dans l'Eternité. Mais ce royaume des Cieux, comment se gouvernera-t-il sur la terre, lorsque son Roi sera monté au Ciel? Qui est-ce qui gouvernera à sa place jusqu'à la fin des siècles que durera ce royaume, et avec quel pouvoir gouvernera-t-il? C'est ce que Notre-Seigneur nous découvre ici sous deux autres métaphores. Continuant de parler à S. Pierre, il lui dit : *Je vous donnerai les clefs du royaume des Cieux.* C'est donc à Saint Pierre que Jésus-Christ, quittant le séjour de la terre pour retourner au sein de son Père, remettra les clefs

de son Eglise : c'est donc lui qui tiendra la
place de Jésus-Christ, et à qui appartiendra
le soin universel de toute l'Eglise. Quelle dignité sur la terre ! Doit-on s'étonner que les
fidèles, que les Rois et les Empereurs Chrétiens se soient toujours empressés à l'honorer
par les marques les plus éclatantes du respect
le plus profond et le plus religieux ! Mais qui
ne s'étonnera des blasphèmes et des horreurs
qu'ont vomis les hérétiques contre une dignité
si sublime, établie par Jésus-Christ même ?
Qui ne gémira de voir encore des enfants de
l'Eglise prendre un plaisir malin à tout ce qui
peut diminuer le respect qui est dû à ce rang
suprême, et à ceux qui y sont élevés ? Croient-
ils que Jésus-Christ ne s'en tienne pas offensé ?
Mais quel est le pouvoir que Jésus-Christ lui
confère ? Ce divin Sauveur ajoute : *Tout ce que
vous lierez sur la terre sera lié dans le Ciel, et
tout ce que vous délierez sur la terre sera délié
dans le Ciel.* Ce pouvoir de lier et de délier
s'appelle quelquefois le pouvoir des clefs ; mais
il y a cependant cette différence, que les clefs
qui sont le symbole de la suprême Puissance,
n'ont été promises qu'à Saint Pierre ; au lieu
que le pouvoir de lier et de délier, qui a été
singulièrement promis à Saint Pierre, a été accordé aussi à tous les Apôtres. Ce pouvoir de
lier et de délier s'exerce dans l'Eglise par le
Pape, Successeur de Saint Pierre, par les évê-
ques, successeurs des Apôtres, et par les autres ministres du second ordre, suivant qu'il
a été réglé par les Canons. Le pouvoir de lier
s'exerce par les censures, par le délai de l'ab-
solution, par la réserve de certains cas, par la

pénitence qu'on impose aux pécheurs, et par
tout ce que l'Eglise fait pour humilier l'ame pécheresse, et la préparer à revenir sincèrement
à Dieu. Le pouvoir de délier s'exerce par l'ab-
solution des censures et des péchés, par la rémission de la pénitence, par les indulgences,
par les dispenses, et par tout ce que l'Eglise
fait en faveur des foibles et des pénitents, pour
les aider et les soulager. Tout ce que les ministres font en ce genre, selon les Canons et
les règles de l'Eglise, est ratifié dans le Ciel;
c'est la parole de Jésus-Christ même. Il n'y a
donc que l'impiété et l'endurcissement qui peuvent faire mépriser ces liens spirituels qui, pour
être invisibles, n'en sont pas moins redoutables.
Mais quelle est la fureur de l'hérésie de se déchaîner contre le pouvoir de délier, accordé par
Jésus-Christ avec tant de bonté et de miséricorde? Malheureuses sectes, dans lesquelles, en
renonçant à l'Eglise, on a renoncé à tous les
avantages qu'elle peut procurer, où nulle autorité ne peut rompre ces liens du péché, dans
lesquels il faut que leurs partisans vivent et
meurent! Ah! soyez à jamais béni, ô mon
Sauveur! d'avoir donné aux Pasteurs de votre
Eglise un pouvoir si étendu et si miséricordieux!
J'irai donc à eux, et plein de confiance en vos
promesses, je soumettrai mon ame à leur jugement; et absous à leur tribunal, je suis sûr que,
si j'y ai été avec sincérité et contrition, je serai
absous au vôtre. Quelle consolation! quelle joie
intérieure! quel bonheur pour un misérable pécheur comme moi!

TROISIÈME POINT.

Pourquoi Jésus défend de rendre la confession de Saint Pierre publique. `

Alors Jésus défendit à ses Disciples de dire qu'il fût le Christ. Ce n'est pas qu'il voulût qu'on l'ignorât. Jean-Baptiste l'avoit annoncé et montré comme tel ; lui-même prouvoit par ses œuvres qu'il l'étoit, et il le déclaroit quelquefois de vive voix, plus ou moins obscurément, selon la disposition de ses auditeurs, et suivant les lois de sa divine sagesse. Le peuple, mal disposé et peu attentif, ne comprenoit pas ce qu'il leur annonçoit de sa divinité ; ses ennemis le comprenoient, et lui en faisoient un crime. Depuis que ses miracles avoient éclaté et lui avoient attiré le jalousie et la haine des chefs, on ne pouvoit publier clairement qu'il étoit le Messie et le fils de Dieu, sans s'exposer à une mort certaine. C'est dans ces circonstances qu'il veut que ses Apôtres se contentent d'annoncer, comme ils ont fait, l'arrivée prochaine du royaume de Dieu, la nécessité de s'y préparer par la pénitence, et qu'il leur défend de dire à personne qu'il est le Christ. On peut en considérer trois raisons.

Iº Première raison, prise de la dignité de ce mystère. Le grand mystère de l'Incarnation, le chef-d'œuvre de la sagesse et de la puissance de Dieu, le fondement de la rédemption des hommes, ce mystère, après avoir été rapidement annoncé par le Précurseur, étoit, dans sa nature, trop divin et trop sublime, pour être dignement publié par aucun autre que par le

Verbe incarné. Suivant les décrets de la Sagesse éternelle, et vu la mauvaise disposition des esprits, la confession publique de la Divinité de Jésus-Christ devoit être scellée du sang de celui qui la feroit, et elle ne pouvoit l'être plus dignement que par le sang de l'Homme-Dieu lui-même. Aucune créature n'étoit digne de verser son sang pour cette sublime vérité, avant que Jésus-Christ en eût mérité la grâce, et donné l'exemple en versant le sien.

II° Seconde raison, prise de la suite des événements. Si, avant la mort de Jésus-Christ, on eût tourné la foi des peuples vers le grand mystère de sa Divinité, cette foi encore tendre eût souffert un trop grand scandale au temps de sa passion et de sa mort, avec danger de ne se rétablir jamais. Les Apôtres eux-mêmes ne furent-ils pas scandalisés? Leur foi ne fut-elle pas abattue et consternée, lorsque Jésus-Christ leur révéla ce mystère?

III° Troisième raison, prise du témoignage des Apôtres. Le témoignage des Apôtres, pendant la vie de leur Maître, n'eût pas eu cette force de preuve qu'il eut après sa mort, après sa résurrection, son ascension, et la descente du Saint-Esprit. Que des Disciples, ou trompeurs ou trompés, publient les merveilles de leur Maître, tandis qu'ils vivent avec lui, pour lui attirer et s'attirer à eux-mêmes du crédit et de la considération, il n'y a rien en cela que d'humain, et qui ne se soit vu plus d'une fois ; mais que des Disciples publient la divinité de leur Maître, et qu'ils ne la publient qu'après sa mort, n'attendant eux-mêmes que la mort pour récompense de leur zèle, voilà ce qui est divin, et ce qu'on n'avoit jamais vu. Aussi, à ce témoignage, l'Univers s'est-il converti ; les Chrétien sont-ils offert leur sang, et l'ont-ils répandu pour la confession du nom de Jésus. PRIÈRE. Ah ! que ne puis-je répandre le mien pour une si belle cause ! Que ne puis-je unir mon sang à celui de tant de martyrs, au vôtre même, ô Jésus ! Du moins me ferai-je honneur de publier en toute occasion votre Religion, de la défendre selon mon pouvoir, et de la justifier par la sainteté de ma vie, afin d'obtenir la récompense que vous avez promise à ceux qui croiront en vous ! Ainsi soit-il.

FIN DU TOME TROISIÈME.

TABLE

DES MÉDITATIONS

CONTENUES

DANS CE TROISIÈME VOLUME.

III   36

TABLE.

FIN DE LA TABLE DU TROISIÈME VOLUME.

Lightning Source UK Ltd.
Milton Keynes UK
UKHW010004090219
336872UK00005B/230/P